異譚綺聞 犯罪夜話

異譚綺聞 犯罪夜話

裁判夜話／裁判異譚／裁判綺聞　抄（2）犯罪篇

大森洪太

書肆心水

本書は、大審院判事、司法省民事局長、名古屋控訴院長、大審院部長、司法次官等を歴任した大森洪太による一連の著作『裁判夜話』（一九三〇年刊）『裁判異譚』（一九三一年刊）『裁判綺聞』（一九三三年刊）――いずれも日本評論社刊――が収めるものを選別して配列しなおしたものである。本書では概ね記述量の多いものから順に配列した。

第一の分冊『異譚綺聞　裁判夜話』には裁判に関する記述に重みがあるものを収め、第二の分冊『異譚綺聞　犯罪夜話』には裁判というよりは犯罪（事件、捜査、刑罰）に関する記述に重みがあるものを収めた。なお、右記三書に、はしがき、あとがきの類は付されていない。

目次

異譚綺聞 犯罪夜話

——裁判夜話／裁判異譚／裁判綺聞　抄（2）犯罪篇

本書での表記について

一、本書では新字体漢字（標準字体）、現代仮名遣いで表記した。「劃」「聯」「輯」「亙」は旧字体ではないが、現在一般的に使われる同義の「画」「連」「集」「亘」におきかえた。

一、現在一般に漢字表記が避けられるものは仮名表記におきかえた（例、略々→ほぼ）。

一、番号付きの小見出しからは番号をはずし、番号のみの小見出しは一行空きとした（この一行空きではない一行空きはない）。

一、送り仮名を現代的に加減調整した語がある。読みを定め難い場合は元のままにした（例、直《すぐ／ただち／じき》に）。

一、句読点、中黒点を加減調整したところがある。

一、読み仮名ルビを付加した。また、現在ではなくともよいと考えられる読み仮名ルビを削除したところがある。

一、よく知られた固有名詞の英語読みを現地読みにおきかえた場合がある。

一、鉤括弧の用法は現代一般の慣例によって整理した。

一、踊り字（繰り返し記号）は「々」のみを使用し、そのほかのものは文字にした。

一、同じ語の表記を統一的に処理したものがある。

一、誤用と見るべき語表記を訂正した場合がある。

一、闕字の一字空けは省略した。

一、抄録としたこと、収録文章各篇の配列を変えたことによって参照指示の記述が意味をなさなくなった場合、それを削除した。

一、書肆心水による注記は〔　〕で示した。

内親王と名乗った女の話

一六六〇年代と云えば、英国では、流石の執政府もクロムウェルの死後は遽に凋落して、チャールス二世に依って、王政復古した頃のことである。チャールス二世は気楽な自堕落な国王だった。駄洒落が得意で、賭博は大好きだったが、国務の方は一向不熱心だった。今も尚残るドルゥリー・レイン劇場の蜜柑売から女優になって、満都の公子を悩殺したネル・グウィンを寵姫にしたことは、有名な史実である。上の好むところ、下にも及んだ次第であるか、一般にクロムウェル時代の清厳な気風はいつしか失せて、総てが暢気でだらしがなかった。その頃のことである。

ロンドンのその頃の船着場のビリングスゲイトにエキスチェーンジ・タヴァーンと云う宿屋兼業の料理屋があった。その時代の風習で、金持の連中は朝からそこに集って、酒も飲めば、博賭も打つ。つまり、社交クラブで、屈託のない連中の暇潰しの場所である。

話はこの社交クラブから始まる。

ロンドンのビリングスゲイトの金持連の社交クラブ、旅籠屋のエキスチェーンジ・タヴァーンに天人が現れた。社交クラブは今も昔も男の遊び場所だが、その男の遊び場所へ、突如として美人が顔を出した。

しかも、素晴らしい美人である。雲の間から三保の浜へ、ふうわりと天女が降りて来た。それ程ではないにしろ、それに近い驚異であったに相違ない。

美人は芳紀二十一、二、それとも、三か四か、やや愁いの色は浮んでいるが、顔も姿も真に類い稀な国色である。しかも、その天稟の麗質を更に麗しく見せたのは、その錦繍の美装である。金の唸るロンドンの船着場でも、行人の眼を眩ますに足る衣裳である。

この美人は勿論天から降りて来たのではないが、大陸から船に乗って来たのである。只々一人飄然として、この宿屋へ来たのであるが、宿屋の主人のキングは職業柄顔よりも先ず服装を一瞥した。ひと目見て愕いた。これだけの服装はロンドンの呉服屋では、一寸手に入らない、何しろ、大した金持に相違ない。服を見て感心してから、顔を見た、顔を見て更に吃驚した、綺麗だ、立派だ、気高いものだ、珍客御入来、宿賃の取れない心配は勿論ない、かかる高貴な美人を客にすることは、宿屋冥利、商売繁昌の瑞祥、有難いことだと、平身低頭して、早速最上等の部屋へ案内した。

美人は仔細あって、大陸の或る宮殿から遁げて来たものだと、自分で語った。

しばらく逗留している間に、社交クラブに出入する金持連とも知合になって来た。常連のクラブ室へ招かれて、慎ましやかに、杯を口にすることもあった。

他人の事を立ち入って聴きたがらない——少なくとも、聴きたいような素振りを見せないのは、教養ある英国人の特徴である。しかし、相手が絶世の美人であり、宿屋の一人客であり、殊に宮殿をひそかに脱出した高貴の女性であるにおいては、好奇心も起れば、同情の念も生ずる。時にはそれとなく訊ねたけれども、只々打ち沈んで、かすかに溜息を洩らすだけである。

或る夜、例の如く、クラブの常連が集って、何か少しく大袈裟な宴席を設けた時に、謎の美人を招待した。この夜は美人も大分打ち解けていたから、人々はその素性を訊ねたが、羞ずかしげに躊躇する風情は、「猶抱琵琶半遮面」の趣がある。

美人はようやくにして、語り出した。

自分はドイツ皇帝（その頃欧洲唯一の帝室であったことは、云うまでもない）の太子ハインリヒ公の内親王で、宮廷の花と謳われた者であるが、ひそかに若い侍従と相許して、将来を深く契った。その若い侍従は昔の騎士のように、神を畏れて人を怖れぬ健気な青年であったが、貧乏華族の生まれで、内親王の配偶者としては門地が甚だ低いと云う理由の下に、祖父皇帝は我等の結婚を峻拒した。それればかりではない、若い侍従を大逆罪の名目で、死刑にしてしまった。若い侍従は忠誠の士であった。勿論大逆の如きは思いも寄らぬことであったが、只々自分にその男を思い切らせる方便として、可哀想に、無実の罪を着せたのである。そして、自分を或る王家の妃にしようとしたが、自分は自分故に冤枉《えんおう》の死を遂げた若い侍従に操を立てて、飽くまでもそれを拒絶したから、迫害は自分にも及んで来た。そこで、自分は暮夜ひそかに宮殿を脱出して、ようやくここに辿り着いたのであるが、思えば果敢なき身の上である、かつては欧洲最高の元首の直系として、雲の上の寵愛を一身に鍾《あつ》めたけれども、今は天涯の孤客として、羇旅の間に離愁に沈んでいる……

ドイツ帝室の内親王は且つ語り且つ泣いた。喞々《しょくしょく》の思いは嗚咽の裡に洩れて、聴く者は皆首を垂れた。

クラブ員の同情が翕然として、ドイツ内親王に集注せられたことは、云うまでもない。毎日毎夜、クラブ員は内親王に御馳走を奉った。

内親王は贅沢に育てられたことは勿論である。クラブ員から御馳走を受けると、内親王はきっとその返礼の招待会を催される。宿屋の主人キングに関する限りは、クラブ員が内親王に御馳走を奉っても、内親王がクラブ員を招待せられても、会場はいつも自分の方にきまっているから、結構なことではあるが、さて、余り結構でないのは、内親王が一向勘定をせられないことである。ドイツ帝室の内親王様だから、これまで、御自分で金銭の出納を取扱われたことは、勿論ないだろう、しかし、今は独りで自分の宿のお客になっておられるのである、宿賃を支払ってもらわなければ、商売はあがったりである、しかも、随分贅沢でいらっしゃるのだから、宿賃も余程の高に上っている。

そこへ、又一つ、不思議なことが出来て来た。宿屋の主人キングの細君の弟のカールトンと云うのが、親類の間柄だから、よくこの宿屋に遊びに来る。近所の小金持の若主人で、男っ振りの好い独身者であったが、内親王は近頃このカールトンに思いを寄せておられる模様である。カールトンの方では勿体至極もないことで、ひそかに思い焦れていたけれども、所詮卑賤の者では手の届かぬ高嶺の花である。諦め兼ねるを諦め、抑え難い熱情を抑えていたのであるが、先方からそれとなく有難い思召しを蒙ったのであるから、有頂天になって、身に余る光栄を感激して拝受したのである。どうも、それが怪しい。いくら日蔭の御身の上とは云いながら、ドイツ帝室の内親王様がロンドンの小金持に将来を託せられるはずはない。事に依ると、喰わせ者かも知れないと、宿屋の主人キングは恐る恐る疑念を挟み初めた。

「畏れながら、殿下に申上げ奉りまするが、甚だ、その失礼千万な次第で、申上げて宜しいやら、どうやら、手前とんと愚存の及びませぬような始末で、昨夜家内とも談合致しまして、へえ、その何でございます、決して手前損得のことを申上げる儀ではございませぬ、殿下には、へえ、その甚だ失礼で、へえ、全く手前考えますするには、お宝、いやお持物、へえ、全く、御所持金お手薄のように拝察仕りまするが、いいえ、決して手前宿賃の儀を申上げる次第では毛頭ございませぬが、へえ、上つ方様におかせられましても、金子と申しまするものは、御手薄ではどうも御不自由で、恐れ入ります、御無礼を申上げまして、実は前申上げまする通り、家内とも談合致しましたので、手前共考えまするには、一度、ドイツのお里、へえへえこれは大失礼な、その何でございます、御皇室様へお帰りになりまして、その御手許金の儀を、へへへへ……」

宿屋の主人キングが吃りながら、言上するのを聴いて、内親王は言下に答えた。

「わかりました、私が今手許に金がないものだから、ドイツへ帰った方が宜かろうと云うのでしょう、わかりました、私もそう思います、手紙で大蔵大臣へ云ってやってもいいのですが、外に内密の用もありますから、私は一度ドイツへ帰りますがね、帰ってもすぐ又ここへ参りますよ。とにかくひと月ばかり行って来ましょう。お宿賃の方はねえ、御心配には及びませんよ、真逆私がねえ、ほほほほ。」

内親王は言い終って、朗かに笑った。なるほど、ドイツ帝室の内親王が宿賃を踏み倒すようなことはないはずだ。宿屋の主人の方では半信半疑だったので、もし贋者だったら、狼狽えて、すぐに馬脚を露わすだろうと思ったのだが、狼狽えるどころか、言下にドイツへ帰ろうと云われた。勿論正真正銘の内親王様の証拠である。そして、又ここへ来て下さると云う御思召しである。有難いことだ、宿賃のことに付いては、「真逆私がねえ、ほほほほ」と仰せられた、全くその通りだ。たとい一時にしろ、お疑い申したのは、恐れ多いことだ。びっちょり冷汗に浸って、主人キングは重ねて平身低頭した。

かねがね内親王から厳に申渡されていたことだが、内親王の素性はクラブ員の外には、絶対に秘密にしていた。この度内親王帰国に付いても、クラブ員は自分達にのみ打ち明かされた光栄な秘密として、勿論それを外部に洩らさなかったが、自分達の内部では、内親王のためには、出来るだけの努力はした。内親王の旅費は云うまでもない、ドイツ帝室へのみやげ物も、クラブ員の醵金に依って、まずは立派に調った。

ふた月たつかたないうちに、内親王は大陸から帰って来た。巨額な金子は勿論、宝石珠玉も夥しく、高級の勲章までも持って帰ったから、宿屋の一同、クラブ員等の内親王に対する信用は確乎不動のものになってしまった。

亡命中のドイツ内親王はロンドン、ビリングスゲイトの小商人ジョン・カールトンと結婚した。義兄キングの満足は云うまでもない。宿賃の外にたんまり御祝儀を頂戴したことは勿論である。クラブ員の方は又、自分等が内親王だと思って支持した女性が、果して真に内親王だったのだから、これも得意である。もしそれ新郎ジョン・カールトンに至っては、天下第一の僥倖児、欧洲最高の元首の直系たる絶世の美人に思われて、めでたく夫婦となったのだから、男冥加の日の下開山、夢にしたところで、勿体ないほどの夢だが、それが本当の現実になったのだから、この位嬉しいことはない。

ドイツの内親王とロンドンの金持の小商人のカールトンとは仲よく暮らしていたが、或る日、カールトンの義兄の例の宿屋の主人キングの許へ、不思議な手紙が舞い込んだ。差出人の名は書いてないが、しっかりした筆蹟で、文句は相当鄭重だった。しかし、手紙の中味はキングをして唖然たらしめるに十分なものだった。

手紙の要領はドイツの内親王と称する女が、あなたのお世話で、あなたの御親戚へ片付いたそうだが、御用心までに御通知するが、その女は詐欺師である、ケント州で既に数回結婚したこともある女だが、随分念の入った嘘つきである、もしこの手紙をお疑いになるならば、彼女の身体にはこれこれの特徴がある――と云うのである。

キングは真っ青になって、カールトンの許へ駆け付けた。身体の特徴と云うのが、ぴったりと事実に符合する。

果して、ドイツ帝室の内親王は真っ赤な贋者だったのである。


真っ赤な贋者の自称内親王、実は英国はカンタベリーの貧家の娘である。

カンタベリーは人も知る英国国教の大本山の所在地で、英国東南の海に近く、スツウア川に臨んだ清麗な都邑である。そのカンタベリーの町外れに、小さい荒物屋の店を出して、自分は大本山の唱歌隊の常雇をしているモーダースと云う男があった。勿論貧乏人である。このモーダースの娘が則ち本篇の女主人公、ドイツの内親王と名乗った女詐欺師のメリーである。

メリーは一六四二年に生まれた。丁度チャールス一世の晩年に当る。おやじは唱歌隊の常雇となった位だから、声は好かっただろうが、別に善い智恵も悪い智恵もなかったようである。娘のメリーは小さい時から目鼻立ちが勝れていた。今日では、不良少年とか、犯罪素質とか、犯罪の萌芽の探究や予防の方法が相当に攻究せられているけれども、何しろ、三百年も前のことである、田舎町の貧乏人の小娘に調査の手の届くはずがない。尤も、幼少の頃に、官憲の手を煩したと云う証跡が残っていないから、まず通常の娘として、育って行ったものと思われる。

しかし、注意すべきことが一つある。第十二世紀の後半期に、大僧正の聖者ベケットが寺院の権威のために、毒鼓鼕々《どっくとうとう》として、時の国王ヘンリー二世の非を鳴らしたが、ヘンリー二世は卑怯にも四人の刺客をこのカンタベリーの大本山に遣わして、聖者を祭壇の前で暗殺せしめた。聖者の遺徳を慕う民衆に動かされて、ヘンリー二世は厳寒の一日、半裸の姿で、跣足徒歩、ロンドンを距つること二十余里のカンタベリーに詣でて、聖者の廟前にその罪を悔いた。爾来英国の貴賤は聖者の頸血の迸り落ちた祭壇の前の床《ゆか》、即ちいわゆる聖痕の個処に跪くことを以て、一生の念願として、カンタベリー巡礼の風習はその後数百年の長きに亘って続いたのであるが、英国詩壇の祖チョーサーの雄篇『カンタベリー巡礼』もこの風習を採って、その題材としたものである。本篇の物語の当時もこのカンタベリー巡礼は盛んに行われていた。晩春孟夏の軽暖和煦《わく》の日には、ロンドンからカンタベリーへの大道に、巡礼の男女が絡繹《らくえき》として踵を接したが、この頃の巡礼はむしろ閑游攸歩《ゆうほ》の旅であって、衣裳に流行を逐い、趣向に新奇を衒ったから、巡礼の来る毎に、ロンドンの社交界の衣香扇影をこのカンタベリーに伝えたのであって、カンタベリーの町の少女は羨望の眼を以て、華美な団体を送迎したのであった。しかして、ここに説くところの女主人公メリーは、幾度かかかる団体を目睹して、自《おのずか》ら、豪奢を希い、絢爛を愛する念慮を増長せしめた。貧乏人の娘メリーは幼にして虚栄の女となったのである。

メリーは美しい娘だった。その頃の女子は一般に早婚だったが、メリーは十六になるかならないうちに、靴直しの行商人の妻になった。自分のきめた亭主ではなく、親の命ずるがままに嫁に行ったのだが、亭主の方では綺麗な若い女房をこの上もなく可愛がったけれども、虚栄の念の強いメリーは靴直しのおかみさんで満足はしていられなかった。生来の美貌が禍いをなしたのでもあろう、亭主が行商人である関係上、誘惑に乗ぜられる機会が多かったからでもあろう。美しい蛺蝶《たてはちょう》のような若い人妻のメリーは、間もなく仇し男と道ならぬ道を踏むようになったが、その相手も二人や三人ではなかった。

やがてメリーは亭主の留守の間にどこかへ家出してしまった。

ドーヴァーと云えば、今も英国東南の要港で、フランスと交通の衝に当っている。カンタベリーからは六、七里の処にある。

このドーヴァーの町に若い医師がいた。親の代から町の人々に調法がられて、相当大きな玄関を構えていた。若主人の代になってから、評判は益々高くなった。素行が謹直で、患者に親切だ、人柄が宜い上に技倆が確かだと云うので、診察室はいつも患者でいっぱいになっていた。実際、この若先生は厳格な、少々石部金吉だが、立派な青年で、風采は瀟洒だったが、浮いた噂の少しもない未婚者であった。

或る日、この若先生の往診した患者は、妙齢の佳人だった。花のように美しい女で、別にどこと云って悪いような様子でもなかった。が、今日の言葉で云えば、神経衰弱とでも云うのだろう、とかく気が鬱いで、頭痛がすると訴えた。二、三回薬をもらっているうちに、美人の頭痛はだんだんよくなったが、今度は医師の方で頭痛がし始めた。この頭痛は問題の患者を診察する毎に、益々募って、夜も眠れないような工合になった。謹厳な若先生は美人の患者を恋したのである。

煩悶の日夜を重ねて、若先生は遂に意を決して、美人の患者に結婚を申込んだ。美人の方では、待っていましたとばかりに早速承諾した。

この美人の患者、ドーヴァーの花形医師の新夫人こそ、靴直しの亭主を棄てて走った本篇の女詐欺師メリーだったのである。

ドーヴァーは前にも書いたように、カンタベリーからわずかに六、七里のところにある。殊にメリーは誰の眼にも附く美貌の主である。ドーヴァーの花形医師と幸福な結婚生活を始めて間もなく、誰かの告発に基いて、メリーは重婚罪として起訴せられた。

不思議なことには、メリーは無罪となった。

メリーの法廷における弁解に依ると、自分の前夫は久しい前から行衛不明で、自分は前夫が死んだものと信じていたと云うのであった。これは勿論真っ赤な嘘である。前夫の靴直しは行商人であったから、時々村から村へ宿りがけで、靴を直しに行く。それは商売のためであって、行衛不明になった訳ではない。しかも、メリーは前夫を棄てて逃げたのである。しかし、陪審員は皆好人物だったから、メリーが涙ながらに陳述した真っ赤な嘘を本当だと思った。もしメリーの弁解が本当だとすると、メリーの行為は結果において重婚にはなるけれども、重婚罪を構成するがためには、犯意の要件を欠く。そこで、無罪の宣告を受けたのである。

重婚罪にはならなかったけれども、重婚には相違ないのだから、医師の若先生との夫婦関係は断たなければならない。若先生は勿論離別の悲しみに耐え兼ねたけれども、所詮果敢ない縁と諦めるの外はなかった。尤も、メリーは前夫の許へ帰る心は少しもなかった。靴直しのおかみさんで一生を終えるのを嫌って、飛び出して来た女である。しかも、しばらくの間にしろ、若先生の奥様で納まっていたのだから、元の古巣へ戻る気持にはどうしてもなれなかった。

若先生から巨額な金をもらって、ロンドンへ行ったが、ロンドンへ着いて最初に泊り込んだのが、本篇の劈頭に書いたエキスチェーンジ・タヴァーンである。

エキスチェーンジ・タヴァーンで主人のキングを始め、クラブ員を欺いて、ドイツの内親王になり済ましたのだが、元来斯様な馬鹿馬鹿しい詐欺に引っ懸かかると云うのは、むしろ不思議なことだが、何しろ外国の事情のよくはわからなかった時代のことである。そして、一度人を信用すれば、固くその信用を維持するのが、英国人の長所で、しかも、ステュアルト王朝時代のロンドン人は今と比べて遥かにお人好しであったことは、云うまでもない。

前に書いたが、エキスチェーンジ・タヴァーンの主人キングの勧説に依って、ドイツの帝室へ一寸帰ると云って、大陸へ旅立った事件だが、メリーはたしかに大陸へ行ったのである。メリーは船着場のドーヴァーにいたことがあるから、多少は大陸の事情にも通じていた。勿論大胆な根性から無鉄砲なことも出来たのだが、彼女は対岸の大陸へ渡ったのである。

大陸へ渡ったけれども、勿論ドイツの帝室へ帰ったのではない。

お寺と市場とで名高いケルンへ行って、英国の財産家だと云う触れ出しで、第一流のホテルに陣取った。美容に盛装を凝らせたことは、云うまでもない。

ケルンの社交場裡で、メリーは一人の老貴族を擒にした。この老貴族は三十年戦争の勇将で、攻城野戦の名人だったが、恋の駆引きは全く下手だった。すっかりメリーに丸め込まれて、多額な金を絞り取られて、家代々の重宝や勲章までも捲き上げられた。(勲章を取り上げたのはおかしなことだが、メリーの方では、ロンドンへ帰ってから、ドイツ帝室へ行っていたと云う証拠にする考えだったのである。）可哀想に、老貴族のほとんど全部の財産を身に附けて、明日は結婚式を挙げると云う日に、得意の三十六計の奥の手を出したのである。

しかも、この時には、一層罪が深かった。最初ホテルへ泊り込んだのだが、後には或る後家の許に止宿して、そこで例の老貴族を手玉に取ったのである。この主婦の後家は慾の深い女だったから、これに情を明かして、老貴族から捲き上げた物を折半する約束で、十分の手伝いをしてもらったのだったが、さて、いよいよどろんをきめる時には、折半どころか、主婦の留守の間に、その宝石や貴重品の目ぼしい物を掻っ攫って、逐電したのであった。

馬鹿な目を見たのは、気の毒な老貴族と慾の深い後家とだったが、二人が地団太踏んで、口惜しがっている頃には、メリーは海の上で涼しい顔をしていた。

贓品はロンドンへ帰ってから、ドイツ帝室からのおみやけだと云って、披露したのである。

さて、話は前に戻る。

メリーがエキスチェーンジ・タヴァーンの主人の義弟カールトンと結婚して間もなく、馬脚が露われてドイツ内親王の金箔が剥げたが、憤慨したのは、宿屋の主人キングを始め、クラブ員の面々である。早速告訴したので、メリーは逮捕せられたが、カールトンはどこまでも寛容だった。義兄のキングやクラブ員を宥めたし、又この連中にしたところで、表沙汰になれば、かえって自分達の馬鹿を売物にするような次第だから、告訴を取下げた。そこで、メリーは釈放せられた。

昔も今も変らないのは、興行者の興行気質である。自称ドイツ内親王の噂が高まるのを当て込んで、「ドイツ内親王」と云う芝居を興行して、メリーを主演女優に登用した。

メリーは今は満都の視聴の中心である。殊に容姿が綺麗だから、一時は人気が沸騰したが、メリーは舞台以外の芝居は上手だったけれども、舞台の芝居はからっ下手だった。又、斯様な場当りの興行が永続しそうなはずもない。メリーはやがて解雇せられた。

劇場を逐い出されてからのメリーは、益々以てひと廉の悪党になってしまった。ひと頃は金持の紳士の妾になって、贅沢三昧に日を暮らしていたが、ここにも長くはいられなかった。詐欺をやって、主人に愛憎《（マヽ）》をつかされたからである。

その後、万引で捕えられて、法廷に送られた。

その頃は刑罰のひどく峻厳な時代で、五シリング（二円五十銭、尤も、物質が安かったから、貨幣価値は今とは違うけれども）以上の窃盗は死刑になったのである。メリーの盗んだのは、銀の大盃で、相当の高価品だったから、勿論死刑の言渡しを受けた。しかし、英国人は法律の励行と法律の無視との間を巧みに調和して、少なくとも、法律の濫用の弊害だけは避け得る国民である。斯様な酷刑の時代においても、贓品の価額を極めて安く判定して、死刑から一等減ずるか、又は、死刑が言渡された場合に、特赦の制度を活用して、軽い刑に改めることが多かった。メリーに対しては、後者の手段が択ばれて、特赦に依って、死刑は流刑に変えられた。

メリーの送られた流刑の場所は、西インドのジャマイカ島だった。当時は法律も厳格だったが、監獄における実際の処遇も随分残忍なものだった。尤も或る点においては、極めて冷酷だが、場合に依っては、反対に、だらしなく放漫で、流刑囚に対する措置の如きは想像以上に粗笨なものであったらしい。かく信ずべき証跡は外の事件にもよく出て来るが、メリーの場合においても、やはりだらしのないものだったらしいので、果して、メリーは流刑地を脱出して、雲煙万里の旅路をまずは無事に、ロンドンへ帰って来た。

ロンドンへ帰った時には、メリーは既に人の世の半ばを過ぎていた。しかし、天稟の麗質は尚人を悩殺するに足りるものがあったから、この美貌を武器として、メリーは盛んに犯罪を行った。

メリーは嘘つきの天才である。しかも、年と共に、詐欺の技倆も益々円熟の境に入って来た。しかし、犯罪の方法が上手になるに従って、犯罪のたちはいよいよ下品になる。詐欺や窃盗の数を重ねて、メリーは遂に市井の常習の犯罪人、即ち、犯罪の玄人仲間に堕落してしまった。

ロンドンへ帰ってから犯した罪の数々は、今も記録に残っているが、その一々をここに挙げることは煩しい。又それを一々ここに挙げる必要もない。要するに、それは普通の犯罪、玄人の普通の犯罪の方法であって、我等不幸にして常に新聞紙上で散見するところのものと同様の犯罪である。

流石のメリーにも、最後の日は遂に来た。

或る本職の泥棒の連累として——明白ではないが、メリーはこの本職の泥棒の女房になり下っていたらしい——法廷で死刑の宣告を受けた。

英国の現在においては、死刑の裁判確定の後、三つだけの日曜は生かして置く。これをThree clear sundaysと云うが、日曜が三回済むと、直に死刑を執行するのが通例である。我が国の実際に比べると、余程手っ取り早いが、本篇のメリーにはわずかに中六日の猶予が与えられただけであった。

メリーの死刑執行は、今もロンドンのハイド・パークの北端の大道の上にその跡を印するタイバーンの死刑執行場で公開せられた。当時死刑の執行が公開せられたことは、云うまでもない。

法廷で審理を受けた頃に、メリーの健康状態がひどく悪くなっていると云うことであった。それが又メリーの唯一の弁解でもあったが、死刑執行の朝、メリーの顔色はむしろ生き生きしていた。満三十八歳になっていたけれども、容色は尚みずみずして、濃艶な八重桜の風情があった。

傍観の人達に（前にも書いた通り、当時の死刑執行は公開である）最後の挨拶をすることは、その頃の慣例だったが、メリーも簡単だが、はっきりした口調で、自分の罪を懺悔して、偏に神様のお許しを仰ぐと云う意味のことを述べた。

死刑の方法は絞首である。美しい頸は固く締められた縄の上に垂れた。

メリーは十五の時に靴直しに嫁いでから、幾度も結婚したが、ドイツの内親王を僭称をしていた時代に一緒になったカールトンが最も懐かしかったものと見えて、死刑執行人がメリーの屍骸を絞首台から卸す時に、カールトンの小さい肖像が右の袖にしっかりと縫い付けてあるのに、気が附いた。それを見て、死刑執行人は思わず下を向いた。大きな涙がほろほろと死刑執行人の頬を伝わった。

魔の手紙の話

一八三〇年代のことである。

パリから西南へ、ロアール河に沿って、百八十余マイル、河岸から河の中の小島に跨って、ソーミュールと云う古い小さい町がある。新教の中心だったが、ブルボン王朝は歴代、新教に迫害の手を加えたので、町は次第にさびれてしまったのであった。しかし第十八世紀の末に、騎兵学校がここに設けられて、このソーミュールの町も、いくらか活気を帯びて来た。騎兵学校は今もある、騎兵学校と旨い沸騰酒とがここの名物である。

この話も、やはりこの騎兵学校に関係がある。騎兵学校の校長、ド・モレール将軍の愛嬢、マリーは美しい娘だった。まだ十六だが、氷雪ようやく解けて、萏《つぼみ》の色香既に濃く、明日はさこそと思われる風情だった。この花の乙女を繞って起った怪奇な悲劇が、この一篇の物語である。

さて、騎兵学校の校長、ド・モレール将軍の家庭だが、将軍は男爵に叙せられて、天晴れ武人の典型と、上下の信頼を博していた。夫人はスート元帥の姪で、有数の美人、しかも甚だ賢明で、子女の教育に専ら意を用いている。良将と美夫人との間に、子供は二人、一姫二太郎で、姉はマリーと云って、十六、弟はロバート、これは十二になる。イギリスの婦人で家庭教師のミス・ストーン、これは二十四で、やはり綺麗な女である。この外に男女の召使いのあることは、勿論である。

名門で、地位が高く、美しい夫人は今尚依然として美しく、美しい令嬢は日毎にますます美しくなって行く。ド・モレール将軍の家庭は真に花眷春の如く、洋々乎として、この世の極楽の観があった。

洋々手として春の如き、ド・モレール将軍の家庭に、一抹の怪しく暗い影が漂い初めた。

その発端は斯様である。

騎兵学校の在学生が校長たる将軍の私宅へ、敬意を表するために訪問することは、勿論珍しいことではないが、近ごろ殊によく訪ねて来るのは、デスツウリ中尉である。デスツウリ中尉は勉強家で、信仰心が強かった。品行方正で、頭脳もしっかりしているのだから、将軍夫妻には甚だ好評判であったが、或る日、中尉は令嬢のマリーに、水彩画を一枚進呈した。マリーに対して、特別の思わくがあったためか、即ち、美しい乙女の優しい心を釣るための餌であったか、それとも、単純な社交的の贈答に過ぎなかったか、そこまではっきりしないが、とにかく、大した品物ではない。

デスツウリ中尉が令嬢マリーに水彩画を進上した翌々日、デスツウリ中尉の許へ、一通の手紙が舞い込んだ。

手紙の文句は次のようだった。

予ハ男ニ非ズ、女ニ非ズ、悪魔ニモ非ザレド、天使ニモ非ズ、人ニ幸福ヲモタラスヨリモ、ムシロ喜ンデ災禍ヲ与ウルモノナリ、予ハ貴殿及ビもれーる家ノ幸福ヲ奪ワントス、予ハ既ニ数名ノ婦人ヲ不幸ニ沈淪セシメタルコトアリ、右、念ノタメ注意ス、尚、予ハもれーる嬢ト篤ト懇談シ、貴殿ガ近々

ぱりニ去ルコトヲモ告ゲ置キタリ――一士官

ことさらに不気味な字句を列ねているが、要するに、お前はマリー嬢に思召しがあるようだが、俺の方が先口だ、俺は危険な人物だから、お前の方で手を引くが宜い、それが、お前としては賢明な方法だ、と云う趣旨は明白である。お前はマリー嬢に思召しがあるようだ――とこの手紙は言外に云っている。デスツウリ中尉としては、痛いところを刺されたか、それとも、痛くもない腹を探られたか、何しろ、不愉快な手紙である。手紙の主は「一士官」とあるだけで、匿名である。同僚のうちに、匿名の手紙で人をおどかすような卑劣な者はいないはずだが、気にかかるのは、手紙の文句の末段である。自分は今ソーミュールの騎兵学校で勉強中だが、パリにいる父は早くパリへ帰って来いと云う。校長のモレール将軍はそれには反対で、今しばらくここにいた方が宜しいと云う。それで、実はデスツウリ中尉も進退に迷っているのだが、父の運動が猛烈なので、転任は実現に近づいている。そのことは校長以外に誰も知らないはずだけれども、ことに依ると、同僚の誰かが感附いていたものとも見られる。とにかく、この点は事実を捉えているのだから、ますますもって不気味である。

手紙の主が同僚の士官だったとすると、それは誰だろう、士官の数は多くない、そのうちの誰だろう。士官の中だとすると――そうだ、ロンシエール中尉に相違ない、真逆とも思うが、いや、少なくとも、ロンシエール中尉が怪しい――とデスツウリ中尉は考えた。

デスツウリ中尉がロンシエール中尉に疑いをかけたのには、理由がある。

ロンシエール中尉もモレール将軍の私宅へよく訪問する一人だが、やはり騎兵学校の学生で、気立の優しい、内気な男だが、どちらかと云うと、だらしのない方で、お人好しのお坊ちゃんと云った風である。

現に或る女と同棲しているが、これは正式の妻ではない。父は陸軍の中将だが、中尉の将来に付いては、一方ならず頭を痛めている。このロンシエール中尉が将軍の家庭を訪ねるごとに、マリー令嬢とも相当にうち解けて話をしているようである、何しろ、正当の婚姻をしないで、情婦と一緒に暮らしているくらいだから、油断のならぬ男である——とデスツウリ中尉は思ったのであった。

間もなく、或る舞踏会で、デスツウリ中尉はマリー令嬢に逢った。

「お嬢さん、私のパリ行きのことを御存じでしょうか。」

「え、存じ上げていますわ。」マリー令嬢は何だか少しくうろたえ気味だった。

「誰からお聴きになりました?」

令嬢はこれには返事をしなかった。

「ロンシエール中尉からお聴きになったのですか。」

「え、そうです。」咽ぶように、苦しそうな声で、微かに、令嬢はそれを肯定した。

事ここに至っては、匿名の手紙の主はロンシエールに相違ないと、デスツウリ中尉は確信した。それから二、三日の間に、二度までも、不気味な手紙が舞い込んだが、その一つには、Rと略字の署名がある。Rはロンシエールの頭文字である。その手紙には、マリー令嬢をひどく罵倒して、自分はどこまでもマリーを虐めてやるのだ、凡そマリーを不幸にする一切の手段を尽して、彼女の将来を蹂躙してやるのだ、匿名の手紙を、彼女の身辺に隙間なく投げ込み、叩き込んでやるのだ、尚、別封の手紙はマリーの手に似せて、自分が書いたものだ、この贋手紙をマリーの母に見せろ。そうすると、マリーの母はマリーをひと間に監禁して、虐待するだろう、それが面白いじゃないか、と云ったようなことが書いてある。マリーの贋手紙と云うのは、遣る瀬なき乙女の恋を訴える文句で、マリーがその情人に送るために書いたように出来上っている。それを、マリーの母に本当の手紙だと思わせて、マリーを困らせてやれ、と云うのである。

怪奇な手紙は、最初は、マリーに惚れても駄目だ、マリーには俺が附いている、と云う意味だったが、二度目からは、一転して、俺はどこまでもマリーを苦しめてやると云う宣言である。

デスツウリ中尉は一応モレール将軍夫人（マリー令嬢の母）に知らせて置くべきことだと考えて、これまでの経過を話して、例の贋手紙を見せた。

「なるほどねえ、よく似せたものですね、しかしマリーの字はこんなに真っ直ぐじゃありませんよ、少し似せ方が足りませんね。」

夫人はそれ以上に、別に気に留めたような風はなかった。むしろ日常迎接する単純な茶飯事として、一向意に介しないようだったが、それが、デスツウリ中尉にとっては、多少不満でもあり、又不思議なことでもあった。

しかし、モレール将軍の一家にも、遂に悩みの秋《とき》は来た。

匿名の手紙がモレール将軍の家庭へも襲って来たのである。

匿名の手紙はいつどこからともなく、ひょっこりと、舞い込んで来るのである。空から降るか、土から湧くか、或る時には、マリー令嬢のピアノの上に置いてあった、或る時には、夫人の部屋へ窓からひらひらと飛んで来た、或る時には、将軍の机の上に載せてあった。勿論、召使いの男女も厳しく糾問したけれども、彼等自身も薄気味悪く思っているので、彼等の所業だとは考えられなかった。

匿名の手紙の内容は色々変っているが、畢竟するに、マリー令嬢に甚だしい敵意を持っていて、自分は――又は自分の友人は――マリー令嬢を陥れるために、モレール一家の幸福を奪うのだ、と云うことにおいては、どの手紙の趣旨も一貫している。

なかには、斯様なのもあった。

「奥様はお優しくって御綺麗だ、ロバート（マリー令嬢の弟、即ちモレール家の長男）は立派だ、しかし、マリーは全然毒婦型だ。」

手紙はいずれも、マリー令嬢の将来を呪うことを以て、終始しているが、なかには、令嬢をひどく攻撃するとともに、夫人を讃美し、敬慕して、ほとんど恋愛に近い文字を列ねているものもあった。しかも、この手紙には、E・Rと署名してあった。ロンシエール中尉の名はエミールだから、丁度、エミールのEとロンシエールのRとに該当する。

デスツウリ中尉を悩ませた匿名の手紙の主が、ロンシエール中尉だと云うことは、既にデスツウリ中尉も気付いていたのだが、モレール家に送られた手紙も、やはりロンシエール中尉がその書き主だということは、右のE・Rの署名に依って窺われるのみならず、或る日例の匿名の手紙のなかに、今日私はお宅の附近を徘徊すると予告がしてあったので、モレール家の人々がそれとなく警戒していると、ロンシエール中尉の姿が見えた。すぐにどこかへ消えては行ったが、たしかにロンシエール中尉に相違なかったので、ロンシエール中尉に対する嫌疑は、益々濃厚なものとなった。

デスツウリ中尉の許へも、依然として匿名の手紙は舞い込んで来る。

手紙の内容は、日々に激烈の度を加えて来た。

お前はマリーに冷淡なようだが、マリーはお前を愛している、マリーは深夜悶々の思いに悩んでいるようだ、それはとにかく、自分はどこまでもマリーを苦しめてやるのだ、マリーは処女だ、純潔だ、しかし、今に見ろ、自分は彼女の純潔と名誉とを奪ってやる、無垢の少女は日ならずして、自分のために、最大の汚辱を受けるのだ、刮目して待つが宜い——と云ったような手紙も来た。


マリー令嬢の純潔と名誉とを奪う！　無垢の乙女に拭うべからざる汚辱を加える！　この上もない怖ろしい予告である、聞くだに忌まわしい宣言である。今は躊躇すべき秋《とき》ではない。

デスツウリ中尉はその手紙を持って、モレール将軍邸に駆けつけた。


月の光のさやかな夜だった。

モレール家の家庭教師ミス・ストーンは異様な物音に、熟睡の夢を破られた。

ミス・ストーンはモレール家の二階（日本流に云って）、マリー令嬢の寝室の隣の部屋に眠っていた。

モレール家は近ごろ例の匿名の手紙に悩まされている、しかも現に最近に、デスツウリ中尉に宛てたものではあるが、マリー令嬢の身辺に関して、戦慄すべき脅迫の文字が書き列ねてあった。モレール家では水も洩らさぬ警戒はしながら、尚且つ不安の日夜を送っていた際である。健気なミス・ストーンは床を蹴って、起き上った。

異様な物音、それは唸り声である——マリーの声である——隣の寝室で、いとも苦しげに唸っているマリーの声である。

ミス・ストーンは隣室へ通ずる戸を開けようとしたが、それには鍵がかっている――いつも、この鍵はかけてはないのだが――ミス・ストーンは戸を叩き破って、マリーの寝室に駆け込んだ。

ミス・ストーンは愕然とした。

見るべからざるものを見た、悲劇は遂に如実に現れた、忌まわしい魔の手紙の予言は、悲しくも的中した、マリー令嬢は既に総てを失った――とミス・ストーンは思った。

ただ見る、窓は広く開かれて、あかあかと照り渡る月影に、余りに無残な部屋の有様！　マリー令嬢は寝衣のままで床に倒れている。咽喉は固くハンカチで絞られて、血の痕も鮮やかだった。

ミス・ストーンの介抱で、マリー令嬢も息を吹き返したが、ミス・ストーンを見るや否や、マリーはしっかりと抱き付いて、遽にわっと泣き出した。

マリー令嬢は涙と共に語る。

窓をこわすような音がしたと思った時には、一人の男が私のベッドの横に立っていました、それはそれは恐ろしい眼でした、顔の下半分は黒い布で包んでありましたが、たしかにロンシエール中尉で、「復讐だ」と云いました、声もロンシエール中尉の声でした、私は吃驚して、ベッドから飛び降りましたが、ロンシエール中尉は先ず戸の鍵（ミス・ストーンの寝室へ通ずる戸の鍵）をかけて、私の逃げるところを、寝衣を摑んで、放しませんでした、そして、いきなり私の咽喉を締めて、頻りに私を打つのです、頭も打ちました、胸も打ちました、そして、私の右手を捻じ上げて、私を床の上に倒したのです。それから、どうなったか、私は全く夢中でした、しかし、ロンシエール中尉が出て行く時に、「これを見ろ」と何だか手紙のようなものを放り出したのを、微かに覚えています――

その手紙は箪笥の上に置いてあった。

自分はあなたを慕っていた、しかし、それは片思いだった、あなたは徹頭徹尾私を軽蔑した、総てがその報いである、今や自分はこの世における最純潔なものを奪うのである、自分は既に十分に苦しんだ、これからはあなたの苦しむべき時である――と云ったようなことが、くどくどと書いてあった。

ミス・ストーンは兇行の事実を将軍夫妻に告げようとしたが、マリー令嬢は慌てて、それを止めた。自分は今はどうしても、お父様やお母様に逢いたくない、とにかく明朝まで待ってほしい、と云った。ミス・ストーンはマリーの心情を汲んで、そのままマリー令嬢の寝室に留った。

二十四になる家庭教師のミス・ストーンと十六になる令嬢マリーとは、同じベッドに横たわった。暴風の後の静寂は、いくらかマリー令嬢の恐怖や疲労を医したのであろう、暁方近く、マリー令嬢はすやすやと眠った。消え残る月の光に、可哀そうな――可愛らしい、今はもう乙女ではない花の少女の寝顔を見つめて、ミス・ストーンは咽び泣きに泣いた。


翌朝、モレール将軍宛に、郵書が一通到来した。又例の魔の手紙である。

その手紙には、昨夜の兇行の経過を詳細に叙述して、「余ハ令嬢ノ総テヲ奪イタリ、令嬢ノ純潔モ名誉モ今ハコトゴトク失ワレタリ、令嬢ヲ汚辱ノ女トナシタル者ハ、則チコノ筆者也」と書いてあった。

マリー令嬢にも手紙が来た。「余ハ今ヤ最高ノ幸福ヲ感ズ、汝ハ余ノタメニ悲惨ノ運命ニ陥リタリ、汝ヲ悲惨ノ運命ニ陥ラシメタルコト、即チ予が最高ノ幸福ヲ感ズル所以《ゆえん》ナリ」と、憎々しくも書いてあった。

デスツウリ中尉の許へも来た。自分はお前を苦しめるために一切を行ったのだ、お前は自分のことをモレール将軍に告げたようだが、それは卑怯だ、もし云い分があるのなら、男らしく自分の所へやって来い、と云う意味で、エミール・ロンと署名してあった。ロンシエールのロンだけを書いたのである。

デスツウリ中尉もここに至って、堪忍の緒が切れた。同僚の士官を介添として、ロンシエール中尉に決闘を申込んだ。

ロンシエール中尉は決闘を申込まれる理由がない、自分としては、寝耳に水だが、どう云う訳か、聞かせてもらいたい、と云ったので、例の匿名の手紙の話をすると、以ての外のことだ、自分には毛頭覚えがないと、断手として否認した。しかし、デスツウリ中尉は決闘の申込みを撤回しないので、二人は即座に決闘を試みた。それが兇行の翌朝のことである。

決闘は双方において、男らしく行われた。その結果、デスツウリ中尉は微傷を受けたが、ロンシエール中尉の方は全く無傷だった。

決闘があってから、匿名の手紙の話は急に世間に拡がった。マリー令嬢を中心として、モレール一家とデスツウリ中尉とを悩ませた数々の匿名の手紙の話、それから、その手紙の主はロンシエール中尉だと云う話は、今は全市に隠れもなき事実として、人々に云い伝え語り伝えられた。

ロンシエール中尉の友人はロンシエール中尉に自白を勧めた。尤も自白と云ったところで、匿名の手紙を書いて送ったと云う点だけで、マリー令嬢に対する兇行は、まだ被害者の一家とデスツウリ中尉との間で、秘密を守っていたのであって、今世間に知れ渡っている匿名の手紙の問題に付いてのみ、自白が勧誘せられたのである。

ロンシエール中尉は勿論自白の勧誘を峻拒した。しかし、ロンシエール中尉としては、十分な弱味がある。それは中尉自身の素行である。自分は情婦と同棲している、金使いも荒い、士官として、紳士として、行くべからざる場所へ行ったこともある、賤しい職業の女を逐っかけたこともある、軍法会議へ廻されたならば、自分はきっと有罪の判定を受けるだろう――かく考えて、ロンシエール中尉は自白した。自白して、宥恕を乞うことが、軍法会議を免れる唯一の策だと思ったからである。前にも書いた通り、ロンシエール中尉は気の弱い男だった。そして、当時のフランスの軍法会議は、判官の見込に依って、容易に有罪の判定を下すことが珍しくはなかったので、軍法会議を免れるために、モレール将軍に一書を裁して、匿名の手紙がことごとく自分の手に成ったものだと云うことを自白して、偏に将軍の寛大な思召しにすがって、海容を仰ぐと記述した。

ロンシエール中尉は更に友僚の勧告に従って、辞職を申し出た。これも軍法会議を免れるためである。官を辞して、軍籍から脱すれば、たとい起訴になっても、軍法会議へは廻されない。通常人として、通常裁判所の審判を受けるのである。

ロンシエール中尉の辞職申出は即座に聴許せられたから、今は無官の身となったロンシエールは、すぐにパリへ出発したが、その当日、またもや匿名の手紙がモレール家へ襲って来た。

ロンシエールはすでにパリの自宅へ落ち着いたはずである。そのパリから百八十マイル以上も離れたこのソーミュールに、もはや怪しい手紙の魔の主はいないわけだが、不気味な手紙は続々と来る。風が持って来るか、それとも、雨と一緒に降って来るか。人の知らない間に、憎々しい手紙が着いている。勿論、郵便に依って来たのではない。

手紙の内容は更により以上に猛烈を加えて来た。なかには、マリーと結婚してやっても宜しいと云ったような、図々しいことが書いてあるかと思えば、マリーを始め、将軍夫妻に、近日天誅が加えられるだろうと云ったような、凄味たっぷりの文句もあった。

沈勇の老将軍モレール男爵も、遂に意を決して、一切を検事局に告発した。

かくして、ロンシエールは起訴せられて、パリの未決監に投ぜられた。

然るに、怪しむべく、怖るべき魔の手紙は、ロンシエールがパリの未決監に収容せられた後においても、やはり、依然として、モレール一家の人々へ襲って来た。

或る日マリー令嬢が突然の発作で、卒倒した。家人が令嬢を扶け起すと、令嬢は右手に何か握っている。堅く締め合わせた指を明けて見ると、出て来たのは、又例の匿名の手紙だった。

又、或る日、夫人と令嬢とが馬車に乗っていた。遽に、「あっ痛い、誰かが私の手を！」とマリー令嬢が叫んで、右手を引っ込めた時に、どこからともなく、ぽたりと馬車の中へ落ちたものがある。開いて見ると、やはり、それが匿名の手紙だった。

ロンシエールがソーミュールを去った後にも、頻りに魔の手紙が来たのだが、そのなかには、まるで署名のないのもあり、E・Rと書いたのもあり、御丁寧にエミール・ロンシエールと姓名全部を記載したのもあるが、ここに注意すべきことは、ロンシエールの綴りは、“Roncière”だが、署名は“Ronsiére”となっていて、CをSと書きそこなっている〔アクサン・グラーヴとアクサン・テギュの違いは元の本のまま〕。もし、真にロンシエールが書いたものとするならば、ロンシエールは自分の名を書きそこなったので、余程の慌て者か、間抜けな男に相違ない。

ロンシエールの暴行被告事件は、パリの法廷で開かれた。ソーミュール騎兵学校長男爵モレール将軍邸の二階、マリー令嬢の寝室を襲ったと云う案件である。被害者は名門の令嬢で、今年ようやく十六歳になる美少女、被告人は元陸軍中尉で、陸軍中将の令息である。この事件が満都の視聴を鍾《あつ》めたことは、もとより云うまでもない。

ロンシエールは主犯として起訴せられ、モレール家の召使い男女各一名が幇助犯として、同じ法廷の審理を受けた。

花の蕾《つぼみ》の可憐の乙女に、拭うべからざる終生の汚辱を与えたと云うことが、情熱のパリの人々を甚だしく刺激した。多くの人はロンシエールの有罪を確信して、法廷もし断罪を遅疑するにおいては、惨虐な私刑をも課し兼ねまじき情勢だった。

しかも、ロンシエールは極めて不利な証拠を摑まれている。匿名の手紙に関する自白がそれである。この案件の経過に微して、手紙に関する自白は――もしその自白が真実の自白だとすれば――則ち同時に暴行の自白である。真か否か、とにかく、ロンシエールは書面に依って、自白しているのである。

最初、証人として顕れたのは、ロンシエールの同僚の士官達である。これ等の証人の供述に依れば、ロンシエールの素行は甚だ芳しくない、特に婦人関係において、彼は批難に値する過去を持っていた――勿論、相手は皆売女であるが。

かかる案件において、被害者の供述が最も重要な証拠であることは、云うまでもない。この法廷が証人として、マリー令嬢の供述を徴するに当って、全員に異常な緊張をもたらしたのは、けだし当然のことである。

この証拠調べは特に深更十二時の刻限を以て行われた。それはマリー令嬢がヒステリーに罹っていて、その主治医の意見に依って、夜半四辺静寂の時においてのみ、法廷の取調べに耐え得るものと認められたからである。

夜の裁判所は悪魔の城の如く、黒く聳えている。法廷には判事以下係員、弁護士、陪審員、傍聴人が詰めかけていたが、さすがに周囲は静かに落ち着いていた。

少しくやつれてはいるが、花の少女はしずしずと、証人席に現れた。清らかに美しく、例えば、夏の初めの白百合のように、弱々しい風情ではあるが、すっくりと立ち上って、優しい頸を垂れて、裁判長に黙礼した。

裁判長の訊問に対して、彼女は一切を明瞭に、的確に、供述した。ロンシエールが寝室へ侵入して来たこと、自分の寝衣を摑んで、自分に迫って来たこと、「復讐だ」と叫びつつ、自分をあまたたび殴打したこと、遂に自分は最大最悪の汚辱を受けたこと、女として、云い難い事柄を、控え目ではあったが、微かな声ではあったが、それでも、はっきりと、順序を逐い、次第を立てて、如実に、具体的に、供述した。

裁判長は幾度も念を押して、兇漢が果してロンシエールであったかどうかを確かめたが、マリー令嬢はいつも明白に、それを肯定し、被告人席のロンシエールを見やりつつ、「たしかにこの人です」と云い切った。

然るに、次の証拠調べの結果は俄然として、人々の感想の一転化を来たした。

ロンシエールの寓居の女主人（下宿の主婦）は、問題の当夜、ロンシエールは決して外出しなかったと述べた。

モレール家のマリー令嬢の寝室の窓を修繕した職工は、窓の硝子も枠もこわれていたが、外部からこわしたような工合ではなく、また、人の出入りの出来るほどの大きさではなかったと云った。

右二証人の供述は信用が出来ないとしても、更に驚くべき証拠が、次に提供せられた。

四人の筆蹟鑑定人が法廷において、問題の手紙全部――十四通――がロンシエールの筆蹟に非ざること、しかも、右は総てマリー令嬢の手に成ったものだと云うことを確言した。

ここにおいてか、法廷は極度の緊張を示した。花の少女、マリー令嬢が大嘘つきであるか否や、それが双方の法曹の激しい弁論の中心となった。検事及びモレール将軍の私訴（刑事事件に附帯する民事上の損害賠償の請求）代理人はマリー令嬢の証言を信ずべしと論断し、弁護人はマリー令嬢を悪魔の権化だと絶叫した。

フランスの陪審員には、花の少女を疑うだけの余裕はなかった。あの美しい、優しい、若い、綺麗な、名門の令嬢が、執念深いたくらみをしたと云うことは、どうしても信じられなかった。なるほど、ロンシエールを有罪と判定するには、疑わしい点も尠《すくな》くない。手紙の来た径路と云い（郵便で来たのは極く少数である）、ロンシエールの署名の綴りが間違っていたことと云い、ロンシエールが未決監にいる時にも、魔の手紙が横行したことと云い、寝室へ侵入した箇処が明白でないことと云い、二階の寝室は余程高いのだが、どうして昇降したか、それが全く不明なことと云い、あの兇行が同じ家にいた将軍夫妻その他召使いの者にまるでわからなかったことと云い、理窟に合わないことは多々あるけれども、マリー令嬢の美が一切を解決する。あの美しい少女が嘘をつくはずがない――と陪審員は考えたのであった。

果して、陪審員は「ロンシエールは有罪」と答申した。幇助被告の両名は無罪の意見だった。

裁判所はロンシエールに対して、十年の懲役を言渡した。

この判決に対しては、諸方面から激しい攻撃が起って来た。モレール将軍側の私訴代理人のうちにすら、あの答申は事件の真相に反するものだと云うことを承認した者があった。

ロンシエールはしばらく服役していたが、久しからずして釈放せられ、復権の指令を受けた。この復権の指令書に署名した司法大臣は、皮肉にも、モレール将軍側の私訴代理人の一人だった法曹である。

今日、諸家の確定せる断案に依れば、一切はマリーの捏造に係るものである。匿名の手紙はマリー自らこれを書いたものであり、暴行の点はマリー自作の小説である。

然らば、何がマリーを駆って、かかる不可思議な所業に出《い》でしめたか。それは彼女の猟奇趣味である。マリーは自作の小説を現実化するがために、ロンシエールを犠牲にすることを躊躇しなかった。彼が軍籍を失い、名誉を喪い、長期の懲役または死刑に処せられんとするのを、彼女は冷やかに見、冷やかに笑っていた。それは彼女の惨虐趣味である。花の乙女のかかる猟奇趣味、惨虐趣味は畢竟するにヒステリーの結果である――医家もまたその専門の立場から、かく論じている。

要するに、珍しい事件である。

後日譚を一寸書いて置く。

マリーはその後、平凡に結婚して、幸福な生活に入った。

ロンシエールは殖民地で顕要な地位に就いて、最高の勲章を受けるまでに、栄進した。
デスツウリ中尉は僧侶になった。

或る無垢な少女の話

イングランドからひと足スコットランドへ入ると、風趣がようやく荒涼の色を帯びる。国境を超えたばかりのこの村でも、岡の姿も黒ずんで、野を吹く風の音にさえ、うら寂しい響きを伝える。

この村の薄暗い鍛冶屋の仕事場に、この村には、ましてやこの鍛冶屋の仕事場には、ふさわしからぬ一人の美しい少女が立っている。岩間に咲いた一もとの白百合か、木々の梢の間にほの見える彼岸桜の風情を見せて、可憐な若い女性が立っている。

若い女性に寄り添って、三十位かと見える――勿論百姓ではないが、会社員とも見えない――都会に近い小地主の倅か、それとも、今で云えば、自動車屋の若主人のようだが、その頃はまだ自動車屋と云うものはなかった。とにかく、風采の賤しくない男が立っている。

この男女の前に、頑丈な老人、これはこの鍛冶屋の主人だが、熊谷陣屋の弥陀六実は弥平兵衛宗清と云ったような恰好で、控えている。

時は一八二六年の或る日。ここはスコットランド西南部ダンフリースシャイア州の一寒村、グレトナ・グリーン、この鍛冶屋は大した鍛冶屋である。

さて、グレトナ・グリーンの鍛冶屋に付いての説明だが、話は少々長い。

時の古今を問わず、洋の東西を論ぜず、結婚は人の一生の大事件で、その成立には、一定の方式を必要とする。時代に依り、風習に従って、この方式は一様ではないが、我が民法に規定する戸籍吏に対する届出の如きは、最もお手軽な一例だけれども、とにかく、どこの国でも、結婚には方式を必要とする。

結婚に方式を必要とするのは、その結婚を公示するためである。天下晴れて夫婦になると云う、その「天下晴れて」のためである。未開時代には、今後他人に取られぬための用心、文明時代には、人生の大事件の公表、結局、いずれにしても、公示のための方式である。

然るにここに、堅く相約し、深く相契った男女が、親の許しは得ないけれども、知己友人は反対するけれども、即ち、天下晴れてと云う訳にはゆかないけれども、どうしても結婚したいと云うことがある。こっそりと夫婦になりたいと云うことがある。しかし、結婚の方式は公示を以て旨とする。どうも、「こっそり」と「公示」とは衝突する。

そこで、法律上有効に結婚はしたいのだが、こっそりと夫婦になりたい、即ち、公示を旨とする結婚の方式は守りたくないと云った場合に、いつ誰が発明したのか、それはわからないが、近古の英国において、うまい抜け道が出来ていた。

近古の英国において、結婚の方式は教会で牧師の司会の下に行われたことは、云うまでもない。（現在では、登録吏に登録することも、一つの方式として、認められているが。）そこで、正式に教会へ行かないで、こっそりと牧師に頼む。とにかくにも、牧師の世話になったのだから、法律上有効に夫婦にはなれるが、世間には知れずに済む。その牧師はただの牧師ではない。驚くなかれ、監獄にぶち込まれている牧師である。監獄の中で、結婚式が行われたのである。なるほど、これならば、世間へ知れない。

さて、又、その監獄のことである。

今は暗渠になって、その影を没したが、ロンドン市（大ロンドンのうちの固有のロンドン市）の西口において、テムスに合流するフリートと云う小川が、その昔はあった。このフリート川のテムスに合流する所をフリート町と云う。このフリート町に、フリート監獄があった。第十二世紀の頃からの監獄だが、降って、メーリー女王とエリザベス女王との時代には、異端者がここに投ぜられた。メーリー（ヘンリー八世の第一王女のメーリー。スコットランド女王のメーリーではない）とエリザベスとは異母の姉妹だが、姉のメーリーは旧教信者で、妹のエリザベスは新教信者だったから、姉の時代には新教徒を、妹の治世には旧教徒を、このフリート監獄に幽閉したのであるが、後に政治犯の収容所となり、幾多の悲惨な物語を作り上げたが、それから、借金監獄になった。

借金監獄と云うのは、一寸説明を要するが、借金をして返済の出来ない債務者が監獄にぶち込まれたのである。（今でも、極めて重大な制限は受けているが、一部分は現行制度として、英国に残っている。）監獄へぶち込まれるのではあるが、債務不履行のためで、犯罪のためでない。罪人と待遇を異にすることは勿論で、面会も比較的自由だった。

借金してそれを返済しなければ、牧師でもフリート監獄にぶち込まれる。そこで、フリート監獄にぶち込まれている牧師に頼んで、監獄の中で結婚式を司ってもらうのが、この時代に、こっそりとしかも有効に結婚する方法だったのである。結婚せんとする男女は面会の形式で、外部から監獄を訪れるのである。司会料は貧富に依って一定しないが、最低は一円二十五銭（ハーフ・クラウン）で、いい商売になるものだから、監獄内の牧師は婆婆へ客引きを派出せしめて、頻りに男女を勧誘していたと云うことである。

フリート監獄における結婚の奇習は第十七世紀の初葉から始まったが、漸次その流行を増して来たので、当局はしばしば抑圧を試みたが、徹底的にこれを禁じたのは、一七五三年の法律（これをハードウィック卿の法律と云う）で、イングランドにおいては（スコットランドを除外してある。それが本篇の物語に直接関係する）公式の教会で公式に司会せられた結婚式に依る結婚以外の結婚は無効だと云うことになった。この法律は翌一七五四年の三月二十六日から実施になったが、実施の前日、今のうちだと云うので、フリート監獄で結婚した者は、二百十七組の多きに上ったと云う。どこの国でも同じことだが、御盛んなことではある。

そこで、いよいよ、グレトナ・グリーンの鍛冶屋さんの話になる。

フリート監獄における簡便秘密結婚が無効になったが、それはイングランドだけで、スコットランドなら、差支えはないのである。従って、勇敢な連中は、北へ北へと進んで、国境を超える。国境を超えた最初の村は、このグレトナ・グリーンである。グレトナ・グリーンはスコットランドだから、この村における結婚は例の「ハードウィック卿の法律」の適用を受けない。ここで簡単な結婚式を挙げて、イングランドへ帰れば、天下晴れての夫婦である。しかも、グレトナ・グリーンで行われる結婚の儀式は簡単過ぎる位簡単なもので、鍛冶屋——実は鍛冶屋に限らないのだが、鍛冶屋が一番繁昌した——の面前で、二人の証人——それも村の者で間に合わす——立会の下に、結婚の誓言をすれば、それで済むのである。この料金は少々高い。勿論相手次第で、高低はあるが、最低五円二十五銭（ハーフ・エ・ギニー）から最高千円までだった。

斯様な工合で、駆落ちの連中は大抵真っ直にグレトナ・グリーンへ行く。ここでめでたく結婚した者のうちには、侯爵もあれば、大法官もいる。

話は本篇の物語に還る。

イングランド中部のチェシャイア州の片田舎に、ウィリヤム・ターナーと云う大地主があった。勿論、大金持で、その相続人はエレンと云う一人娘、可愛らしい無邪気な、幾世の春を一身に鍾《あつ》めたような、幸福な純真な娘で、今年満十五歳になる。美しくて、優しくて、大金持の単独相続人である。父母の寵愛は云うまでもない、さぞや立派なお婿さまが来るだろうと、同性の羨望の的になり、我こそ優しい人と大した財産とを手に入れようと、異性は斉しく憧憬れたが、当の本人のエレンはまだ恋を知らない。深窓から直にリヴァプールの貴族的な学校附属の寄宿舎へ送られて、この世のこととは、まるで没交渉だった。

或る日朝早く、エレンのいる寄宿舎へ、二頭立の馬車を駆って、駆け込んだ者がある。

ターナー家（エレンの家）からの急便だと云うことで、舎監に宛てた一通の手紙を差出した。

手紙は急いで書いたものらしいが、文句は極めて鄭重で、いかにも貴族気質で保守臭味な田舎の大地主の家庭で使いそうな文言だった。

手紙の内容は長いが、要領は得ている。

ターナー夫人、即ちエレンの母は昨夜十二時半に中風の発作に罹った。危篤と云う程ではないが、たしかに重態である。生憎主人、即ちエレンの父は他行中で、それは迎いにやったが、何しろ大混雑である。ターナー夫人は一刻も早くエレンに逢いたいと云っている。家令が行くはずだけれども、取込の際で、代理としてこの男を遣わすが、エレンは馬車が嫌いだから、馬の操縦には十分注意してある。その点は御安心を願いたい。エレンが吃驚するといけないから、母の病気のことは告げないで、目下新築中の家へ移転する用意のために、急に逢いたいのだと云ってもらいたい。エレンは何と云うかも知れないが、とにかく、早速この馬車で返してもらいたい。エレンを巧みに賺《すか》すことは、何分宜しく頼む——と云うのが、その全文句だった。

舎監は細心な婦人だったが、この手紙には疑念を挾む余地がなかった。エレンが馬車を嫌っていること、ターナー家が目下新築中で、完成に近づいていることは真実で、しかも、二頭立の馬車で詐欺師が白昼乗込むと云うことは、その頃一寸想像し得ないことだったからである。

エレンは純真な娘である。舎監の命に依って、直に馬車に乗った。馭者が違っているので、不思議に思ったが、私は新宅附として、近頃雇われた者でございますと云う一言の挨拶で、それも無条件に信用してしまった。

馭者はマンチェスターへ寄って、ハル博士の家で用事を一つ済ませて来ることになっているのだと告げた。マンチェスターは方角が違うが、大した寄り道ではない、殊にハル博士はかかりつけの医者で、ほとんど親類附合いをしている人だから、エレンはそれも疑わなかった。しかし、マンチェスターの町で、馬車の止ったのは、ハル博士の玄関ではなくて、或るホテルの門前だった。

ホテルから、風采の整った男が出て来て、エレンに母の病気のことを打ち明けた。

エレンは気絶せぬばかりに吃驚した。新宅の立派さを胸に浮べて、自分の居間はどこにしよう、どう云う風にそれを飾ったらいいだろう、ロココか、それともシェークスピヤ式かと、美しい心で美しい考えに耽っていたのだが、母の病気と聴いて、真っ青になった。

いや、驚くことは、まだ外にもあります――と男は云う。七段目の平右衛門じゃないが、こりゃこりゃ、まだびっくりする。もっとどえらい事がある――と云った調子である。

風采の整った男は馬車の中で語る。

自分はエドワード・ウェークフィールドと云う者だが、自分の伯父はこの地方の大金持で、自分も自分自身の相当の財産を持っている。実はあなたのお父様は両三年来莫大な債務を負担しておられるので、今は破産のやむなき状態にある。あなたのお父様は立派な紳士で、卑劣な所業はもとよりないのだが、負債が余り嵩んで来たので、誰しもあることだが、多少は無理な事をなすった。それが刑事問題にもなるので、債権者側は大分騒いでいる。左様な工合で、或いは甚だ忌まわしい事態を生ずるかも知れないから、あなたのお父様は現在はケンダル（リヴァプールとマンチェスターとの間の一小都会）の或る家に隠れておられる次第である。何事も金銭が第一だが、殊に本件は負債整理の問題だから、金銭を必要とするのであって、金銭さえあれば、万事が立ちどころに解決するのである。そこで、私の伯父があなたのお父様の窮況に同情して、即金六十万円を差上げる。しかのみならず、整理の必要上、尚この外に入用ならば、いくらでも融通をすると云って出た。しかし、六十万円あれば、あなたのお父様は完全に救われるので、今やあなたのお父様が従前通りの面目を保たれるか、はた又、生きた地獄に堕ちられるか、吉か凶か、善か悪か、一切は私の伯父の意思一つに繫っているのである――

馬車の中で、この悲しい話を聴いて、エレンはさめざめと泣いた。

男は尚も語る。

しかしながら、私の伯父が六十万円即金で出して、あなたのお父様を救うのには、一つの条件がある、即ち、その条件が具備しなければ、一銭も出さないが、その条件が具備するならば、六十万円はおろか、百万二百万の出金は決していとわない、しかして、その条件と云うのは、あなたが私と結婚することである。あなたのお父様の最愛のあなた、私の伯父の最愛の私、この我々二人が結婚することは、伯父の出金の唯一の条件である。そこで、あなたのお父様の地位、信用、財産、名誉はあなたの意志の如何に依って、決せられるのである。

さめざめと泣いていたエレンは、きっと両眼を瞬って、天の一方を眺めた。そして、絶え絶えに云った。

「私は、私の父を救うためならば、何でも致します。私は結婚します。あなたの伯父様のお気に召しますように、私はあなたと結婚致します。」

可哀想に、この世の濁りに染まぬ清い乙女は、未知の男の真っ赤な嘘に、やすやすと引っ懸ってしまったのである。

このエドワード・ウェークフィールドと云う男は相当な財産家の若主人なのだが、近頃少しく家運が傾いて来たので、その挽回にあせっていたが、あせればあせる程、金は逃げてしまう。そこで、急に思い附いたのは、大金持の相続人となること、即ち、大金持の一人娘と結婚することであった。そして、候補者を物色したが、この近郷一帯に亘って、エレンは正に絶好の候補者である。エレンはターナー家の一人娘で、ターナー家は大地主、州内屈指の財産家である。その当主が債鬼の追求に逢って、ケンダルに隠れているなどと云うことは、真っ赤な嘘である。エレンと結婚して、ターナー家の婿になれば、その莫大な財産は自分の自由になる。

しかし、ターナー家では、自分をもらってくれる気遣いはない。そこで、唯一の策はエレンを誘拐して、例のグレトナ・グリーンで簡易秘密の結婚式を挙げることに存する。

かくして、巧みにエレンを誘拐して、馬車の中で巧みにエレンを説伏したのである。

馭者はテヴナールと云って、ウェークフィールドの召使いのフランス生まれの男だったが、これも細工は流々、誘拐は見事に成功したのであった。


勝ち誇った得意の壮年と、父を救う外には何の考えもない可憐な少女とは、馬車に揺られて、北へ北へと進む。

リヴァープールからマンチェスターへ、マンチェスターからカーライルへ、低い丘陵を超え、緩やかな小川を渡って、平明な牧野を左右に眺めつつ、馬は真っ直に走る。カーライルで馬を替えた。カーライルからグレトナ・グリーンまでは十マイル余り、この全行程は百三十マイルの上に出《い》でる。


グレトナ・グリーンでは、例の鍛冶屋の老人の面前で、エレンは微かな声だったが、それでも、はっきりと、ウェークフィールドの妻になると誓った。

エレンはようやく満十五歳に達したばかりだが、英法の下では、結婚年齢に達しているから、二人は今は正に法律上有効な夫婦である。

ウェークフィールドはエレンを愛していたのではない。実はこれまでエレンを見たことすらないのだが、大金持の婿になることが唯一の目的であって、要するに、金のための結婚である。エレンから云えば、勿論、ウェークフィールドに対して、愛着の念は毫末もない。これは父を救うための結婚である。

男は金のために、女は親孝行のために、夫婦になる意志なくして、しかも、法律上有効な夫婦になった不思議な男女は、グレトナ・グリーンから引き返して、三十マイルばかり南のペンリスに着いた時には、その夜も更けていた。すっかり疲れた二人はそこで一泊して、翌早朝、更に南して、ロンドンに向った。ペンリスからマンチェスターまで百余マイル、マンチェスターからロンドンまで百八十余マイル、馬車の嫌いなエレンも、昨日から馬車の大疾走で、夜を日に踵いでいる。

ロンドンへ着いたが、一、二時間休憩しただけで、この休憩の間に、ウェークフィールドは新聞社へ自分達の結婚したこと、自分達はこれからパリへ行くことの広告を依頼した。

ロンドンから直に、四頭立の馬車を駆って、ドーヴァーへ向った。ドーヴァーはフランス行きの汽船の出る港で、道中記のようだが、この距離は七十余マイル。

一方、リヴァープールの寄宿舎の舎監は、エレンを渡してから、すぐ怪しいと気附いたものか、或いは細心な注意の念のためか、ターナー家へエレンの帰ったことを告げたから、ターナー家では勿論吃驚した。そして、早速一切をターナー家のかかりつけのソリシター（訟士と云う、弁護士の下の階級の法曹）のグリムスダイクと云う人に委託した。

このソリシターのグリムスダイクは機敏な活動家で、活動写真のような男だった。ウェークフィールドがエレンを拉して、フランスへ向ったことを、新聞の広告（ウェークフィールドがロンドンで出した）で知って、依頼を受けて三日の後、即ち第四日目の朝、ドーヴァーの対岸、即ち英国からフランスへ渡って最初に着くフランスのカレイのホテルで、ウェークフィールド夫妻に出逢った。

この時既に、グリムスダイクは内務大臣の発令した逮捕状と外務大臣の署名した在パリ英国大使への指令書とを所持していて、エレンの叔父二人、それから逮捕のための警部一人が同行していた。

幸いにも、この時には、エレンはまだウェークフィールドの毒牙にかかってはいなかった。ウェークフィールドの方からも、エレンの方からも、エレンが今尚無垢の乙女であることが完全に証明せられた。そこで、追跡の一行は愁眉を展いた。

追跡の一行はウェークフィールドを逮捕し、且つエレンを連れて帰る任務がある。ウェークフィールドも逮捕と聴いて、すっかり悄気《しょげ》てしまった。

ウェークフィールドはエレンを自由にする考えはないが、結婚は有効だと主張する。エレンを自由にする考えはないが、ターナー家の財産を自由にしたいのである。それがためには、結婚は有効だと主張しなければならない。又、たとい、その動機が不純であるにせよ、グレトナ・グリーンで結婚式を挙げたのであって、結婚は有効になっているのである。従って、エレンは自分の妻だ、自分からエレンを奪還することは不法だと力争した。しかし、何分にも、逮捕状には悄気《しょげ》返っているので、ウェークフィールドも持て余して、カレイの治安判事にホテルへ来てもらうことにした。

カレイの治安判事がホテルへ出張して来たが、フランス人だから、英国の法律や慣習は知らない。実は治安判事で、市長か区長だが（この時は市長だった）法律の方は素人で、フランスの法律にも怪しいのである。ウェークフィールドはこの結婚は有効だと云い、グリムスダイクは無効だと論ずる（グリムスダイクは法律家だが、この点はグリムスダイクの方が無理なので、この結婚は有効である）その中に入って、治安判事は判断に困った。しかし、流石フランス人だけに如才がない。ともかくも、エレンの意志に任すのが得策だと云う妥協案を提出した。

双方ともこの妥協案には同意した。そこで、エレンの意嚮を訊ねたが、エレンの答えはきっぱりしていた。

「私はこの人の妻じゃありませぬ。この人は私を欺いたのです。私はこの人と一緒になる考えなんか、ちっともございませぬ。この人は私を瞞《だま》して、私を強迫して、グレトナ・グリーンへ連れて行って、夫婦の誓いをさせたのです。私はリヴァープールから連れ出された日に、始めてこの人に逢ったのです。私に結婚の考えなんか、あるものですか。」

ウェークフィールドの方では万策ことごとく竭《つ》きてしまった。

「エレンさん、貴女は少なくとも私が貴女に対して、紳士的の行動を執っていたことは、認めて下さいましょうね。」

「それは認めます、しかし、私は一瞬間もあなたと一緒にいたいとは思いませぬ。」

後にも書くが、ウェークフィールドは心からの悪漢ではなかった。万事窮するに及んで、潔くエレンをその叔父に渡した。そして云った。

「あやまりました。エレンさんはあなたの保護の下にお渡しします。それが本当でしょう。最後に一言申し上げますが、私は今エレンさんを純潔無垢な処女として、お渡しすることの出来るのを、光栄と存じます。」

前にも書いたが、ウェークフィールドとエレンとの関係は、兄妹のような関係以上の関係には及んでいなかったのであった。

エレンは無事に父母の許に帰った。ウェークフィールドも英国へ帰ったが、これは無事じゃない、刑事被告人として、母国の土を踏んだのである。

ウェークフィールドに対する誘拐被告事件はランカスターの巡回裁判所で開かれた。この誘拐の計に加担したウェークフィールドの弟も共犯として、被告人となった。

ウェークフィールドも相当の財産家だったから、資力を尽して、弁護人に当時の名法曹を頼んだが、その弁護人はスカーレット、コートマン、バットスンの三人で、この三人は後に相ついで、いずれも高等法院の判事になった。英国では、弁護士のうちから、徳望識見の高い者を抜擢して、判事に任命するのだから、後に判事になったことから推して、この三人が当時高名な法曹だったことが窺われる。

法廷で問題となったのは、エレンが証人となり得るか否かの点だった。

妻をして夫の不利益のために証言せしむることを得ずと云《う》うのは、英国刑事訴訟の原則である。我が刑事訴訟法第百八十六条に依れば、被告人の配偶者は証言を拒むことを得と云うことになっている。趣旨において、同様であるが、英国の方が徹底的である。

エレンが一切を陳述すれば、誘拐の経過が明白になる。従って、エレンが証言すれば、それはことごとく被告人の不利に帰すべきことは、余りに当然である。しかして、エレンは幸いに事実上の関係こそなかったが、法律上はウェークフィールドの妻である。そこで、弁護人等はエレンをして証言せしむべからずと主張した。

然るに、右に述べた原則に対する例外として、もし、それが妻自身の名誉及び自由に関することであれば、妻は夫の不利益のために証言することが出来ると云う原理がある。検察側はこの原理を主張した。

係判事ハロック男爵は検察側の意見を採用して、エレンの訊問を許した。

ウェークフィールド兄弟は有罪となって、各三年の懲役を言渡された。

めでたい後日譚がある。ウェークフィルードは服役後ニュージーランドへ渡って、そこで公共のために尽瘁し、自分もひと廉の財産を作って、模範的の人物になった。

この事件の後、グレトナ・グリーンの結婚に対する批難は頓に激烈になって、新しい法律が出来て、これを無効にすることに定《き》まった。新法に依って、エレンの結婚は無効となった。

新法実施の第一日、エレンは或る名家の嫡男と結婚して、多幸な生涯に入った。

私立探偵の元祖の話——ウージェーヌ・ヴィドック、ジョナサン・ワイルド、ウィリヤム・ピンカートン

私立探偵と云うものは、余り古いものではない。しかし、遽に殖えた。この商売ばかりは不景気の影響を受けないらしい。何と云っても、アメリカが本場である。英国にも随分あるが、流石に警察と私立探偵との分野がはっきりしている。勿論、警察が私立探偵を利用することは多いが、私立探偵が警察の権限を侵犯することはない。ここにも、英国の堅実性が窺い得られるが、アメリカでは、両者の限界が混沌としているようである。いくらアメリカでも、私立探偵に犯人の逮捕権はないが、大抵の事件には、私立探偵が活躍している。私立探偵の発達は結構なことだが、もし、それが警察力の退歩を意味するならば、それはもとより浩歎すべきところである。

私立探偵が警察を凌駕することは、むしろ甚だ寒心すべきことではあるが、私立探偵の活躍の範囲は警察よりも広い。結婚調査や雇人の身元調査は勿論、信用調査、財産調査、或る物件の価額や来歴の調査、銀行会社の内情調査の如きは、私立探偵の得意の擅場《せんじょう》である。

この私立探偵業の歴史、その元祖開山に付いて書いて見る。

私立探偵の元祖は、フランスでは、ウージェーヌ・ヴィドックである。

ヴィドックは泥棒である。泥棒仲間の大親分である。その大泥棒が政府から俸給をもらって、警察事務に関係していたのである。ヴィドックばかりではない、その手下の中で、錚々たる手合は御大将ヴィドックの推挙に依って、警察に勤めていたのである。それは第十九世紀の前半期のことだが、まさか、勅任待遇、奏任待遇と云ったような訳ではなかっただろうと思われるけれども、日本左衛門を始めとして、弁天小僧、忠信利平、南郷力丸、指の先の曲った連中がパリの警察本部を構成していたのだから、いかにも奇抜である。尤もいくら泥棒でも、足を洗って、前非改悛の懺悔奉公に探偵の御用を勤めているのならば殊勝な次第だが、ヴィドックの一味徒党は、一面において警察の御用を勤め、他面においてやはり盛んに泥棒を働いていたのだからたまらない。この水陸両棲、首鼠両端の大怪物ヴィドックがフランスにおける私立探偵の元祖である。ヴィドックの物語には面白いことが多いが、私はかつてその話を書いたから(拙著『不思議な犯罪の話』第二二頁以下参照)ここには反覆を避けて、詳しいことは省略する。

ヴィドックは自分自身の犯罪で在監中に、自分を警察で使ってくれるならば、御用は必ず立派に勤める、と申出《い》でた。官憲の方では、泥棒の跋扈に閉口し切っていた時である、ヴィドックは大泥棒である、その遣り口はいかにも放胆で、しかも甚だ細心である、なるほど探偵の御用は立派に勤めるに相違ないと考えて、私《ひそ》かにヴィドックを出獄せしめて、警察本部出仕と云うことにした。泥棒を警察の手先に使うのは、好ましからざることではあるが、警察の機能が十分に発達しなかった頃には、どこの国でも採用していた慣行だったけれども、ヴィドックの起用は甚だ以て大仕掛であった。ヴィドックは部下の俊秀(?)十二人を引き具して、パリの警察本部に陣取ったのであった。

ヴィドックは大泥棒である。蛇《じゃ》の道は蛇《へび》で、ヴィドックの手に懸かると、大抵の泥棒は逮捕せられる。逮捕せられた泥棒は、ヴィドックにぐっとひと目睨まれると、すぐにべらべら白状してしまう。

ヴィドックの起用は大成功だった。十四年間官憲の眼を掠めて、ポンティ・ド・サンエレン伯の名を冒用し、陸軍の顕官に成り上り、国王ルイ十八世の殊寵をほしいままにしたコアナール（本書九六頁「帝王の寵臣となった泥棒の話」参照）をふん縛ったのも、このヴィドックである。

ヴィドックは一定の俸給を受ける外に、事件の成功毎に相当の賞与金をもらっていた。事件があると、必ず成功するのだから、賞与金はたしかにもらえたが、事件がないと、勿論、賞与金にはあり附けない。そこで、事件がない時には、ヴィドックは自分で事件を拵えて、賞与金の種を蒔いた。即ち、手下に命して、泥棒を働かしめる。それを、自分が捕えて、賞与金をせしめるのである。これこそ外れっこのない金儲けの方法である。手下こそ好い面の皮だが、大親分には勝たれない。

所詮、ヴィドックは殊勝に奉公するような男ではない。一切が金のためである。泥棒よりは安全な、しかも泥棒以上に悪い——泥棒教唆と探偵との兼職だから、たちの悪いことは云うまでもない——金儲けをしていたのである。

それでも、ヴィドックの黄金時代は十七年も続いた。しかし、官憲もようやくヴィドックに愛憎《ママ》を尽かして来た。

ヴィドックは遂に罷免せられたのである。

そこで、ヴィドックの思い附いたのは私立探偵業であった。ようやく時勢が進んで、私立探偵業の必要を感じて来たその気運を捉えたのであったが、ヴィドックに左様な自覚があったか、どうか、それはむしろ疑問で、お役所の方が首になったので、私立に変ったただけのことであったらしい。

勿論、私立探偵業としても、ヴィドックの腕前は凄かった。成績は挙ったけれども、手数料の取り方も猛烈だった。工合に依っては、依頼者を恐喝するようなこともあって、店は次第に寂れて行った。

ヴィドックは私立探偵に失敗して、ロンドンへ流れて行って、寄席へ出た。即席変装術を観せて、見物を喜ばせていたが、これも永くは続かなかった。又パリへ舞い戻って、老病で死んだが、この時はひどく落ちぶれて、餓死同様の状態だったと云う。

フランスにおける私立探偵の第一世ウージェーヌ・ヴィドックは、その生涯が奇抜だが、今日一般社会の有要必須の施設たる私立探偵業の元祖としては、極めて望ましからぬ人物だったのである。

英国における私立探偵業の開山はジョナサン・ワイルドである。フランスにおける元祖ヴィドックよりも一世紀程前だったから、ワイルドの私立探偵業はヴィドックに比べると、余程単純なもので、云わば原始的のものだったが、人物はヴィドックよりは大分上等である。上等だと云ったところで、ワイルドもやはり悪党である。悪党たることにおいては、或いはヴィドック以上だったかも知れないが、ワイルドの方はたしかに遥かに理智的であり、組織的であり、事務的であった。ワイルドは泥棒の親玉ではあったが、自分自身は泥棒ではなかった。警察の手伝いはしたけれども、役人又は準役人になったのではない。自分は一個の営業人として終始した。この営業が面白い。贓物故売と盗難品発見とを兼営したのである。即ち、手下の泥棒が盗んで来たものを安く買い上げる、一方では、盗難被害者の依頼を受けて、盗難品を探し出す。尤も探し出すと云うのは、世を忍ぶ仮の名で、ロンドンの泥棒は大抵ワイルドの手下だから、盗んだ品物はほとんどことごとくワイルドの店へ来る。それを探し出したと称して、高い手数料を取って、被害者に売ってやるのが、ワイルドの商売だった。この被害者に対する方面、即ち、盗難品発見業が今日の私立探偵業の開山になるゆえんである。

ワイルドはロンドンにおけるほとんど全部の悪党の棟梁だった。前にも一寸書いたように、彼自身手を下した訳ではないが、彼は泥棒団の大親玉だった。彼の声威は彼の綽名が端的にそれを表明している。彼の綽名は「ジョナサン大王」と云うのであった。

ワイルドの理智的、打算的、事務的だったことに付いては、面白い話がある。

ワイルドの素性はよくわからない。我等がワイルドに付いて知り得る最初は、彼が四年間借金監獄に投ぜられたことである。この借金監獄は一八六九年の債務者法に依って、大体において廃止せられたが、今でも制限せられた範囲の下に残っている。ロンドンの借金監獄へ私は二、三回見学に行ったことがある。以前は弁済不能の債務者が弁済するまで、投獄せられたのであって、ワイルドも四年ばかり、厄介になっていた。その借金監獄へ賤しい職業の女が入っていた。メリーと云う女である。このメリーと獄中で相談して、計画を立てたのが、則ち例の営業である。従って、メリーはワイルドにとっては糟糠の妻で、内助の功も多ければ、慰藉激励の労も尠《すくな》くはなかった。しかし、どうせ浮気者同士である。どちらに責があるかわからないが、二人の仲がまずくなって、遂に離縁したが、離縁の時には、ワイルドはメリーに十分な手切金をくれて遣ったのみならず、毎年一定の扶養料を支給している。それから次々にワイルドは四度も女房を取り替えているが、手切金と扶養料とは完全に支払っている。それには理由がある。別れた女房の口から、罪状の洩れることを怖れたからである。お手当がたんまりとあるものだから、別れた女房は、誰もワイルドに対して、悪声を放たなかった。

ワイルドの贓物故買及び盗難品発見業は益々盛大になって、場所もあろうに、ロンドンのオールド・ベーレイの刑事裁判所の向い側に本店を構えるに至った。正義の殿堂と泥棒の策源地とが、道を隔てて対立したのである。

この頃、英国には、贓物故買を罰する規定がなかった。しかし、ワイルドの営業はいかにもたちが悪い。そこで、一七一八年に、英国の議会は贓物故売に関する罰則を制定した。それに依ると、贓物故買には軽重二様の制裁があって、重い方は、贓物故買を営業とし、盗犯を使嗾し、これと利益の分配を約束する場合であって、これに対しては、特に死刑を以てその法定刑とした。(当時の刑は皆甚だしく重かったのである。)この新法がワイルドを覘ったものであることは、云うまでもない。もし春秋の筆法を用うるならば、英国に贓物故売の禁圧法を作らしめた恩人は、ワイルドである。

新法が実施になってから後も、ワイルドは手を控えなかった、否、益々業務を拡張したが、遣り口は一層事務的になった、脱法的になった。盗難の被害者に対しては、自分の方で盗難品を探してやろうと盛んに勧誘する。盗まれた者は勿論品物が惜しいから、ワイルドに頼みに行く。ワイルドの方には贓物は来ているのだが——盗ませて置いて、それを安く買うのだから、遅くとも、盗難の翌日には、品物はワイルドの店へ来ている——それはむずかしいことだけれども、懸賞広告でも出して、発見に努めましょうと云う。勿論、広告料はたんまりと頂戴する、そして、四、五日たってから、うまく品物が手に入ったから、お渡しすると云って、手数料はしっかりと取ると云う筆法である。その外、巧妙な手段の限りを尽して、法律に触れないように、外観を取り繕っていた。

かくして、店は日に増し繁昌した。何しろ、儲かるにきまった商売である。自分の指図で盗ませて置いて、それを高く被害者に売り付けるのだから、商売の大きくなることは、請合いであって、これこそ、不景気知らずの儲け仕事である。裁判所門前の本店の外に支店も出来た、自家専用の倉庫も二、三出来た、しかも、奇抜なことには、海外の支店までも出来た。ワイルドは海を越えた彼方、ベルギーのオスタンドに支店を設置したのであった。そして、この支店長は船頭上りのジョンソンと云う男で、やはり悪党である。ジョンソンはロンドンとオスタンドとの間を跨にかけて、国際的に、ワイルドの贓物故買業を拡張していた。

ワイルドの大営業は勿論泥棒教唆を以て、その骨子とする。計画部では、誰はどこへ泥棒に行け、今日はどこに結婚式がある、国王陛下の行幸がある、判事の巡回裁判乗込の儀式がある、と云った風に、掏摸を派遣する、強盗、窃盗、いずれも皆ワイルドの指令に依って、出没したのであった。

ワイルドは勿論大富豪になった。ロンドン東郊のダーウィッチに別荘を構えて、悠然として納まっていた。このダーウィッチは、ロンドンから水晶宮（この頃にはまだないが）へ行く途中で、小さいがよくまとまった美術館もあって、私もロンドン滞在中にしばしば行ったことがあるが、小高い丘陵に拠った住宅向きの美しい一区画である。そこに、ワイルドが別荘を持っていて、時々ロンドンの本店へ出て来て、例の人を食った営業の指図をしていたのである。

さしも悪運の強いワイルドにも、最後の日は近づいて来た。しかも、この巧緻精細を極めた脱法的大営業の破綻は、つまらない一小瑣事に依って生じたのである。

例のオスタンドの支店長、船頭上りの悪漢ジョンソンは税関がやかましくなって来たために、暫時オスタンドの支店を断念して、ロンドンで従前の泥棒稼ぎに立ち戻ったが、泥棒には泥棒の縄張がある。ジョンソンがオスタンドの支店長に栄転した時、泥棒の足を洗ったから、ジョンソンの縄張はエドワーズと云う男に移された。然るに、遽にジョンソンが泥棒業に復帰したので、エドワーズに縄張を返せと云った。エドワーズの方では、この縄張はただでもらったのじゃない、それ相当のわたりが附けてあるのだ、貴様は帰り新参だから、新規蒔直しに、新しい縄張を見附けて来い、と云う挨拶である。つまり、我国でも博徒仲間にあり勝ちな縄張の争奪で、両人は喧嘩をした。そして、エドワーズが口惜し紛れにジョンソンのことを密告したから、ジョンソンは警察へ引上げられた。警察の拘留場で、巧みに小使いを籠絡して、その手を経て、ジョンソンは御大将ワイルドの救援を求めたので、ワイルドは部下を使嗾して、警察の附近で、子分同志馴合いの喧嘩をやらせた。喧嘩は目的じゃない、騒動らしく見せれば、それで宜いのだから、なるだけ声の大きい連中を派遣したのである。こん畜生、さあ殺せ、やっ、やられた、首が飛んだ。声ばかりだが、知らない者には、血の雨も降るかと思われる。警察でも本当の大喧嘩だと思って、署員総出で、鎮撫に出掛けた。そのどさくさ紛れにジョンソンは巧みに逃走したのである。

斯様なると、大変なのは、エドワーズである。ジョンソンの復讐が怖ろしい、いや、それよりも、御大将ワイルドの御機嫌が気遣われる。そこで、背に腹は代えられない。御大将のワイルドの罪状を密告したのである。


ワイルドは捕えられた。

しかし、ワイルドは証拠の残るようなことはしていない。悪事にかけては、海山千年の剛の者である、決して尻っぽは摑ませない。ワイルドは泰然自若として、法廷の審理に臨んだ。

なるほど、ワイルドに不利益な証拠を挙げることは、不可能だった。しかし、天網遂に全く疎ならず、たった一つ、極めて小さいことではあるが、法廷の証拠が十分だった。それは、ワイルドの手下の一人が、ワイルドの使嗾によって、レースの小ぎれを万引した、そして、ワイルドとその犯人とが利益を分け合ったと云う事実が、法廷における証拠に依って、判明した。

たった一片のレースの小ぎれ、それはワイルドが多年の間に貪り得た不正の利益の千万分の一にも、恐らくは億万分の一にも当らないものだろうが、とにかく、形式上それだけは立証せられたのである。勿論、ワイルドのいわゆる営業は一般公知のことであった。しかし、断罪の資料として、法廷の証拠は欠くべからざるものである、それが、小さいながらも、少ないながらも、一つ立証せられたのである。

陪審員は「有罪」と答申して、判事はワイルドに対して、死刑を宣告した。即ち前掲一七一八年の法律を適用したのである。

ワイルドは獄内で、阿片液を飲んで自殺を図ったが、死にきれなかった。そして、半死半生の間に、一般公衆の嘲笑の裡に（当時は死刑が公開せられていたのである）絞首の刑を受けた。

死刑執行の後、ワイルドの屍骸は獄内に葬られたが、その四日目の朝、わざわざそれを掘り出して、大きな柩車に載せて、どこかへ運んで行った。その行く先は今日判明しない。

ワイルドの死んだのは、一七二五年のことである。

私立探偵業の元祖は、フランスではヴィドック、イギリスではワイルド、前者は札附の泥棒、後者は泥棒こそしないが、又もし正業に志したならば、大会社の社長になるだけの腕前はたしかにあったけれども、畢竟するに、大悪党だった。二人共今日立派な社会的施設として、何人もその効用を疑わない私立探偵業のためには、大きな面汚しである。

以上掲げた二人とは正反対に、アメリカの私立探偵業の鼻祖ウィリヤム・アラン・ピンカートンは立派な人物である。彼は公共のために幾多の貢献を寄与した公人である。グラスゴウ生まれのスコットランド人で、質実剛健、沈着果断、いかにも生粋のスコットランド気質だった。シカゴに移住して、そこで、大規模な私立探偵軍を組織したのであるが、何人も「大きなビル」（ビルは云うまでもなくウィリヤムの愛称である）の名を以て、彼を愛し、彼を敬った。一八八四年に六十五歳で死んだ。遺著も数種ある。

ピンカートンといえども、探偵として生まれて来た訳ではない。アメリカへ移住して来た当時は、桶屋だった。この桶屋が或る時偶然な機会で、官憲の手助けをして、旨く大泥棒の一隊を逮捕した。それから、探偵と云うものが面白くなって、始めは道楽半分、後には専門に、私立探偵になったのだが、南北戦争の時には秘密諜報部長に抜擢せられ、戦後又野に下って、有名な私立探偵軍を組織したのである。

当時のアメリカの警察は乱暴至極で、勿論すこぶる無能だった。然るに、ピンカートンの幕下は皆十分に訓練せられた精鋭だった。親玉のスコットランド魂が全部に徹底して、彼等は決して定額の報酬以外には何も要求しない。公安に忠であり、委託の趣旨は信義を以て履行した。ピンカートンの部下から、アメリカの警察方面の顕官に簡抜せられた者も尠《すくな》くはない。又諸国の政府が警察事務に付いて、アメリカの方面と協調を必要とする時には、多くピンカートンに依頼していた。

ピンカートン自身がスコットランド流の堅実性を体得していたように、ピンカートンの部下の仕事は手堅いことを以て、その特色とする。

その手堅い一例をここに掲げる。但し荒筋だけである。

ニューヨーク郊外のE村に、一人の若い男が殺されていた。上着ズボン共にことごとく剥ぎ取られて、シャツだけになっていた。シャツにはA・Bと刺繍がしてある。被害者のだか、加害者のだか、帽子が一つ落ちていた。手懸かりはこれだけである。

ピンカートンの部下が探偵の任に当った。

被害者の相好はどうもドイツ人らしかったので、附近は勿論、ニューヨークに渡って、ドイツ人に問い訊したが、果して被害者はドイツ人の新移住者アドルフ・ボーナー（Adolph Bohner）と云う者だった。丁度シャツの刺繍のA・Bに該当する。そこでボーナーの下宿していたニューヨークの場末の或る家へ行って、持物を調べると、日記が出て来た。丹念な男と見えて、几帳面に日記が附けてある。丁度それは「明日E村に行きアウグスト・フランセンに逢い、貸金を催足すること」と云う記載で終っている。しかもその日は被害の前日に当っている。

どうも、このアウグスト・フランセンと云う男が怪しいが、さて何処にいるか、まるで見当が付かない。

ピンカートンの本部は欧洲諸国に出張所もあれば、その国々の警察とも連絡を取っている。そこで、ドイツの各地に依頼して取調べてもらったが、シトラスブルグ（今は仏領だが）の靴職人で、同じ名の男がふた月程前に渡米した。しかも、被害者とは以前からの知り合いで、偶然ではあるが、同じ船で来たと云うことが判明した。

重ねてボーナーの日記を見ると、フランセンの依頼に依って、ボーナーは度々フランセンに金を貸している。

調査が進むにつれて、フランセンがニューヨークで或る靴工場にいたこと、酒場の女と懇意にしていたことがわかったから、その女を探しに行ったが、女は田舎へ引込んでいる。ようやくにして、探し当てて、フランセンの人相とその行きつけの酒屋の名を尋ねて、お客になって行って見ると、フランセンがやって来た。旨く話を持ち掛けて、三、四日の間に十年旧知のような間柄になった。この探偵は勿論ピンカートン門下で、ドイツ生まれの利け者だが、靴職人に化けていたのだ。

或る晩、例の探偵がフランセンといつもの酒屋で一杯飲んでいると、一人の男がやって来て、フランセンの被っている帽子を見て云った。

「やあ、俺の売ってやった帽子はどうしたのだ。」

「友達と取っ替えっこをしたのさ。」

フランセンの答えは簡単だったが、探偵の耳には強く響いた。

探偵は前に書いた兇行の現場に落ちていた帽子を被って、フランセンに帽子を売ったと云う男が、一人で酒を飲んでいる機会を覗って、その男の前に腰を掛けた。その男は探偵の被っている帽子を看過しなかった。

「やあ、君だね、フランセンの野郎と帽子の取っ替えっこをしたのは。」

「そうさ、しかし、君はよくこの帽子に見覚えがあるね。」

「勿論さ、以前俺が被っていたのだ、どうして忘れるものかね。」

これで、フランセンが兇行の時に、故意か、偶然か、被害者の帽子を被って帰ったことが、十分推測せられた。

しかのみならず、別の探偵に依って、フランセンが兇行の前後に雇われていた家で、そこの下女にA・Bと刺繍してある古い手套をくれてやった、それは、兇行の翌日に当ること、その外に二、三の状況証拠が顕れて来た。

しかし、まだ逮捕はしないで、例の如く、ドイツ生まれの探偵はフランセンと仲好く附き合っていた。或る日、フランセンが西部地方へ移りたいが旅費が足りないから、貸してくれろと依頼した。探偵は何か質物がなければ、いやだと云った。フランセンは大分閉口した様子だったが、上着とズボンとを質に入れた質札を出して、それを担保に取ってくれという。探偵はそれではこれを担保に取って、金を貸そう。現金は出立の時に停車場で渡す、と話が定まって、質札は探偵の手に渡った。

探偵はすぐその足で、質屋に駆け付けた。問題の質草は正に被害者が被害当時に着ていた衣類だった。約束の時刻に、フランセンは停車場で待っていた。約束通りに探偵は来た。しかし、フランセンを見るや否や、「アウグスト・フランセン、御用だ」と怒鳴った。

探偵は金の代りに、拘引状を持って来たのであった。

それが、綿密で手堅いピンカートン式の探偵方法の一例である。これだけ遺漏なく捜査が出来ていると、犯人も首服するの外はない。

検事長を殺した弁護士の話

これは実話である。いくらか潤色して書けば、少しは面白いものになるかも知れないが、事実を単に事実として紹介する。只々、いかにもこの話は奇抜である、悲惨である。しかも、この話に出て来る主要な人物は、二人が二人共、立派な法曹である。そこで少々古い話ではあるが、書いて見る気になったのである。

一九一四年と云えば、世界戦争の勃発した年である。その年の夏、中欧の南陬に立ち上った一道の殺気は、たちまち凄滄な風陣を捲き起して、欧洲全土に阿修羅の劫火は閃裂した。

人を呪う怨霊は、随処に累々たる戦士の屍を眺めて、凄い笑を洩らしていたが、それでもまだ飽き足りないで、戦塵に埋もれた壮者の屍骸の腐った血で、執念深いインフルエンザの毒菌を作り上げて、それを東西に撒布した。この毒菌は好んで青春の男女を侵し、殊に多く初妊の妙齢の婦女を襲った。この世の春の歓楽を鍾《あつ》むる新婚の家庭から、若い妻とやがて生まれ出《い》ずべき胎児とを奪い去ったのである。この病気で死んだ者は、幾十万の戦死者の更に幾層倍に上ったと云う。

しかしながら一九一四年の早春四月の頃には、何人も三月後の大戦の勃発を予測しなかった。全世界の温帯地方の気象はすべて平静軽寒だったと云う。ニューヨークでもやはり穏かな日が続いた。戦争の起ると共に、合衆国は宇内第一の金権国となって、世界中の黄金は悪獣の如き唸り声を立てて、ニューヨークに流れ込んだが、開戦三月前のニューヨークは只々これまでの通りのニューヨークに過ぎなかった。

その一九一四年の四月の或る日、新聞の夕刊で、ダニエル・シックルスの死んだことを知ったニューヨークの人々は、あの話好きな好々爺を喪ったことに付いて、誰も淡い哀愁を感じたのであった。

全く、シックルス老人は話好きであった。又話上手でもあった。殊に話題は極めて豊富だった。若い時には、独立戦争に生き残った多くの勇士に逢っていた。南北戦争には陸軍少将として、北方のために奮戦していたのである。リンカーンやグラントをも知っていた。特にグラント将軍には殊遇を受けていた。一八六三年の七月の一日から三日に亘ったゲティスバーグの戦争は南北戦争の中でも最も惨憺たるものであった。この戦争において、シックルスは隻脚を失ったのである。しかのみならず、シックルスは海を超えたヨーロッパの事情にも精通していた。テムスの川霧の落着いた情趣や、マドリッドの春の夜の華やかな情調は、手に取るように話して聴かせた。英雄の面影や、異国の風習や、面白い話はシックルス老人の唇から衰々乎として湧《い》き出でて、その出入するクラブは、まるで老人の長講独演の高等寄席のような工合だった。

その老人が死んだのである。老人を知る一切の人は、惜しい人を亡くしたものだと、少しは寂滅の感に打たれたけれども、何しろ、九十三歳の高齢であった。年に不足はなかったのである。要するに、死ぬべき人が死んだのである。二、三日すると、誰もシックルス老人の事は忘れてしまった。

そのシックルス老人がこの物語の主人公である。シックルスの三十八歳の時の悲劇が、ここに書く裁判事件である。

花形の外交官として、ダニエル・シックルスがロンドンの社交界に持て囃されたのは、当然過ぎた程当然なことであった。シックルスは三十六歳の美丈夫で、ギリシャの彫像に一抹の血を加えたような、すっきりとした好男子である。世才にも長けて、見識も高かった。誰にも評判が宜くって、用務はいつも立派に弁じた。シックルスはロンドン駐在の米国大使館の高級書記官だったのである。

シックルス自身が好箇の外交官だったのに加えて、その夫人は又天成の外交官夫人であった。シックルスの名望はその夫人に依って、高いが上にも更に弥高くなったのである。

夫人の名はテレサと云って、イタリア生まれの美人である。十六の時に結婚して、今年は二十歳になる。どちらかと云うと、小型の、綾羅にも耐えぬ楚々たる姿で、例えば朝の露を帯びた谷間の鈴蘭の様な優しい嫋《たお》やかな風情であるが、漆のように黒い瞳と、椿の花の様な真紅の唇とに、南国の婦人に特有な無限の濃艶な情熱があった。殊にその言葉には万物を魅了する微妙な旋律があって、ローレライの巌の乙女の歌のように、聴者を必ず恍惚たらしめたのであった。

シックルス夫妻は互いに限りなく愛し合って、相扶け、相寄って、誰も羨む仲であった。世に最もその妻を愛する夫あらば、それは、ダニエル・シックルスであって、世に最もその夫を愛する妻あらば、それは、テレサ・シックルスだと、社交界では評判した。

そのシックルスが外交官を辞して、ワシントンへ帰ることになった。人々は驚いた。来年は公使になるだろう、二、三年すれば大使にもなるだろう、洋々乎たる前途を迎えながら、どうして外交官を辞したのだろうと怪しんだが、シックルスの望みは更に大きかったのである。シックルスは弁護士となり、代議士となり、上院議員となり、大統領となることを期待したのである。シックルスは外交官になる前に、一度代議士に選ばれて、青年選良として、声名を議場の内外に馳せたこともある。シックルスが政治界において大成する人物だと云うことは、既に一部の定評になっていた。されば、シックルスが大統領の栄冠を窺うことは、決して一片の空想ではなく、むしろ必ず実現せらるべき当然の筋道だったのである。

かくして、社交界の明星はロンドンからワシントンに移った。

ワシントンで弁護士事務所を開いて、間もなく、シックルスは一躍して、法曹界の若手の花形になってしまった。事件が沢山来る。沢山来た事件は大抵シックルス側の勝ちになる。依頼者は日毎に殖えて、今やシックルスは牢乎として抜くべからざる土台を築き上げた。しかも、この急速な成功は、決して、僥倖的に贏《か》ち得たものではなかった。シックルスは真に努力したのである。彼の成功は彼の努力の賜物であった。彼の努力を知る者は、何人も、彼の成功を羨望したけれども、それを嫉視することは出来なかった。彼は上下に好まれつつ、着々乎として成功したのである。

彼の成功は又夫人テレサの献身的補佐に負うところすこぶる大なるものがあった。彼はよく客を接待した。饗応の席には勿論テレサ夫人が列って、花の姿に、微妙な旋律を持ったその特有の声に、来客を満足せしめた。明敏な点において、軽捷な点において、テレサは遥かにその夫をすら凌いでいたのである。

シックルスは弁護士として成功した。そして、シックルス夫妻の要望は益々挙って、「ワシントンで最も幸福な最も得意な夫婦」と一般に噂せられた。

当時ワシントンにおける法曹界の大立物はコロムビア検事長のバートン・ケイであった。コロムビア検事長と云えば、実力において検事総長のようなもので、検察上甚だ顕要な職司であるが、ケイは歴代の当該職司の中で、最適任だと云われていた。しかも、ケイはワシントン法曹会の会長として、事実上、公私両方面を通じて、ワシントンの法曹の長老たるの地歩を的確に占めていた。

ケイは五十歳を超えていたが、体躯傲岸、六尺の大男で、ローマの闘者のように、牡牛のような肩を聳やかして、ゴリラのような鉄拳を持っていた。その顔は醜きこと河馬の如く、その凹んだ大きい眼は凄い光を帯びて、大抵の婦人は一見して失神すると云ったような人柄であった。要するに、醜く大きく強い外形の人であった。

法曹として、このケイに近づくことは、確実な成功の手段であった。若手の花形シックルスは或る日この長老のケイを自宅へ晩餐に招待した。シックルスはいくらか躊躇しつつ、口頭で招待の旨を述べたが、ケイは案外気軽に受諾した。コロムビアの検事長、まして、その職司以上に事実上の勢力を持った法曹界の長老ケイが気軽に晩餐の招待を受けてくれたと云うことは、シックルスの衷心無上の光栄と考えたところであった。

ケイとシックルスとが相携えて、シックルスの家に着くと、やがてテレサは花のように着飾って、出て来た。

河馬のような顔と牡牛のような胴体とを持った醜い大きい強いケイと、露に濡れた鈴蘭のような優しい嫋《たお》やかなテレサとが先ず挨拶の握手をした。慧敏ないつも客をそらさぬテレサもこの時には少しく慄えた。そして蚊のような小さい細い声で、「お噂は前から承っておりましたが、始めてお目にかかります。あなた様がいらしって下さいましたことは、私共にとりまして、何よりの光栄でございます」と微かに云った。ケイはいつもの無遠慮な声で、「いやわたしこそ光栄で」と答えた。

晩餐は勿論慇懃鄭重を極めた。ケイも満足して帰った。

ケイが満足して帰ったのだから、シックルスは有頂天になって喜んだ。「御苦労御苦労。ケイも今じゃ俺達の友達だ。それも全くお前のお蔭だ。こうなれば成功疑いなしだ。いずれそのうち俺は上院議員になるよ。それから大統領だ。俺の力の半分位しかなくって、大統領になった者もあるのだ。俺になれないことがあるものかね。」シックルスはテレサの両手を握って、雀躍《こおどり》した。

いつも快活なテレサは、不思議に何となく沈んでいた。彼女は慄えていた。動悸があやしく打って、訳もなく涙が流れて出た。シックルスはテレサが客の接待に疲れたのだろうと思って、慰めて休息させた。

テレサは少しも眠れなかった。

テレサはケイをひと目見て怖ろしい人だと思った。しかし次の瞬間には力強い頼もしい人だと考えた——それだけではない。この世で最も優しいテレサは、この世で最も醜く最も強いケイに、一瞬刻にして恋してしまったのである。

運命の悪戯は常に悲劇を醸成する。この悲劇の裁判の話はこれから始まる。

美しい優しい小さいテレサは、大きい醜い強いケイにひと目で恋してしまった。恋は盲目である。昨日までは「最も深く夫を愛する妻」と云われたテレサが、夫を忘れ、家を忘れ、身を忘れて、今は偏にケイの事ばかり思い慕るのであった。或る日、テレサはケイをその郊外の別荘に訪ねて、轟く胸に打ち喘いで、しどろもどろの言の葉は、みだれ髪のみだれにみだれるように、血に狂う思いの只々狂いに狂うように、とりとめもないものであったが、はふり落つる涙と共に、心のたけを打ち明けた。

ケイは元来法律の外には、何も知らない人であった。ケイの念頭に徂徠するものは、只々検事の一事であった。ケイの徹頭徹尾、神経の末節の尖端まで、法律——公安——検挙が独占していたのである。かつてケイは女を愛したことはなかった。勿論妻を娶ったことはなかった。そのケイは、テレサの告白を聴いて、しばらくの間は、青銅の巨像のように、黙然としてつっ立っていた。やがて、巨像の頬を大豆のような涙が二滴、ほろほろと流れた。大きい醜い強いケイは、美しい優しい小さいテレサを抱いた。ケイもテレサの恋を受けたのである。

さても、運命の悪戯は深刻で、惨酷である。二十歳を過ぎて間もない美人と、六十歳に近い醜丈夫とが恋に落ちて、人妻は仇し男を、仇し男は人妻を、悶えに悶えて、恋い焦れたのである。

二人の交情は日々に、否、刻々に、その濃厚の度を加えた。しかしながら、私の筆は男女の甘い恋の葛藤を書き綴るには適していない。国難の際には、剣を把って立つべき手である。壮夫烈婦の事蹟ならば、駑鈍をも忘れて、欣然筆を執るのであるが、情界温柔の境地は、私の到底描写し得ざるところである。テレサとケイとの交情に付いても、私は一切を黙殺して、只々二人は道ならぬ恋に酔って、日毎に深くなり行ったとのみ、書いて置く。

毎朝シックルスは自宅から事務所へ行く。それを待ち兼ねて、シックルスが家を出ると、妻のテレサは直に逢曳きの場所へ走る。ケイは今は全く職務を抛擲して、ほとんど常に逢曳きの場所に入り浸っている。二人の交情は流石に世間の噂に上って来た。或る一部の社会、殊に他人の悪事、他人の不幸を最も面白がって語り合う暢気な階級の卑劣な趣味は、この問題を等閑には附せなかった。法曹界でも評判は高くなった。しかし、「知らぬは亭主ばかりなり」と云うのは、川柳国だけではない。“Husband is the very last man to become aware”（「最後に気の附くのは亭主だ」）と云うこともある。聡明な法曹シックルスも妻の悪事には全く気が附かなかった。彼は依然として妻を信じ、妻を愛していた。

岡焼半分であったか、又は、純真な友情からであったか、そこまでは判明しないが、シックルスに密告する友達もあった。シックルスは始めは一笑に附していたが、種々の方面から知らせて来たから、シックルスも勿論大いに煩悶した。しかし、考えれば考える程、テレサの貞淑が身に沁みて、嬉しく思われる。「いや、全く彼奴等は誤解しているのだ。テレサがどのように自分を愛しているか、どのように自分に尽してくれているか、彼奴等にはそれがわからないのだ。又わかりそうなはずがないのだ。彼奴等は彼奴等自身の女房から類推して、テレサを判断しようとしているが、それが間違いの基だ。テレサは彼奴等の女房とは較べものにはならない。テレサは自分の最愛の妻だ。自分はテレサの最愛の夫だ。テレサが自分の顔に泥を塗るようなことをするかしないか、わかりきった話だ。馬鹿馬鹿しいにも程がある。しかも、相手はケイだと云うのだ。あの醜いケイ、女嫌いのケイ、それがテレサの相手だと云うのだ。彼奴等の常識を疑わなければならない。彼奴等はたしかに誤解している、曲解している、事に依ると、自分達二人の間柄を嫉んでいるのだ」と、シックルスは深く自ら信じていた。

尤もテレサの方では、極度に技巧を弄していたのである。今はケイの外は念頭になかったけれども、毎晩シックルスが事務所から帰って来る時には、以前のように、否、以前以上に、いそいそと迎え入れて、表面の事ではあるが、心を尽して、慰め労った。しかし、シックルスが事務所から帰って来ても、テレサが逢曳きの場所から戻っていないことが重なって来た。シックルスも流石にさてはと胸を痛めたが、斯様な時にはいつもテレサは巧みに弁解した。その弁解が又いつも極めて合理的のものだった。弁解を聴く毎に、シックルスの疑念が氷解したばかりでなく、その度毎にシックルスの妻に対する信頼の念は増して行った。

或る夜、シックルスは自宅の書斎で、翌日の法廷の準備をしていた。いつも参考にする判例全書の最近の分を取り出そうとすると、ぱたりと一通の手紙が落ちた。その手紙は郵便で来たものではなかった。書体から推して、知人から来たものとは見えなかった。しかしとにかく、披《ひら》いて見ると、果して匿名の手紙であった。しかも、長い長い手紙であった。見る見るうちに、シックルスの顔は真っ青になった。眼に怪しい光を帯びて、手はぶるぶると訳もなく震えた。それは、その手紙に次の一節が書いてあったからである。

「御令閨様には毎日五番町の角《かど》の家にてケイ氏と密会しおられ候、その家には黒人を番人に置き、ケイ氏在宅の節は、標識《しるし》として、黒紐を二階前面の窓に吊すことに相成りおり候。」

その手紙を鷲掴みにして、シックルスは寝室に跳び込んだ。テレサは安らかに眠っていた。それは清く美しい寝顔であった。最後の夜のデスデモナのように、気高い無心な相好であった。シックルスはオセロではなかった。どうしても、この美しい寝顔の主を疑う気にはなれなかった。

シックルスは静かに寝た。しかし、どうしても眠られなかった。

翌朝シックルスは五番町の角の家の前へ行って見ると、果せるかな、前面の二階の窓から、黒い紐が下っている。附近の借家事務所で訊ねると、問題の家の問題の室の借主はケイだと云うことが判明した。シックルスは千仞の谷底へ突き落されたような気持がした。急いで自宅へ帰って来ると、丁度テレサが外出しようとしていた。云うまでもなく、ケイと逢瀬を楽しむべく出掛けるところであった。「一寸待った、今日はお前に話がある」と云って、シックルスはテレサを書斎に呼び込んだ。

テレサも最初は絶対に否認していた。しかし、シックルスは若手弁護士の中での腕利きである。重訊問はその最も得意の擅場《せんじょう》である。テレサは遂に訊問の鋭い矢を受け止めぬ兼ねて、逐一詳細に白状した。シックルスはテレサを離別した。テレサは別に謝罪もしなければ、哀願もしなかった。かつてはワシントン全都の人々の羨望の中心となった最も幸福なる夫婦の相愛のホームを、静かに去って、母の許へ帰った。母は米国に帰化したイタリア人で、やはりワシントンに住んでいた。

テレサは謝罪しなかった。そして私はケイを愛していますと、はっきりと云ったのである。しかし、不可思議な事には、そのままケイの許には走らないで、黙って、母の家に引き取られた。このテレサの心理状態は今以て誰も知る人がない。

テレサを離別してから四日目の朝、それは日曜日だった。シックルスはケイを訪ねようとした。ケイの門の前まで来ると、偶然外出しようとするケイと路上で遇った。互いに睨み合った一瞬刻の後に、シックルスはケイに向って怒鳴った。「悪漢、俺の家庭を破壊したのは貴様だ。」言い終るか終らないうちに、弾丸はケイの胸を貫いた。

シックルスはケイを殺そうとして、拳銃《ピストル》を用意していたのである。そして、今、出会頭にケイに向って発砲したのである。ケイは崩れるが如くに路上に斃れた。丁度日曜の朝の十一時頃で、附近に多数の人はいた。人々はケイを担ぎ込んで介抱したが、ケイは一語をも発せず、数分のうちに死んでしまった。

動機に憫諒の余地はあるとしても、シックルスのこの行為は明白な予謀に因る殺人、即ち、謀殺である。

シックルスは直に逮捕せられた。

加害者は若手法曹の名流、被害者はコロムビア検事長で、名実共に法曹界の大長老である。しかもそれは絶世の美人――かつては「この世において最もその夫を愛する妻」と云われた婦人に絡まる悲劇である。全国の視聴がこの事件に集注したのは、けだし当然の事である。シックルスもケイも公私両方面において多数の友人を持っていた。前者の友人は、この事件はどうしても無罪だと力争した。後者の友人は、シックルスは極刑に処すべきものだと激昂した。何等関係のない民衆の間にも、シックルス党とケイ党とが出来上って、クラブやカフェーはこの両党の激論の議場となってしまった。

いよいよ法廷が開かれた。今日のいわゆるアメリカ気分は当時即ち第十九世紀の中葉において、既に十分に胚胎していた。民間のシックルス党がもしシックルスが有罪になったならば、暴力を以て同人を官憲の手から奪還すると云う風評が立ったので、多数の武装警官が法廷の内外を警戒すると云う騒ぎだ。まるで、支那の南方北方の戦争と云ったような光景の裡に、第一回の法廷は開かれた。

私はこの事件の法廷の経過を細叙することを好まない。私は法廷の森厳と裁判の公正とを阻害する直接間接の一切の事項を蛇蝎視する。筆は総ての好ましからざる事柄を省略する。

法廷は二十日間続いた。勿論稀有の大事件だ。一人の被告人のために、二十日間審理を続けたことは、いくらアメリカだって一寸類例がない。この法廷において最も活躍したのは、シックルスの弁護人スタントンである。殊にスタントンの最後の弁論は二日間十七時間に亘った。それが徹頭徹尾ケイの人格の攻撃であった。感情に訴えて、陪審員を動かすと云う遣り方であった。これが陪審制度においては大禁物である。陪審制度を破却蹂躙する魔障の数は多いが、感情弁論はその尤《ゆう》中の尤である。

二十日間の長い事件で、陪審員は疲れきってしまった。大事件だけあって、陪審員の評議も随分長引くだろうと思われたが、陪審員が評議室へ退いてから、十分間たつかたたないうちに、十二人の陪審員はいずれも表情のない不景気な顔附で、法廷へ帰って来た。

しかし陪審長の答申は流石に強い声で述べられた。それは「無罪」であった。

この事件の法廷における空気は決して感心すべきものではなかった。否、大いに嫌忌すべきものであった。

シックルスの行為は憫諒すべきものではある。刑の量定に考慮の余地は十分にあるが（例えて云えば、謀殺の法定刑が只々一つ死刑あるのみとしても、特赦推申 recommendation of petition の方法はある）無罪になるべき案件ではない。この答申は明らかに間違っている。

シックルスの殺人行為は勿論許すべからざるものである。従って、この裁判は絶対に不当である。しかしながらこの殺人行為と裁判問題とを除外して考えると、シックルスは真に同情に値する性格の人であった。

シックルスは無罪となって釈放せられると、間もなく、テレサの罪を許して、テレサは復縁したけれども、不幸にして、テレサは数旬を出《い》でずして病死した。

シックルスは勿論法曹界を退いたが、南北戦争の勃発と共に、グラント将軍に簡抜せられて、陸軍少将の栄位に就いた。ゲティスバーグの大戦に隻脚を失ったことは前に書いた。戦後この不具の凱旋将軍はしばらく閑地にあったが、グラント将軍の大統領時代にスペイン駐在大使に任命せられ、任地マドリードにおいて二度目の夫人を娶り、幸福な家庭を作って、後にニューヨークへ帰って、警察や市役所の方面で活動していた。

シックルスの運命は数奇を極めたものであった。青年代議士、外交官、弁護士、殺人被告、陸軍少将、駐西大使、市役所参与員と変り変って、晩年を心安く送り、九十三歳の高齢で死んだのである。

シックルスの話好きであったことは前にも書いたが、例の裁判事件だけは、固く口を緘して、絶対に口外しなかった。彼自身といえども、彼を無罪にした裁判には心服していなかったのであろう。

美しい刺客の話

闇の夜を馬車は走る。

車を駐めて、夕食の弁当を採った時には、地平線の彼方に、暮れ残る夕日の光を受けたお寺の塔が、色鮮やかな形を見せていたが、今は空も野もただ真っ暗で、車の前に附けた石油ランプの寂しい光が、わずかに一、二間の行く手を照らすだけである。

人々は大抵眠っている。狭い座席に嚙り附いて、寝苦しそうに眠っている。食うものは食ってしまった、話の種も尽きてしまった、この上は眠るだけのことである。仰向いている者もある、首を垂れている者もある。あらゆる姿勢の限りを尽して、眠れるだけは眠ってしまえと云ったように、男も女も眠っている。

窮屈な眠りを載せて、馬車は真っ直な道を、静かに走る。

これは大型の乗合馬車で、汽車のまだ発明せられないこの話の当時、長途昼夜の旅に用いられたものである。

乗客の中に、若い女がいた。涼しい青い目がぱっちりと開いて、何かを遠く眺めるような、やや愁いの影は宿しているけれども、くっきりと細い鼻が気高く、可愛らしい唇には、この世の春を鍾《あつ》めたかとも思われる。解けば地に垂れそうな淡い栗色の髪は、無造作に帽子の下に束ねてある、露に濡れた白百合のように、優しい、美しい、しかし寂しい乙女である。夜は明け初めた。人々の寝息の中から、一人の若い男が静かに、乙女に近付いて来た。

跪いてその靴にも接唇したい風情ではあるが、身動きすら出来ない乗合馬車の中である、辛うじてその脇に寄り添って、若い男は遣る瀬ない思いを、乙女に打ち明けた。一昨日の朝カーンで一緒にこの馬車に乗り合わせて、ひと目見て、直に男は女を慕った。二昼夜を馬車に揺られている間に、この恋は火となり、炎となって、終世を契るべき人は、この外にはないと思い詰めた。若い男は轟く胸を抑えつつ、衷心無限の熱情を、細い小さい声で訴えた。

美しければこそ、優しければこそ、この乙女は二昼夜の乗合馬車の中で、二度までも、未知の人から、結婚の申込みを受けた。最初の男は世慣れていた。世の常の男が女の心を牽き附けるあらゆる巧妙な技巧を、多弁の裡に使いこなして、結婚したいと迫って来た。しかし、この乙女は賢明だった、ひつこく言い寄る男を軽く抑えて、「ほほほ、まるで喜劇のお稽古ですね。でも、見物が少なくて、つまりませんわね。外の方を起して、もっとお芝居をやりましょうよ」と云った。これには流石の色魔も閉口して、爾後ひたすら敬遠していたのであるが、二度目の若い男は純真だった。

純真な青年の熱烈な求婚に対して、乙女は静かに答えた。「パリへ着いてから、何とかお返事致します。」仇し男の仇情は、冷然として蹴返した、純真な青年には、パリへ着いてから返事すると挨拶した。しかし、乙女は恋に心を寄せてはいなかった。その志すところは、男女情事の温柔の境地ではなく、今このフランスの全土に亘って、劫火を放ち、厲風を挙げる妖魔の本陣に迫り、蒼生のために、禍根を除くことに存する。琴を弾ずべきその繊手に、白刃を執って、暴虐を逞しくする巨怪の首を刎ねることに存する。求婚に応ずる考えは、勿論なかったのである。

　この乙女の名は、マリー・アンヌ・シャルロット・ド・コルディ・ダルモン、通例、単にシャルロット・コルディと云う。

　シャルロットは北仏オーン州の名家の出で、詩宗コルネーユの血を承けている。ヴォルテールとプルタルコスとは彼女の最も愛読したところであって、前者に依って、自由の尚ぶべきことを知り、後者において、英雄が人生を偉大にするゆえんを覚った。その姿の如く、その心も優しかったから、彼女は温和なジロンド党の政策に賛同して、矯激なジャコバン派の言動に顰蹙した。

　シャルロットの容姿に付いては、文献上多少の疑いはある。戯曲小説の類において、美人として伝えられたことは、云うまでもないが、正史の資料の中には、反対の憑拠もある。革命裁判所の記録には、風貌態度共に粗野な一女性として、彼女を叙述し、特に「男子ノ如キ動作ト淫婦ノ形相」と、悪罵の筆を弄しているが、我等の最も信ずべき資料としては、彼女を写生したハウエルの絵画と近年発見せられたカーンの蔵書家マンセルの手記とがある。前者は、優しく清い姿を揚げ、後者には、少しく痘痕があり、身長はやや高く、艶麗と云う方ではないが、真に優しい女性であって、何人も一見直に愛着の念を禁じ得なかった、彼女は実《げ》にや神明の天使である、と書いてある。これは、シャルロットを能く知っていたベルトーと云う婦人の語ったところを、マンセルの筆記して置いたもので、右の二つの貴重な資料に依って、彼女の麗質を偲ぶに十分である。革命裁判所の記録は彼女に対する嫌忌の念に駆られたものであって、革命裁判所は決して不偏不党の正義の殿堂ではなく、ジャコバン派の爪牙に過ぎなかったことは云うまでもない。

その記録の必ずしも信ずるに足りないことは、この事件の他の事項や、はた又広く一般に、他の幾多の事件に徴して、明白である。しかしながら、彼女を「粗野」だと批評したことの当らないのは勿論だが、彼女は気高い上品な教養ある女性ではあったけれども、これまでパリへ来たことはなかった。花の都の習俗には、全然染まっていなかったのである。後にも書くが、彼女は徹頭徹尾、無垢な田舎の乙女だったのである。時に趨って競逐する紛々たる都会の士女の眼を以てすれば、或いは垢抜けのしないところもあっただろう、多少は気の利かないこともあっただろう、されば、「粗野」と云う言葉は余りに苛酷ではあるが、全然見当違いの批評でもなかったようである。

さて、この話の当時、シャルロットは満二十五歳に近く、聡明にして、端麗な処女だったのである。

その頃の裕福な家庭の常として、未婚でも、相当の年齢になれば、父母と別居することが多かった。シャルロットもその例に洩れず、二年前から北仏ノルマンディーのカーン市に、叔母と二人で住んでいた。一七九三年の七月九日の朝、叔母には、郊外へ写生に行くと云って、画帖を持って、部屋を出た。勿論写生は口実で、数日前に既に覚悟はきめていたのである。玄関先に、近所の大工の子が遊んでいた。「ルイ坊や、これをお前に上げるよ、さあおとなしく接唇するのですよ、これがお別れだから。」かく云いつつ、その子を抱き上げて、接唇したが、涙が一滴、ルイの頬に落ちた。シャルロットは既に玄関先で、写生帖をルイにくれてしまったのである。

シャルロットはその朝十時の定期乗合馬車で、パリに向った。

その年の五月の末から、マラーやダントンが中央政界の牛耳を執って、穏和派のジロンド党の人々は到る処で逮捕せられ、殺戮せられた。シャルロットはジロンド党の手に依るに非ざれば、祖国の福祉は求め得られないものと信じていた。そのジロンド党に対する迫害が激烈を極むるに及んで、マラーかダントンかを殺すことを決心した。もとより生還を期してはいなかった。殉国の犠牲に乙女の血潮を捧ぐべく、シャルロットは衷心ひそかに固く誓ったのであった。

出立の数日前に決心していたから、荷物は既に発車場へ送ってあった。荷物と云っても大したものではない、後にパリの宿屋で見せられた品々は、左の通りである。

千筋の化粧着一枚
薔薇色の絹の女袴一着
白木綿同上一着
女肌着二枚　C・Dの印あり（コルディ・ダルモンの頭文字）
白色木綿の靴下一足
鼠色同上一足
白の部屋着一枚　Cの印あり
白ハンカチ四枚　内二枚にC・Dの印あり
寒冷紗の帽子二つ
同上肩掛二枚
紗の綾織緑色の肩掛一枚
赤筋入絹の肩掛一枚
リボン種々一包
シオンの切端少々

右の持物が、若い女性の旅行用としては、比較的に少ない点から見て、シャルロットは長くパリに逗留する考えはなかったらしい、即ち、容易に、換言すれば、短時日の間に、政界の巨頭を殺し得るものと思っていたらしい。いくら学問があっても、聡明でも、流石は田舎育ちで、世間の事情には疎かったのである。尤も、彼女が幾何の金を用意していたか、それは大切な問題だが、不幸にして、今日私の調べた程度では、それが判明しない。

七月九日の朝の十時に、カーンを出て、十一日の正午少し前にパリに着いた。丁度二昼夜の旅で、乗合馬車に乗り続けていたのである。カーンとパリとの距離は約百五十マイル。

十一日の正午頃、パリの宿屋（カーンで紹介せられていた）に着いて、二階表側の第七号と云う部屋に落着いたが、夕刻まで半日の間、シャルロットはその部屋に閉じ籠っていた。この平日の間、その部屋で何をしていたか、深謀を抱いた彼女が、白眼にパリの大道を睨んで、胸中に秘策を講じていたように、多くの史家は伝えるけれども、事実は案外あっけないもので、彼女は部屋に入るや否や、直に床に就いて、ぐっすりと眠ってしまったと云うのが、真相らしい。宿屋の給仕男の法廷における陳述に依って、かく信ずべき理由がある。何しろ二昼夜の乗合馬車で、しかも生まれて最初の大旅行に、彼女はすっかり疲れてしまった。慎ましげな若い女性の常として、込み合ったところでは、十分に眠られなかった。あまっさえその間に、二度までも、結婚の申込みを受けているのである。一つは高飛車に跳ね返し、一つは柳に風と受け流した。いずれももとより意に介しないところではあったけれども、うるさいことではある、睡眠の不足だったことは云うまでもない。宿屋で、早速この不足を取り返したと云うのは、なるほど事実だろう。

半日ぐっすり眠って、夕刻に目が覚めた。そして帳場へ下りて来て、宿屋の主婦に、マラーが毎日閣議へ出発するかどうかと訊ねた。ここいらが、いかにも田舎娘らしいところで、パリの人ならば、大抵は、知名の士の身辺の事情に詳しいと思っていたのである。しかし、宿屋の主婦は勿論マラーの動静を知らなかった。一向不案内で、と返事するの外はなかった。東京の中流以下の宿屋の主婦もやはり同じことで、総理大臣が毎日登庁するかと問われると、存じませぬ、と答えるだろうと思われる。シャルロットはややがっかりしたようだったが、そのまま又自分の部屋に戻って、再度熟睡した。夕食はしなかったらしい。

前にも書いた通り、カーンを出る時には、シャルロットはマラーか、ダントンか、どちらか一人を殺す積りで、その中の誰を殺すかに付いては、きめていなかった。二人を一緒に殺すことが出来たならば、それは本懐至極のことだろうが、女の手で大の男一人殺すのは、既に十分の重荷である。殺せば、即座に自分も殺されるだろう、だから、二人一緒に殺すことは出来ないけれども、一人だけはきっと殺す、と決心していた。彼女の予想では、政庁で、首脳部諸員の列席の晴れの舞台で、目的を断行する考えだったので、とにかく、二人の中一人を目標としていたのだが、パリへ着いてからは、専らマラーを殺すことに、方針を変更した。パリへ着いて、いつ、いかなる機会において、予定の計画を改めたかに付いては、臆測の言説は種々あるが、いずれも的確な憑拠がない。一説に依れば、彼女がカーンにいた頃、そこに駐屯していた若い将校のベルザンスと互いに思い思われて、健気な青年と花の乙女とはよく手を携えて散歩した。二人は恋仲だったのである。然るに、この将校は一七八九年に多くの人々と共に虐殺せられた。それがマラーの策動に基いたものだったから、彼女はもとより深くマラーを怨んでいた。それが彼女が専らマラーを覗うに至った理由であると云う。清い乙女の哀史に甘い恋の挿話を点綴することは、野乗綺語の類としては、ふさわしいことであろうが、史実として採るべき根拠はない。

とにもかくにも、パリへ着いてからは、シャルロットは専らマラーを目指していた。マラーは極左党の急先鋒、破壊主義の権化、ジャコバン党の旗頭である。穏健を尚ぶシャルロットが、マラーを殺害の目標に択んだことは、或いは当然のことだったかも知れない。フランス革命の恐怖時代の三巨頭、マラー、ダントン、ロベスピエールはいずれも醜い顔の持主であるが、ダントンには男性の強さがあって、大きな人間味を窺うに足るが、マラーの顔はただ一図に兇暴そのものを表象している。ロベスピエールの陰険を極むる風貌に対して、不快な面相の双璧である。いずれにもせよ、シャルロットがマラーを嫌ったことに付いては、首肯すべき点は、勿論ある。

十八日の朝は早く起きた。そして、一人で外へ出たが、シャルロットとしては、始めて花の都の大路を踏むのである。しかしながら、行人の衣香扇影も、街頭の華美絢爛も、彼女の注意を牽かなかった。彼女は一路直に執行委員のデュペレやガラーを訪ねた。これはかねて紹介状をもらってあったので、マラーに逢う便宜を得ようとしたのであったが、それは成功しなかった。斯様なことで、この日は終日出歩いていた。

マラーに逢う手段が外にないので、その私宅へ直接訪問することに心をきめて、その夜は、宿屋で床に就いた。

十三日の朝も早く起きて、六時にパレー・ロワイヤルの方へ行ったが、ここにも田舎娘らしいところがある。田舎の朝は早いけれども、都のしかも殊に目抜の場所では、六時頃はまだ眠っている。彼方此方を歩いてみたが、それにも倦きて、しまいには、路上のベンチに腰を掛けて、店の開くのを待っていた。

七時過ぎに、やっと一軒の刃物屋が表の戸を開けたので、大形のナイフを、二フランで買った。

それから、しばらく歩いて、辻馬車の詰所で、馬車を雇った。

マラーの住居に着いたのは九時過ぎだった。マラーの情人のシモーヌ――三年前に結婚したのだが、マラーは従来の結婚の方式を無視していたので、正式の法律上の妻にはなっていない、マラーと二十も年が違って、今年二十九である、マラーのためには献身的な婦人である――がどうしてもマラーに面会せしめなかった。シモーヌの方で、自分よりも若くて――シャルロットは二十五である――美しい女をマラーに逢わせることを嫌ったからだと説く人もあるが、それは余りに穿ち過ぎた詮索で、少なくとも事実には反する。後にも書くが、マラーは病人だったのである。静養中の者が未知の客を引見しないのは、もとより当然のことである。尤も、シモーヌはシャルロットの来訪に付いて、淡い嫉妬を感じたことはある。しかし、それは第二回の来訪の時で、十三日の朝の問題ではない。

面会を謝絶せられたので、シャルロットはかねて用意して置いた手紙をシモーヌに渡して、宿屋へ帰った。手紙はマラーに宛てたもので、カーンにいる代表の人達の暴状を訴えて、仏国の将来のために、「国民の友」たる貴下に詳しく申上げたいので、わざわざ上京したものである、どうか面会を許して下さいと云う趣旨が、簡単だが、要領よく、書いてあった。

宿屋へ帰って、直に筆を執った。「後世に訴う」と題する一篇の書面である。斬姦状であって、同時に遺言書である。シャルロットは飽くまでも、所信を決行する考えであった、マラーを殺せば、自分も即座にそこで殺されるものと、思っておった。生還を期せざる悲壮の刺客は、この書面を懐に秘めたのである。

その日の午後の七時頃に、シャルロットは再度辻馬車でマラーを訪れた。

マラーは小規模のホテル向きの建物の数室を借り受けて、自分の住居としていた。

マラーはかつてジロンド党に逐われて、下水に隠れていた頃に患った皮膚病が、この頃だんだんひどくなって、六月の一日以来、自宅の風呂場に引っ込んでいたのである。温浴に全身を浸して、辛うじて炎症を忘れていたので、風呂場が書斎であり、応接間であって、浴槽の縁に、棚を仕掛けて、そこで執筆もし、人にも逢っていた。病気とは云いながら、当時フランスの政局の中心人物は、赤裸のままで、訪客を引見していたのである。

シャルロットは朝の訪問の時とは着物を更えて、白に小紋の模様の附いたモスリンの衣裳に、黒の薔薇の飾りと三筋の緑のリボンとをあしらった長い白色の女帽子を被って、白い手套をはめた手に、大きな扇子を持っていた。玄関番の老婦人マリーは面会を断ったが、シャルロットが頻りに頼んで、二人がやや声高く云い合っていた時に、丁度主婦即ちマラーの内縁の妻のシモーヌが出て来た。シモーヌが美しい訪客を見て、直に今朝来た女だと気が附いた。二度も足を運ばせて気の毒だと思ったのだろう、とにかく都合を尋ねてみようと、案外気軽く引き受けて、マラーに聞くと、宜しいと云う。そこで、シモーヌはシャルロットを、マラーの部屋に案内した。応接間が則ち例の風呂場である。

フランス革命の巨怪、四十九歳の醜丈夫、素っ裸のマラーは風呂の中にいて、若い美しいシャルロットがその前に立っている。主客極めて不思議な対照である。

シャルロットは誠しやかに、カレーの代表の人々の暴状を叙述した。はっきりした口調で、徐々にしかも的確に説明が進んで行くので、流石のマラーも、「ふむふむ」と幾度か首肯しつつ、それを傾聴した。

シモーヌはいくらか気懸りだった。自分の愛人が風呂場で、若い美しい女としんみりと話し合っているのだから、シモーヌも流石は女で、女性に特有な或る種の心配が萌したものと見えて、一寸した家事上の相談にかこつけて、風呂場へ入って見た。しかし、二人は元の姿勢で話をしていたものだから、安心して、間もなく出て行ったが、マラーの夕食に出してあった二皿の食物——牛肉とパンとの交ぜ焼が一皿、犢の脳味噌の蒸し物が一皿——が、まだそのままになっているのに気が附いて、風呂場から持って出た。

シモーヌが入って来たので、二人の対談は一寸途切れたが、シモーヌが出て行ってから、話は又進んだ。シャルロットからカレーの代表の人々の名を聴いて、それを紙片に書きながら、「宜しい宜しい、この馬鹿者共ももうお仕舞いだ、皆ギロティンへ行くのだ」と云った。

ギロティンの一語に、シャルロットはきっとなった。ギロティン！　これこそマラーがその妖気をフランス全土に吐き散らす唯一の武器である。幾多の人々はマラーのためにこれで殺されたのだ。シャルロットは隠し持った大形のナイフ——今朝二フランで買った——をマラーの心臓へ、束《つか》も通れと突き刺した。マラーは「助けてくれ」と叫ぶと共に、浴槽の中に悶絶した。風呂の湯はたちまちにして真紅に染まった。

声に愕いて、人々が入って来た時には、マラーの胸から、握り拳位の大きさの血の塊が、だらだらと流れていた。シャルロットは唇を固く結んで、すっくりと、大理石の彫刻のように、気高い姿勢で、立っていたが、いつの間に片附けたものか、血の附いたナイフは、風呂場の棚に置いてあった。

瞬刻にして、マラーの家は混乱の巷となった。

シャルロットを打擲した者もあった、床の上へ押し倒した者もあった、しかし、シャルロットは少しも抵抗しなかった。人々のなすがままに任せていた。ただ一度、警官が身辺を探った時に、両手は後ろに縛られているし、あまり手荒に着物を引っ張られたものだから、胸がはだけて、可愛らしい乳首が見えそうになった。若い女の慎しみから、悶えて、前に屈みながら、この時だけは、一寸手を放して下さいと云った。人々も手を放したので、彼女は立って、よろよろと窓際へ歩んで、そこで衣裳を整えて、縛に就いた。

革命裁判所の法廷でも、シャルロットの態度は端麗の極致だった。

ハウエルと云うドイツ生まれの画工が警備隊の士官の資格で、法廷でシャルロットを写生することを、許された。それに気が附いて、シャルロットは画工の方を向いて、にっこりと笑って、慇懃に謝意を表しつつ、丈なす髪の一端を切って、記念として、ハウエルに与えた。

その月の十七日の夕刻に、監房の中で、ハウエルはシャルロットの写生を続けていた。遽に外が騒がしくなって、死刑執行のための呼出が来た。「おや、今頃！」と流石にシャルロットの顔色は変ったが、それも束の間で、次の瞬間には元の優しい端麗な女性になっていた。莞爾として、彼女はこの世の最後の旅に上った。

ギロティンで、花の乙女の首は断たれた。斬られた首は美しかった。型の如く、死刑執行者が首を公衆に示した刹那、夕陽がぱっとシャルロットの首に輝いたので、蒼白い頰に紅の色を帯びて、羞じらい微笑める花嫁の如き風情を見せた。

死刑執行場の見物の中にリュックスと云う地方代表がいた。ギロティンの刃の下らんとする刹那に、思わず、「ブルタスよりも偉大だ」と叫んだ。マラー派の人々はこの隻言を聞き洩らさなかった。早速この男も革命裁判所へ送られて、間もなく同じギロティンで斬られた。

シャルロットの行為は、既に多くの人々に依って、種々に批評せられている。私はここにそれを論じないけれども、実はマラーは重病のために、自然の死期も迫っていたのみならず、政治上の勢力もようやく失墜に瀕していたのであって、シャルロットは無駄なことをしたのだとも、云えば云われるのであった。

帝王の寵臣となった泥棒の話

泥棒だと云って、馬鹿には出来ない。何某名流の御先祖は愛知県を荒して廻った常習犯だと軍談師は云う。（尤もこれは全く訛伝だと云うことが、近頃的確に証明せられたそうだが。）往年パリの警視庁の刑事部長で後に世界の私立探偵業の元祖となったウージェーヌ・ヴィドックが本職の泥棒であったことは、有名な事である。泥棒――しかも泥棒の親方が泥棒を検挙するのだから、立派な成績を挙げたのは当然のことである（拙著『不思議な犯罪の話』二一頁以下参照）。支那においては、革命の度毎に泥棒の集団を手先に使っていたことは、歴史上顕著な事蹟であって、従って、梁上から台閣へ栄転した君子も尠《すくな》くはないようである。燕太子丹が万難を排して函谷関を脱出した悲壮な物語において、太子丹を扶けた鶏鳴狗盗の士は、どうも怪しい出身の者らしい。泰の趙高が漢楚の軍勢を目して山東之賊と云ったが、その「賊」と云うのは、国賊と云う意味ではなく、泥棒と解するのが相当だろう。とにもかくにも、支那において、泥棒が時々画期的大活動の少なくとも一部分に参与したことは事実である。

要するに、泥棒でもえらくなった者はある。しかし、それはその本人がえらいからえらくなったのであって、決して、泥棒だからえらくなった次第ではない。然るに、ここに一つ、少しもえらくない泥棒が、偶然に、えらくなった珍奇な話がある。ここに書くピエール・コアナールの話が、それである。

ピエール・コアナールは泥棒を以て終始した男である。何等の才能なく、何等の智識なく、何等の職業なく、全く一個の単純平凡な市井の無頼である。泥棒としても、決して親分と崇められる方ではなく、極めて低級な悪党である。しかも、コアナールは醜いだらしのない容貌を持っていた。縦から見ても、横から観ても、実質から云っても、外形から推しても、彼は要するに下品な劣等な人間の屑であった。それがひと度は立派に出世したのである。それは時代の賜物でもあった、運命の悪戯でもあった。畢竟するに、一個の馬鹿馬鹿しい偶然に依って、彼は成功もし、出世もしたが、依然として彼は下等な犯罪者に過ぎなかった。只々変幻無極有為転変の彼の一生は、それ自身において、一つの怪奇である。

コアナールは一七七四年にパリの片田舎に生まれて、十七歳の時にパリの帽子屋へ見習に住み込んだ。これが丁度大革命勃発の二年後の事である。間抜けな仕事をしては親方に叱られて、一、二年過ごしている間に、ジャコバン党が跳梁して、恐怖時代を作り上げ、パリの天地は阿鼻叫喚の修羅の巷と化し去った。血の雨は国外からも降って来た。外国列強の侵入がそれである。国難来、国難来の声に激励せられて、壮丁はことごとく銃を執り、剣を把った。コナールも軍隊に編入せられ、のろまな一兵卒として、隊伍の厄介者になっていたが、国患一時平静に帰して、彼も除隊になったが、さて困ったのは生活の途である。碌々覚えもしなかった帽子職はすっかり忘れてしまった。覚え込んだのは、当時の軍隊の悪習だった酒と賭博とである。酒はいくらでも飲む。賭博は飯よりも好きだが、空っ下手だった。斯様な若者の落ち着く先は大抵きまっている。

果せる哉、コアナールは泥棒を志願したのであった。泥棒運が好いとでも云うのか、最初の手始めに押入ったのは、パリの郊外の酒屋であった。居直り強盗の手段で、千円ばかり手に入れた。その千円余りの金で、すっかり服装を拵えて、或る一流弁護士の主催する舞踏会に乗り込んだ。金持の令嬢か未亡人かを籠絡して、結婚する積りだったのである。風采は卑しいけれども、衣裳が飛切り上等なものだから、相当の紳士だと思って、主催者の方では鄭重に迎えたばかりではなく、傍の知人に紹介した。紹介せられた相手方の紳士と向き合って、流石のコアナールも吃驚した。その紳士は先夜自分が押入った酒屋の主人だったのである。逃げようとしたが、最早間に合わなかった。コアナールは捕えられて、十四年間の懲役に処せられた。

監獄に入ってからも、コアナールは極めて暢気なものであった。今から百年前における諸国の監獄内の状態は真に戦慄すべきものであった。二人ずつ鎖に繋がれて、朝から晩まで激しい労務に服していた。夜は豚のように、穢い所で穢く眠った。しかしコアナールは平気だった。彼は穢いと云うことを知らないのである。相変らず、間の抜けた卑しい顔付をして、「俺はえらくなるのだ」と云っていた。同囚の仲間も好い加減にコアナールをあしらっていた。「おい、えらくなる先生、今日は好い天気だね。」コアナールと一緒に繋がれていた鎖の相棒は時々迷惑した。「おい、えらくなる先生、そんなに威張って歩くない。鎖が足に絡んで、痛くって仕方がないや。」

コアナールは五年間監獄にいた。監獄にいるのは、苦痛ではないけれども、監獄にいては、えらくはなれない。そこで彼は脱獄を企てた。丁度その機会が来た。ツウロンの船渠《ドック》で石切工事に使われていた時に、仕事の都合で、鎖だけは勘弁してもらった。昼飯時の混雑に紛れて、コアナールは海に飛び込んだ。そして、小舟に泳ぎ着いて、陸へ返してもらい、そこから又スペイン通いの帆船の船頭に頼んで、或る漁村へ辿り着いた。もとより粗笨なコアナールである。決して精緻な計画を立てて決行した次第ではなかったが、僥倖にもすらすらと事が運んで、追手の来ない外国に上陸した。

さて、スペインの一漁村に辿り着いたが、困ったことには、金は一厘も持っていない。知人があろうはずがない。勿論スペイン語は知らない。コアナールも流石に閉口した。腹が減って仕方がないので、或る旅籠屋で食を求めたけれども、誰もこの醜い見すぼらしい外国人を相手にする者はなかった。主人から散々剣突を喰って、ひょろひょろと外へ出ると、旅籠屋の前で、下女風の若い女が路上に佇んで、泣いているのに遭った。それは一寸綺麗な女であった。何気なく、慰めてやる気になって、コアナールは「ねえさん、どうしたのです」と訊ねた。勿論フランス語で訊ねた。コアナールは外国語を知っているような男ではない。然るに、これに対して、女はフランス語で返事をした。「占めたっ」とコアナールは思った。天涯の孤客始めて知己を得たと云ったような感がした。女もフランス人だったのである。

女はフランスのポンティ・ド・サンエレン伯の女中であった。伯爵は大革命の難を外国に避けた亡命貴族の一人であった。もともとあまり富裕でなかった伯爵は女中一人と、わずかな家財を持ち出して、スペインへ逃げて出たのであったが、財産が少ないのだから、大きな町で贅沢な暮らしをすることは出来なかった。そこで、この一漁村に女中と一緒に落ち着いて、寂しい日常を送っていた。その伯爵が重病に罹って、命が旦夕に迫って来た。もし伯爵が死ぬると、女中は全く孤独寄る辺なき身となってしまう、どうしたら宜いか、只々泣くより外に仕方がない――と女は語った。女の名はローザと云う。

コアナールは自分は脱走水兵で、船長の虐待に堪え兼ねて、密かにここへ上陸したのだと云った。ローザの方でも同情した。フランスの若い男と女とは直に親しくなる。少し立話をしている間に、二人は十年の知己のようになって、互いに手を取り合って、伯爵の仮寓へ帰った。

その夜、伯爵は死んだ。伯爵の遺言に依って、財産全部はローザの物となった。財産全部と云っても、わずかに二百円足らずの現金と古い書類の入った箱が一つとだけであった。古道具屋がその書類を百円で買うと云って来た。その頃フランスの貴族は苦し紛れに、由緒のある品を安く手放したから、斯様な貴族相手の骨董商で巧みに掘出物をすることが尠《すくな》くなかった。そこで、この古道具屋も何かになるだろうと思って、百円奮発する気になったのである。コアナールとローザとは百円と聴いて吃驚した。どうせ二束三文の反古だと思っていたところへ、古道具屋が高い値を附けたものだから、かえって売るのを躊躇した。中味は何だろう、とにかく一寸見ようと云うので、二人はその箱を開いた。勿論書類ばかりである。コアナールはほとんど全く無教育であったが、それでも、ローザと一緒に拾い読みをして、大体は会得した。それは、故伯爵の家譜や勲記や軍隊における経歴書や旅行券等であった。コアナールは低級ながらも、悪党は悪党だ、この書類を見て、心が変った。

「ローザや、この書類を売るのは止そう、そして、俺達は伯爵と伯爵夫人とに化けよう。この書類さえあれば、確かなものだ。そして、パリで立派な人の仲間入りをしようよ。」

「それもそうだね、お前さんがその気なら、一生懸命にやって見るわね。」

二人は勿論夫婦になった。そしてポンティ・ド・サンエレン伯爵夫妻と名乗ってパリへ帰った。

フランスでは今はナポレオンの得意時代であった。世相は走馬灯のように、日に夜に変って行ったが、とにかく、大革命勃発の前後に比べると、国情は極度に違っていた。貴族は大抵外国に隠遁していた。真のポンティ・ド・サンエレン伯を知る者は亡命しているか、死んでいるか、又は殺されていた。かくして、強盗犯の脱獄囚コアナールは、古い貴族であって、新政府擁護のために、わざわざスペインから帰朝した珍客だとして、社交界に歓迎せられた。それには、ローザの内助外助の功が大いに手伝った。ローザは長らく伯爵家の女中を勤めていたから、ひと通りの礼儀は心得ていた。そして、旨くその亭主を引き廻していたから、市井の一無頼コアナールもまずは馬脚を露わさずに済んだのであった。貴紳の出だと名乗って出た大詐欺師は、前に江戸に天一坊（この話は実話ではないが）あり、後にロンドンにティッチボーン家の偽主人あり、このコアナールと共に、正にその三絶であるが、このコアナールは三人の中でも最も滑稽味に富んでいる。

ナポレオンの生涯は戦争の歴史である。コアナールも軍籍に入った。ポンテイ・ド・サンエレン事ピエール・コアナールは重にスペイン、ポルトガルに転戦したが、監獄で鍛えた腕は戦場で大いに役立った。彼は抜擢せられて、連隊次長に栄進した。その頃は将校は大抵夫人を帯同して従軍したものだが、ローザも亭主に随いて行った。二人は諸所で友僚や下士を御馳走したから、夥しく二人の評判は宜かった。

ナポレオンの没落と共に、ルイ十八世が王位に即いて、出征諸部隊は帰国したが、偽者の伯爵は国王の気に入った。コアナールはパリへ帰ってから、毎晩のように盛宴を張って、貴顕を招待したから、ポンティ・ド・サンエレン伯の豪奢はパリの名物の一つになった。国王は余程コアナールが好きになったと見えて、近衛砲兵隊隊長の栄職を授けたばかりでなく、コアナール主催の宴会費を内帑金で補助しようとまで云い出した。

内帑金を下賜しようと云う恩命をコアナールは謹んで拝辞した。それが又偽伯爵の名を高いが上にも弥高くした。しかしコアナールは敢えて内帑金を頂戴する必要がなかったのである。

コアナール夫妻の贅沢は勿論莫大の金員を必要とした。近衛砲兵隊隊長陸軍大佐の俸給ではその百分の一にも足りない。しかし、コアナールには大した財源があった。それは泥棒商売である。彼は昼は軍務を執った、夜は宴会の接待役になった、そして、深更には泥棒に出掛けた。金はことごとく宴会費に化けたのである。

ローザも悪い事には本職以上の腕を持っていた。或る晩、例に依って悪党夫婦が主催して、大宴会を開いたが、主賓は当時高名な或る老大将であった。老大将の胸には幾多の宝玉をちりばめた大きな飾物が輝いていた。どうしても数万円のしろ物である。コアナール夫妻はそれを見逃さなかった。翌日ローザは単独で老大将を訪問した。ローザは元来綺麗な女であった。そのローザが腕いっぱいに馬力を掛けて行ったから、濃艶滴るが如き風情であった。しかも、その日は満艦飾で飾り立てて行ったから、老大将もつい乗気になって、傾聴する。一室隔てた隣室には例の胸飾を始め宝石類が置いてある。そこへコアナールが忍び込んで、貴重品一切合切盗んで行ったのに、全く気が附かなかった。亭主の仕事の済んだ頃に、ローザは老大将に送られて、玄関を出た。赤い大きい舌をぺろりと出して。

更にその数日後にコアナールは仲間の泥棒を使嗾して、白昼陸軍省の金庫から、貯蔵金全部を盗み出させた。偽のポンティ・ド・サンエレン伯の陸軍省における実勢力——殊に背後における国王の殊遇は、この大胆不敵な仕事を易々となし遂げしめたのであった。それは、コアナールは予め合鍵を作って、仲間の者に渡して置いて、コアナール自身は金庫係の室へ行き、係の役人を隣の食堂へ集めて、事実談やうそ話をして、好い加減に一同を煙に捲いている間に、仲間の者が例の合鍵で金庫を開けて、立去ったのである。

老大将はコアナールを疑って、その筋へ密告した。そこへ又陸軍省の盗難事件である。官憲の一部ではようやくにして「伯爵」に注意し始めた。

しかし、コアナールは暢気な男である。他人の金を盗んで、それを他人の御馳走に使って有頂天になっている随分茶気のある泥棒である。官憲が疑い始めたけれども、左様な事に気の附くコアナールではない。依然として彼は窃盗と宴会とを繰り返していたが、官憲の方ではどうしても確証が上らなかった。

或る日、ルイ十八世は大観兵式を催して、自らそれを統裁した。この日はパリ全市の公休日となったから、老若は式場の内外に押し寄せた。コアナールの得意は想像するに十分である。近衛砲兵隊の先頭に、白馬に跨って、醜い小さい顔を振り立てて進んだ。観覧の大衆は「伯爵」が見えたので、歓呼の声を挙げた。「伯爵」は今やパリの大立者の一人だったのである。

見物の中に一人の人相の悪い男がいた。「伯爵」に対して、余りに人々が大袈裟に喝采するので、彼は隣の人に尋ねた。「あれは何と云うお方でございますかね。」

「あれかね、ありゃあお前さん、名高いポンティ・ド・サンエレン伯爵様さね。スペイン、ポルトガルで豪勢な手柄をお立てになって、今じゃパリ第一の大金持さ。」

その日、観兵式からコアナールが帰って来ると間もなく、一人の男が彼を訪ねた。それは右に述べた人相の悪い男であった。

「おい兄弟、おいピエールや、お前は俺を覚えているだろう。俺はダーだよ、それ、お前と一緒にツウロンにいたダーだよ。一つ鎖で繋がれていたダーだよ、えへへへ、昔馴染みが訪ねて来たのだ。しかし、兄弟、お前は本当にえらくなったなあ、お前はいつもえらくなるなるって云っていたが、えへへへ、本当だなあ、立派なものだ。おい、ピエールや、そうしていると、お前も本当の大将様に見えるようだよ。」

「馬鹿奴、気違い、俺を誰だと思う。畏くも、陛下の御信任を賜るポンティ・ド・サンエレン伯だぞ。」

「えへへへ、まあ、そう威張るなよ、昔馴染みは昔馴染みだからのう。」

「気違い奴、無礼な事を申すな、おい、こらっ、誰か、出て来い。こ奴を放り出せ。」

コアナールは鎖仲間のダーを放り出させてしまった。

ダーは怒って、警視総監に密告した。警視総監から陸軍省に移牒して、遂にコアナールとダーとは、デパンシー中将の面前で対質を命ぜられたが、コアナールは極力否認した。ダーの方では、証拠のないことである。（今日の指紋制度は未だ出来てはいなかった。）結局ダーの敗けと云うことになったが、デパンシー中将は心中私《ひそ》かに決するところがあった。一中尉に意を含めてコアナールに同行せしめた。中尉の表向の用務は、コナールの持っている伯爵家の系譜を取りに行く事であったが、実は別に密行せしめた憲兵と連絡を執って、コアナールを監視するのが、その役目であった。

コアナールは中尉をローザに紹介した。ローザはいつの間にコアナールと相談したものであるか、そこまでは判明しないが、とにかく、ローザはコアナールがいるにも拘らず、中尉を自分の部屋に招き入れて、例の喃々の調子を運用した。ローザと中尉とが如何なる話をしたか、それはわからない。中尉はそれっきりこの世の中へは帰って来なかったのである。


ローザと中尉とが語り合っている間に、コアナールは出奔した。

官憲は手を尽して捜査したが、コアナールの行衛はわからなかった。そこで、前に一寸書いたヴィドックに一切を委託した。ヴィドックは泥棒の親玉で、同時に政府に勤めていた探偵である。泥棒の親玉だから、泥棒の逮捕は上手だった。ヴィドックは泥棒の一般心理から推論して、コアナールは必ず一度は女房の許へ訪ねて来るに相違ないと考えて、コアナールの宅で逮捕する計画を立てた。果して、数日後の深夜、コアナールは訪ねて来た。世を忍ぶ小さいで「ローザや、ローザや」と呼ぶや否や、警官が飛び掛った。コアナールは発砲した。そして、頑強に抵抗したけれども、多数の警官のために縛り上げられた。

法廷でコナールは極力否認した。しかし多数の証人の供述に依って、コアナールの正体は曝露した。逃走罪及び窃盗罪の廉を以て、彼は無期懲役を言渡されて、再びツウロンの監獄に投ぜられた。

コアナールがポンティ・ド・サンエレン伯の仮面を冠ること、実に十四年の長きに亘ったが、遂に二度目の懲役中に彼は病死した。

この話は徹頭徹尾怪奇を極むるものである。十四年間顕要な地位の人を詐称するが如きことは、今日において、想像し能わざるところである。彼の僥倖は全く乱世の賜物である。

この物語において、法曹として痛感することは、その当時の警察力の不充分だったことである。コアナールの正体を長らくの間覚知し得なかったことも無能だし、コアナールの遣り口はいかにも大胆ではあるが、甚だ以て粗雑である、それが容易に検察せられなかったことは、今日から考えると、ほとんど不可解である。

しかしながら、更に不思議なのは彼の性格である。虚栄は人間の通有癖とは云うものの、彼は他人に御馳走をするために、一生危い橋を渡り続けたのである。又、いかに軍規官紀が今日の如く厳粛でないにしろ、隊長の職務と泥棒の仕事とが同一人に出来ると云うのが、既に一箇の解しき謎である。コアナールの十四年間の昼夜は極端な二重生活の一例である。

疑獄の謎を解いた女探偵の話

世界戦争に際して、米国は多数の軍隊を仏国に送った。これはその頃南仏ツルーズに駐屯していた米国軍隊の中に起った疑獄の釈け難い謎を、幾多の苦心の末に見事に解いた女探偵の話である。（尤もこの大仕掛な探偵の元締はボルドー駐屯の米軍本営附の憲兵司令官ラッセル少佐だが。）例に依って、描写の筆は拙いけれども、材料は小説以上に不思議な事実譚である。

そもそもこのツルーズの町はシーザーの頃既にトロザと云う名の下にローマにも知られた古邑であって、今は人口十八万、第十一世紀中の草創に係るサン・セルナン寺を始めとして、大僧正殿、ノートル・ダム・ド・ラ・ダルバード寺院、ガロ・ローマン期の逸品を蔵する美術館等由緒に富む名所は多いが、歴史のない米国から来た壮丁の連中は、左様な古い物には心を惹かれなかった。しかしながら、ツルーズはパリの南四百六十余マイル、ボルドーの東南百六十マイルの辺境に位しているがために、勿論戦地とは甚だしく隔っている。出征とは全く名目のみで、戦地の気分にはなれないが、戦時の気分は各所に漲っていた。血気盛んな軍人達は夜になると紅灯の巷に出掛けた。そこには甘い酒と当所名物の臓物や茸類を煮込んだ肉饅頭《バイ》（日本からインド洋を経てヨーロッパへ行くと、四十日位で、マルセイユに着いて、そこで始めて西洋の西洋料理を食わされる。食わされる物は何でも旨いが、都合が好いと、このツルーズの肉饅頭にあり附くことがある）とが彼等を待ち構えていた。ツルーズに駐屯していた米国軍はまるでフランスへ金を使いに来たようなものであった。彼等の行くカフェーにはいかがわしい職業の女が盛んに出没した。

或る夜このツルーズに近年稀有と云われる大暴風雨が襲来した。流石にこの夜はカフェーの歓楽を逐う勇士もいなかった。第何大隊の連中は夕食後も食堂テントの中でカルタ遊びに耽っていた。魔窟探険隊の隊長ホリス軍曹もこの夜ばかりはカルタ仲間に入って、しかも大分勝運に向いて来たので、悦に入って、頻りに戦を挑んでいた。その刹那、テントの幕の合せ目を少しく引き開けて、軍隊用の手套をはめた手が静かに出た。手套の手には同じく軍隊用の拳銃が握られていた。皆カルタに熱中していたから、それに気が附いたのは、一人の伍長だけであった。おや、変だな、誰か悪戯をするのか知らぬ。それにしても、外は車軸を流す大雨である。大雨の中に立って、何をするのだろう、と不思議に思っていた瞬間、拳銃は発射して、ホリス軍曹の背部から前面へ、見事にその胸を貫いた。ホリス軍曹は即死したが、曲者は雨と闇とに紛れて、逃げてしまった。手懸りは、軍隊用の手套と同じく軍隊用の拳銃が見えたと云う事――ただそれだけである。

大隊長カーネイ少佐は直に隊員全部に拳銃の提出を命じて、その検査をした。

拳銃の検査の結果、当夜発射した形跡の確実なものは、只々一つで、その持主はムーア志願兵である。ムーアは極力犯行を否認して、自分は当夜――兇行の二時間前に歩哨に立っていたが、犬が吠え附いて、うるさくって仕方がないので、それを射殺したのだと弁解した。ムーア志願兵が歩哨に立っていたことは事実であるが、それは兇行の前一時間にして終っている。ムーア志願兵の歩哨勤務中に銃声のしたのを、聞いた者は一人もない。しかのみならず、犬の屍は見当らない。従って、ムーアの弁解は信用が出来ない。

しかも、被害者ホリス軍曹とムーア志願兵とは最近において一人の女を張り合っていた。現に前晩ムーアがその女と手を携えて散歩しているのを見て、ホリスは非常に憤慨して、営内でムーアを殴打した。それは隊内公知の事実である。今朝は又ムーアが昂奮して、「ホリスの奴め、あの女に手でも触れて見ろ、俺は一撃の下に殺してやる」と彼の昵近の友二、三人に放言した事実がある。

右のような事情だから、大隊長はムーア志願兵を嫌疑者として、ボルドー駐屯の米軍本営附憲兵本部へ護送した。

憲兵司令部官ラッセル少佐は部下をツルーズに派遣して、詳細調査せしめたが、前示の事情が益々明白となって、ムーア志願兵に対する状況証拠はいよいよ濃厚になった。ムーアとホリスとが張り合った女も調べた。それは、ホリスがいつも相手にしていたような賤しい職業の女ではなく、相当の家庭に育った婦人であった。「ムーアさんもホリスさんも私はよく知っています。しかし、私はホリスさんは大嫌いです。ホリスさんは失礼な人です。私はムーアさんと戦争が済み次第に結婚をする約束を致しました。勿論私はその約束を守る考えです。兇行の前晩ホリスさんが私にいやな事を申しましたから、私はすぐそれをムーアさんに告げましたところが、ムーアさんは大変怒っていました。怒るのは当り前です。ホリスさんはそれは本当に失礼な人ですから」とその婦人は云った。その婦人とムーアとは真剣に愛し合っているようであった。その婦人は極力ムーアのために弁護する積りであったらしいが、如何にせん、その弁護はムーアの兇行を裏書する状況証拠を強くするだけのことであった。

かかる濃厚な状況証拠あるに拘らず、憲兵司令官のラッセル少佐はどうしてもムーア志願兵を加害者だと信ずることが出来なかった。ラッセル少佐はムーアの起訴を躊躇した。総司令官から矢の如き督促あるに拘らず、起訴手続は日一日と遷延した。

何がムーアの起訴を躊躇せしめたか。何が憲兵司令官の心証を動揺転顚せしめたか。それはムーアの態度である。ムーアの人柄である。真っ直な悪びれない態度、まだ世間の荒波に揉まれない学生そのままの人柄（ムーアは大学を出て、直に従軍した。今年二十三歳である）、憲兵司令官の直感から推しても、その経験から考えても、どうしても、ムーアを犯人だとは思えなかった。

然るに、状況証拠は有力である。これを打消して、ムーアの無辜を証明するのには、真犯人を発見しなければならない。この場合において、只々証拠不十分だとして、ムーアを釈放する訳には行かなかった。既にムーアの本属隊長がその有罪を確信しているのだから、黒か白か、両極端を的確に明瞭にしなければならない事情の下にあった。しかも、それは至難の事であった――ムーア所属の部隊ではムーアの有罪を確信して、他の方面の証拠は蒐集しなかった。勿論犯人は暴風雨の戸外に立っていたのだから、足跡も指紋も残っていない。現場を中心とする物は皆無だが、仮に有ったとしても、それは既に散逸している。犯行後に時を経てから証拠を蒐集することの苦痛は、ラッセル少佐も既にしばしば嘗めたところである。

憲兵司令官ラッセル少佐の内命を受けて、憲兵オーマレイは表面上新たに渡仏した一補充兵として、ホリス軍曹やムーア志願兵の属していた同じ大隊に編入せられた。総司令部と巧みに連絡を執って置いたから、大隊長すらオーマレイが憲兵だとは気が附かなかった。尤も、オーマレイは憲兵中の腕利きで、その名の示すが如くアイルランドの出身であって、アイルランド人固有の慧敏は彼の特徴だった。彼は容易に馬脚を露わすような男ではなかったのである。

新編入の補充兵、実は憲兵中屈指の逸足オーマレイは何喰わぬ顔をして、隊友の機嫌を取ることに腐心していたが、同じ小隊の顔役で世話好きの或る伍長と別懇になったのは、それから間もないことであった。(因縁は恐ろしいもので、その伍長は、ホリス軍曹が殺された時、謎の犯人の手套の手を見たその伍長で、ホリス軍曹と最も親しい間柄であった。)

その伍長が或る晩オーマレイに向って、今夜面白い所へ案内してやろう。そこには旨い酒もあれば、美しい女もいる。浩然の気を養うには最も都合の好い所だと云って、勧誘した。

何が探偵の端緒になるか、わかったものではない――つまらない馬鹿馬鹿しい瑣末な事から、大事件の真相が顕れて来た実例はいくらもある。殊にこの事件にはたしかに女が暗い影を投げているらしい。機会の髪の毛は摑める時に摑まなくてはならない。オーマレイはそう考えて、直に伍長に同意した。

その伍長は冗弁であった。途々語った長々しい話の要領は次のようであった。

ホリス軍曹は、どちらかと云うと好男子で、又いわゆる色魔と云う方であった。到る処で艶聞の種を蒔いたけれども、女から女へ漁って歩くと云う遣り方で、誠意は少しもなかった。一時ホリスが熱中していた女があるが、それは又腕の凄い悪党風の女で、ひどい嫉妬心を持っていた。流石のホリスも実はその女を持て余していたが、遊ぶのに面白い相手である――と云うのである。その女を伍長はオーマレイに紹介した。二度三度カフェーで逢っている間に、オーマレイはすっかりその女の心を牽き附けてしまった。その女即ち本件の被害者ホリス軍曹の元の情婦はテインタと云う。

テインタは黒い髪と黒い瞳とを持った美人であった。綺麗な顔ではあるが、眼に鋭い光があって、何となく凄い女であった。容貌から判断して、紛れもないスペイン種の女であった。そして、濃艶な紅白粉でも隠しきれない苦労の痕が見えた。彼女は幾多の世路の嶮難を経て来た者に相違なかった。（勿論ムーア志願兵の愛していた婦人とは全然別人である。）

或る日、テインタはオーマレイに云った。

「ねえ、あなた、私は以前或る男と懇意にしていましたがね、その奴は――到頭――死にやがったんですがね、私はね、人におもちゃにされて、満足しているような女じゃありませんからね。もし、あなたが外の女に気を向けるようなことがあれば、それこそ、ただは置きませんからね。」

そう云って、彼女はひどく昂奮した。なるほど、怖ろしい女ではある。スペイン女の猛烈なことは、カルメンの話でも聴いている。こいつは危いものだ――流石の名探偵オーマレイも辟易して、ボルドーへ逃げて帰った。記録に依れば、オーマレイはラッセル少佐に対する報告において、テインタを評して「女の着物を着た悪魔」（"A devil dressed up in woman's cloths"）と云ったとある。

憲兵司令官ラッセル少佐はオーマレイの報告を聴いて、心中大いに期するところがあった。そして、オーマレイを激励して、再度ツルーズに赴かしめると同時に、同じく憲兵中の俊材バーマンと米軍憲兵司令部の手先になって働いていた仏国婦人――つまり女探偵である――セレストとを本件の探偵に起用した。

憲兵のバーマンもオーマレイと同様に新編入の補充兵と云う名目で、例の小隊に組み入れられた。

オーマレイはバーマンを伴って、カフェー・ナショナールを訪ねた。テインタをそこへ呼んだことは勿論である。テインタは数日振りでオーマレイに逢ったのだから、大いに喜んで、はしゃいだことも勿論である。三人は鼎座して、強い酒を汲みかわした。

「ねえ、テインタや、これはね、僕の子供の時からの親友でね、二人一緒に従軍したのだったが、これはボルドーに、僕はツルーズに、離れ離れにされちゃってね、大いに悲観していたが、今朝偶然にこれがツルーズに駐屯することになってね、僕も大いに愉快だ。そこで、今晩は徹底的に祝杯を挙げる積りだが、どうだろう、これに一ついい女を取り持ってくれないか」とオーマレイは云う。

「いや、御親切はあり難いが、実はね、僕も素敵な美人に見込まれてね、その方に一生懸命だが、只々困ったことには、その女はボルドーにいるのでね」とバーマンは云う。

「それじゃ、なぜここへ連れていらっしゃらないの。ツルーズへ連れていらっしゃれば、どんなにでも私がお世話するわ」とテインタは云う。

「それは願ったり叶ったりだ、あり難い、それじゃ僕はその女を呼び寄せますから、何分宜しくお願い申しますよ」とバーマンは答えた。

翌々日、バーマンの情婦と称する女がボルドーからツルーズへ着いた。オーマレイとテインタ、バーマンとその女、二組の男女は歓迎なり近附きなり且つは又お互いに将来を約する意味において、大いに飲んだ。テインタとその女とはひと晩のうちに十年の知己のようになってしまった。そして、テインタはその女を自分の借りている部屋へ連れて行って、そこで女二人が同居することになった。

その女、バーマンの情婦と称するその女こそ、米軍憲兵司令部御用のフランス美人――女探偵のセレストであった。

テインタとセレストとは同じ部屋に起臥して、今は姉妹以上の仲の好さである。

憲兵司令官ラッセル少佐はオーマレイ及びバーマンからの報告を受取って、ほくそ笑んだ。そして、更に他の米軍憲兵司令部御雇いの女探偵マガリートをツルーズに派遣した。マガリートも若い美しいフランス女である。マガリートは単身カフェー・ナショナールに飛び込んだ。十分入念にお化粧もし着飾っていたから、衣香扇影の裡に、ひときわ目立って、光り輝いた。

丁度、隣の卓に、オーマレイとテインタ、バーマンとセレストの男女二組が酒を飲んでいたが、どちらから始めたものか、バーマンとマガリートとは卓を隔てて盛んに会釈をし、合図をする。

バーマンが新来の美人マガリートに心を惹かれているので、セレストは憤然として席を立った。テインタは勿論セレストに同情して、大いにバーマンを面責した。一座はここで全く白け渡ったが、オーマレイの仲裁に依って、とにかく、翌晩バーマンとオーマレイとが何か良いみやげを持って、セレストとテインタとを訪ね、謝罪と仲直りとを兼ねて、大いに飲もうと云うことで、まずはようやくけりが附いた。

翌晩オーマレイはテインタとセレストの合部屋を訪ねたが、バーマンは顔を出さなかった。バーマンは今朝から熱が出て病院へ入ると云っていたから、連れて来られなかったと、オーマレイは弁解した。バーマンは来ないけれども、三人で飲もうじゃないかと云うことになって、手を携えて、例のカフェーへ来た。カフェーへ来て見ると、病院へ入っているはずのバーマンが、マガリートと寄り添って、楽しげに語っている。たちまちにしてセレストは柳眉を逆立てた。そして、蹶然として、カフェーを出た。テインタも後を逐った。

セレストは部屋の中で泣き崩れている。思う男が仇し女に心を寄せて、自分はパン屑のように棄てられた。怨めしい、嫉ましい、悲しい、口惜しい、自分は毒を飲んで死ぬるのだと、泣き狂った。

テインタも激昂していた。そして云った。

「何だって、自殺をする、馬鹿をお云いでないよ、――私にはお前さんの心がよくわかっている。私も一度男に捨てられた覚えがあるのだからね。しかし、私は自殺なんかしなかったよ。その男はホリスと云う軍曹でね、私と夫婦約束をしたのさ。私もこんな商売を止めるのに丁度好い折だと思ってね、その男を亭主にする積りでいたのだよ。するとねえ、その男が外の女に心を移して、私を棄てやがったのさ。私もすっかり腹を立ててね、よし、こちらにも考えがある、今に見ておれ――馬鹿奴、外の女と一緒にさせるものかと決心したのさ。」

「そ、そして、ど、どうしたの。」

「大雨の晩に、ホリスの野郎を射殺してやったのさ。」

「そ、そんなことをして、警察へ知れたら、どうするの。」

「そこに抜目はないやね、ホリスが忘れて行った手套をはめて、やはりホリスの拳銃を持って、そうっと、テントの中へ手だけ出して、打ったのだよ。誰にわかるものかね。そりゃまあそうとして、お前さんもバーマンの奴を殺しておしまい。私が助太刀してやるから。」

芝居は大団円に近づいた。とても白状しそうもないテインタが図らずも女探偵セレストに自己の兇行を端的に打ち明かしたのだから。

セレストは機を窺って、バーマンとオーマレイとの許に走った。

テインタの罪状が明白になったが、米軍憲兵の手でテインタを捕えることが出来ない。勿論管轄が違うからである。そこで、早速仏国の通常警察に移牒したから、仏国の警官がテインタを捕縛するために、テインタの部屋を襲った。

テインタは警官の姿を見るや否や、自分で自分の前額を射った。数月前にホリス軍曹を殺したその同じ拳銃で、自分の前額の真っ只中を射通したのである。鮮血の漂う中に、凄艶の女の頭は無残に打ち崩されていた。

ムーア志願兵の潔白は完全に証明せられた。

この探偵の事実譚は面白いには面白いが、探偵の方法としては、公正を欠くものと云わば云われる。いわゆる「好もしからざる」（"third degree"）探偵方法だと云うべきであるかも知れない。外に手段がなかったか知らないが、方法が余りに冷酷なような気持もする。しかしながら、私は事実を伝えるだけで、批評は読者諸賢に御一任する。

ムーア志願兵が殺したと称する犬の屍は、遂に発見せられなかった。これは如何に説明すべきであるか。それは記録に掲げてない。ツルーズの町には赤煉瓦の家が多いから、「薔薇の里」と云われている。その薔薇を投げ入れに入れた水盤は、町に沿って流れるガロンヌの河である。汚い犬の屍は大雨のために美しい川に流されたのであろう。

ムーア志願兵はその愛人と結婚したかどうか、それも記録上明白でない。

危機一髪の話

第十八世紀の末、革命の少し前に、フランスで起った珍しい裁判の物語である。革命前のことだから、裁判の手続も、関係官史の気風も、現在と比べて、甚だしく変っていることは、予め御承知を願いたい。

フランスの北部、ノルマンディー州の小都会、カーンの町に駐在する検察官のルヴエールは、特別におめかしをして、これから外出するところだった。尤も、いくらおめかしをしたところで、ずんぐりと太った、丈の低い中年者で、風采は極めて揚がらない。しかし、その当時のフランスでは、官吏ほどえらい者はなかった。又、官吏ほど威張る者もなかった。官権を背に負い、鼻に掛けて、ルヴエール検察官はカーンの人々を瞰下していたのである。この初老を超えたルヴエール検察官は、今や恰も、自分よりは二十も年下の若い娘と結婚しようとしている。若い娘は町の物持ちの愛嬢だが、その親達から云えば、お役人様を婿に持つことは、天晴れ無上の光栄である。娘にとっても、検察官夫人と云う名誉な肩書が得られるだけで、既に一事が万事である。終生連れ添う男が、いかに年上でも、いかに醜夫でも、又、自分に同情があろうが、なかろうが、左様なことは、どうでも宜いのであった。

もしそれルヴェール検察官に至っては、得意の絶頂である。威望隆々として、カーンの人々の上に、自分は屹立しているのだ。それだけでも、満足至極なのだが、二十も年下の若い乙女が、近日のうちに、自分の妻になる。威を市民に加え、愛を閨閤に得る。俺ほどの果報者は外にはあるまい——いや、それはとにかく、今夜も娘を訪れよう、と玄関先まで出かった時に、飛び込んで来たのは、町の弁護士である。

「検察官殿、時間外に失礼ではございまするが、実は、その急な公用でございまして、へえ。」

「何じゃ、公用じゃ、公用なら、明日にしてくれ給え。」

「ところが、その、実に、危急を要しまする、その案件でございまして——」

「今は休養の時刻じゃからのう。」

「御尤もで、へえ、恐れ入ります。しかし、私は告訴代理人でございまして——」

「それはわかっとる、わかっとるが、明日にせいと云うのじゃ。」

「しかし、殺人事件で、しかも、毒殺の既遂及び未遂、被害者は当町第一流の名家でございまして——」

「何じゃ、殺人じゃ?」流石に殺人事件と聴いて、これは捨てて置く訳には行かぬとも思ったが、ルイ十六世の治下におけるフランスの地方官憲は、公安よりも先ず自己の逸楽の事を考えた。自分はこれからやがて自分の妻になるべき可愛らしい娘を訪ねるところである。一殺人事件よりも、自分の恋の方が大切だと、ルヴエール君は考えたのである。「しかしの、吾輩一寸差支えがあるんじゃが、被告人は何者じゃ。」

「被害者の家に使っておりました女中でございまして——」

「うむ、召使いの下女か、それなら、警察へそう云って、未決監へ放り込んで置くがええ。吾輩の命令じゃと、警察へそう云って置いてくれ給え。」ルヴエール検察官から観れば、女中の如きは、犬畜生同然の存在だったのである。

かくして、殺人既遂及び未遂の被告人マリー・サルモンは、無雑作に、未決監に放り込まれたのであった。

さて、このマリー・サルモンは近在の百姓の娘で、若い、綺麗な、健康な、精勤な女中である。数日前に、カーンの町へ来て、物持ちのデュパルク家に雇われたのであった。

デュパルク家の人々は、主人夫婦、子供が三人、二十一と十一との息子、十七の娘、その外に、デュパルク夫人の両親のボーリユウ夫妻、八十八と八十六との老夫婦である。この大家族に、女中がたった一人。それが則ち数日前に雇い入れたマリーである。

デュパルク夫人は高慢で、癇癪持ちだったから、マリーは朝早くから夜遅くまで、こき使われた。しかし、マリーは働くことが好きな女で、一生懸命に立ち廻っていた。この給金は一年二十円の約束、いくら物価の安かったその頃にしても、馬鹿馬鹿しい安値だが、それにも、マリーは満足していた。

マリーの朝の仕事は、一番先に起きて、附近の農家へミルクを取りに行く、それから、ボーリユウ老人の朝飯のプッディングを拵える（ボーリユウ老人は八十八になるので、朝飯はいつも柔いプッディングときまっていた）それから又、ボーリユウ老夫人のお寺詣でのお伴をして、帰りには、その日の買物をする、と云う順序だった。

このプッディングが悲劇の種になるのだが、ボーリユウ老人は鹹《しおから》いものが嫌いだったから、決して塩を用いないことになっていた。

雇われてから、四日目の朝、マリーは台所で、例のプッディングを拵えていた。そこへ、デュパルク夫人と娘とが入って来た。いつも手伝いはしてくれないのに、この日に限って、御親切なことだと、マリーは思った。

「塩を入れたかね？」デュパルク夫人は訊ねた。

「いいえ、だって奥様、塩を入れちゃいけないと、おっしゃったじゃありませんか。」

これには返事をせずに、デュパルク夫人は塩をプッディングの中へ入れた。

マリーは驚いて、夫人を眺めた。塩を入れちゃいけないと、固く言い付けて置きながら、自分で勝手に塩を入れている。おかしな事をするものだと、不思議そうに眺めていたが、夫人はじろりとマリーを睨んだ。何だ、うるさい子だね、この女中は、主人のすることに不服があるものか、と云ったような風だったので、マリーはそれにはこだわらずに、直に外の仕事に取りかかった。

それが済むと、ボーリユウ老夫人のお寺詣でのお伴、そしてその日の買物、時計のように正確に働いて、主家に帰って来たのが、正午少し前だった。

主家へ帰ると、ボーリユウ老人が病気だから、介抱をしてくれと云う。主婦の命令に背くようなマリーではない。直にボーリユウ老人の寝室へ飛んで行った。

なるほど、相当重態のようだった。非常に苦しんで、頻りに嘔吐を続けている。今朝朝飯を食ってから、急に発病したのだと云うことであった。

老人の容態は刻一刻険悪を加えて、その日の夕刻に死亡したが、マリーはこの間、甲斐甲斐しく看病していたのであった。然るに、老人の実子たるデュパルク夫人は、一向冷淡で、一切はマリーに任せっきりで、自分は病室へ入っても来ない、医師も迎えないで、只々近所の薬種屋の見習の小僧に一寸した薬をもらって、それを瀕死の病人に飲ませただけであった。

その夜はお通夜だが、デュパルク夫人は例に依って、見向きもしない。デュパルク家の主人、即ち夫人の亭主は田舎へ行っている、そこで、棺側に終夜侍って、祈禱を続けていたのは、女中のマリーと八十六になるボーリユウ老夫人（死人の妻）とだけだった。

翌朝、マリーが朝の炊事にかかった時には、健康で仕事好きなマリーも、流石にすっかりくたびれていた。何しろ、昨日は終日ボーリユウ老人の介抱をし、終夜お通夜をして、祈禱を続けていたのである。マリーの脚がふらついて、容易に手が附かなかった。それが、デュパルク夫人の気に入らなかった。本来ならば、自分の実の親の介抱からお通夜まで、一切ことごとくマリーにさせたのだから、一言お礼の挨拶位はして宜いのだが、デュパルク夫人はさも憎々しげに、マリーをぐっと睨んだ。しかし、いくら睨まれても、マリーは極度に疲れていた。

「厄介な子だねえ、そんなに睡いのなら、そこで眠っても宜いよ、食事の仕度は私がするから。」

勿論、好意から出たお許しではないけれども、このお許しが出るや否や、マリーは椅子に腰を掛けたまま、ぐっすりと眠ってしまった。

マリーが主婦のデュパルク夫人に叩き起された時は、昼の食事が済んだところだった。この食事はデュパルク夫人が拵えたものである。

台所で、マリーは食事の後の皿洗いに一生懸命である。奥の食堂では、食後の談話が相当賑やかだった。然るに、突如として、デュパルク夫人を先頭に、三、四人の人々が台所に闖入した。デュパルク夫人は狂人のように、興奮している。「大変だ、たしかに毒殺の計画だ」と絶叫している。

デュパルク夫人は台所へ入るや否や、「あっ！　青酸の臭いがする！」と大きな声で云った。しかし、少なくとも、デュパルク夫人以外には、何等特殊の臭いを感じなかったのであった。

しかし、とにかく、食事をした者には、ことごとく軽度の中毒の兆候があった。或る者は胃が痛むと云い、或る者は吐瀉をした。尤も、いずれも直に快癒した。

デュパルク夫人は依然として、興奮して、「中毒だ中毒だ」と騒いでいる。昨日実の父親が中毒の兆候で急死した時には、まるで冷静だったのだが、そして、医師を招くことすらしなかったのだが、今日この軽度の中毒に付いては、大椿事勃発とばかりに、騒ぎ出して、専門の薬剤師を招聘した。

デュパルク夫人は薬剤師を伴って、台所へ入って来た。

「そうら御覧、先生、青酸の臭いがするでしょう。」

「そうですかね、私には別に何とも感じませんがねえ。」

不思議なことではある。素人のデュパルク夫人が青酸の臭いがすると云い、専門家の薬剤師は自分はその臭いを感じないと述べているのである。

デュパルク夫人は、どうも女中のマリーが怪しいと云い出した。

そこで、マリーの所持品を検査することになったが、デュパルク夫人が第一番に取り出したのは、マリーのたった一枚の晴着の上衣で、その頃の田舎娘の喜んでくっ附けた装飾用の大きなポケットを調べると、紙包の中から、白い粉末が出て来た。それは紛れもない毒薬の青酸だった。

最早、疑念を挟む余地がない——人々はマリーを当の犯人だときめてしまった。可哀想に、何も知らないで、ひたすら泣き叫んでいるマリーをふん縛って置いて、いよいよ告訴と云うことになったのである。

その告訴の結果、一回の訊問もなく、恰も検察官ルヴエールが若い恋人を訪ねる時刻であったがために、又、下女と云う低い地位の者であったがために、無雑作に、マリーは未決監に投げ込まれたのであった。

翌朝遅く、ルヴエール検察官が出勤した。そして医師に命じて、ボーリユウ老人の死体を解剖せしめたが、青酸の中毒に因る急死だと云うことが判明した。

読者の既に想像せられる通り、ボーリユウ老人の死亡の責任者は、その実の子のデュパルク夫人だったのである。ボーリユウ老人の朝飯のプッディングに、デュパルク夫人が塩を入れた――とマリーは思っていた、その白い粉末は塩ではなく、怖るべき殺人の青酸だったのである。可憐なマリーは、奸智に長けたデュパルク夫人の係蹄《わな》に引っかかったのである。わずかに数日前、マリーは田舎からこの町へ出て来て、偶然デュパルク家に雇われることになったのであるが、この時既に深い計画は、デュパルク夫人の胸に秘められていたのかも知れない。この可愛らしい無垢の乙女は、デュパルク家の女中に雇われると同時に、無残な犠牲の途に引き摺り込まれたようなものである。

ボーリユウ老人の死亡の翌日、デュパルク一家の人々の軽い中毒の原因に付いては、真相は判明しないが、マリーを告訴する手順として、デュパルク夫人の案出した小細工だと、観察すべきもののようである。

しかし、世の中は盲ばかりではなかった。カーンの町の人々のうちに、マリーに同情して、疑惑の眼をデュパルク夫人の上に注ぐ者が、ようやく多きを加えて来た。デュパルク夫人がマリーを雇い入れる数日前に、或る薬剤師から青酸を秘密に買い求めた事実がある、と云う者も出て来た。それに、不思議なことには、ボーリユウ老人死亡の当日から、デュパルク家の長男（今年二十一歳）が家出したまま、所在不明になっている。これにもたしかに怪しい事由が潜んでいるに相違ない。殊に又、もしマリーが毒殺の既遂及び未遂の大罪を犯したものとせば、それには、それ相当の動機があるはずだが、左様な縁由は一向に想像せられない。しかも、マリーの過去を詮索すると、褒めるべき材料は多々あるけれども、不良な分子は少しも出て来ない。

ここにおいてか、狼狽《うろた》え出したのは、デュパルク夫人とルヴエール検察官とである。もし真相が判明するならば、デュパルク夫人は誣告の責を免れないのみならず、火は直に自分に燃え移って来る。ルヴエール検察官としても、軽率に事件を処理して、無辜を起訴したことになる。そこで、二人は相談して、マリーがデュパルク家やその親戚友人の金品を窃取したと云うことを捏造して、起訴の条項を追加した。もとよりいずれも真っ赤な嘘である。

当時のフランスの裁判には、でたらめなものが尠《すくな》くなかった。少なくとも、ルヴエール検察官がでたらめな起訴をしたように、でたらめな裁判をした裁判官もあったのである。

マリーに対する事件に付いては、断罪の根拠が極めて薄弱であるに拘らず、しかも、反対に、その無辜を証すべき資料の甚だ多いに拘らず、一七八二年の四月十七日、カーンの法廷は、マリーを有罪と判定した。

このカーンの法廷の言渡した裁判は、鬼畜に対する措置よりも、更に遥かに残虐を極めたものであって、被告人ノ従犯、特ニ被告人ニ毒物ヲ供給シタル者ノ何人ナルカヲ白状セシムルタメ、被告人ニ対シ、一切ノ拷問手段ヲ執ルベシ。被告人ハ死刑執行ノ現場ニオイテ、一般公衆ニ対シ、懺悔ノタメ、犯行ノ詳細ヲ自陳スベシ。然ル後、被告人ハ生キナガラ火刑ニ処セラルベキモノトス、と云うのである。

マリーに対する同情者はこの裁判の覆審を、州議会に対して要求した。しかし五月の十七日に、州議会はカーンの法廷の裁判を是認した。かくして、死刑執行の日は一度延期になって、遂に、その年の七月二十九日と確定せられた。

死刑執行の日の早暁、マリーは獄舎の窓から、この世の最後の思い出に、外を眺めた。

窓からは、死刑執行の場所が手に取るように見えるのである。一般公衆は最早立錐の余地のないまでに、押し寄せている。その人々の頭を越えて、一段高く見えるのは、自分の縛り付けられる台である。台の下には、荒々しい薪の束が幾重にも積み上げてある。あの台に縛り付けられて、あの薪で、あの人々の面前で、今朝、自分は焼き殺されるのである。身に覚えなき無実の罪で、自分は生きながら、劫火の中へ、この若い身体を棄てられるのである。

今はこの世にあらゆる望みの絶えたマリーは、かつては、朝日の光のように照り輝いた美しい顔も、長い憂苦にやつれ果てて、哀れに寂しい姿を壁に投げかけて、泣いていた。

いつまでも、マリーは泣いていた。涙は頬から膝へ、膝から床へ、ぼたぼたと流れた。お寺の鐘が鳴り初めた。死刑の刻限も今は目睫の間に迫って来たと思われる刹那、死刑執行場に、わあっと云う大声が聞こえた。「国王万歳」と皆が叫んでいる。何のための歓呼かと、マリーは不審の耳を欹てたが、やがて、獄室の戸が開かれて、死刑中止の報が伝えられた。

マリー釈放の請願が国王ルイ十六世を動かしたのであった。

ルイ十六世はみずから審査の手を下して、固くマリーの無辜を信じ、取り敢えず、死刑の中止を命じたのであるが、死刑中止の勅命書がカーンのルヴエール検察官の手許に到着したのは、死刑執行の前日たる七月の二十八日であった。然るに、この日は日曜だったので、その頃既に結婚したルヴエール検察官は、例の若い新妻と手を携えて、郊外へ遠足に出かけた。あまり愉快だったので、ひと晩泊って、明日は欠勤しようとも思ったが、流石に公務が気になると見えて、その夜遅く帰って来た。その夜はそのまま直に眠って、翌朝、勅命書を始めて見たのである。愕いて、死刑の執行を中止せしめたから、マリーの生命は危い瀬戸際で助かったのであった。

しかし、マリーはまだ放免にはならなかった。馬鹿馬鹿しい法律の手続上の問題もあり、又、デュパルク夫人やルヴエール検察官の悪辣な運動も手伝って、事件は諸所の裁判所へ廻されたが、遂に、一七八六年の五月二十三日、パリの議会はマリーの無罪を宣言し、マリーは未決監に拘束せらるること、満四年有余の後、始めて青天白日の身となったのである。

デュパルク夫人の行為に因ってボーリユウ老人の死んだことは判明したが、それは、故意であったか、過失のためか、その点は結局不問に付せられた。

マリーはその後幸福な結婚をした。政府は特にマリーに印紙の販売権を賦与したので、マリー夫婦の財産は日に月に殖えて行った。マリーが良き妻であったが如く、マリーの夫もまた模範的な市民だったのである。

今様女殺油地獄の話

これは一九二八年の犯罪事件で、ウィーンの警察の成功物語である。周到な手堅い捜査の一例として、ここに掲げる。

ウィーンの郊外に、大きな動物園がある。動物園と云っても、上野公園の動物園よりも、むしろ小石川植物園を想像せられたい。森もあり、谿《たに》もある、大きな広い地域である。

一九二八年の七月十七日は妙な天候の日だった。朝は、気持の好い晴天だったが、正午頃には、遽に蒸し暑くなって来た。夕刻になって、黒い雲が空を包んで、凄まじい嵐が起った。雷鳴か、急雨か、と思う間もなく、天地を閃裂するような雷鳴と車軸を流すような急雨とが、一緒になってやって来た。その荒天の下で、森の彼方にひときわ高い物音がして、ぱっと怪しげな煙が立った。派出所の警官が駆け付けて見ると、一人の若い女が倒れている。

女は前額から後頭部へかけて、ピストルの銃傷を帯びていた。即死したものらしく、その容貌には、苦悶の痕を残していないが、頭髪から顔の半分に亘って、揮発油をぶっかけて、火を附けてあった。着物も余程焼けている。思うに、犯人は、被害者が誰だかわからないようにするために、殺してから、すぐに油を注いで、火をかけて、身体全部を黒焦げにするつもりだったらしいが、予期しない急雨のために、半焼の程度で火は消されてしまったのである。

被害者は綺麗な女だった。十人並以上で、これならば、どの新聞でも、美人の怪死と、堂々と題する値打はある。年の頃は三十位。容貌から推測し、且つ、年齢から忖度して、痴情が原因であることは、何人も容易に想像し得るところであった。

顔も美しい、手も美しい、皮膚にも、頭髪にも、特別の注意を怠らない女だったと見えて、すべてが綺麗だったが、殊に歯の手入れが十分で、上と下とに、七本の金冠が入念に出来ていたが、一本抜歯があった。この歯——特に七本の金冠——が手懸りになる。

被害者は誰だか、全くわからなかった。

警察では、まず被害者の等身の半身像を作り上げた。医師、彫刻師、画家、モデル屋、呉服商、衣裳屋、いずれもその道の達人の合作で、被害者の生人形を作ったのである。日本流で云えば、安本亀八式だが、銀座あたりの百貨店のショーウインドウによく出ている精巧な臘人形——あれである。それへ専門家の智能を絞って、被害者の生存当時の色と同じ色と推測せられる皮膚の色を加え、殺された時に着ていたのと同じような着物(例の揮撥油で焼かれた着物と同じような着物)を着せて、この生人形を撮影して、諸方へ配布した。

又、歯型にも十分の特徴があることだから、それを精細に撮影して、歯科医の専門雑誌に掲げた。

しかし、被害者は誰だか、依然としてわからない。

かくして、五里霧中にあること、凡そ一年に亘ったが、ウィーンの警察官憲は少しも捜査の手を緩めなかった。

或る日、警官が一つの端緒を得た。事の起りは、例の歯型である。

或る歯科医に、被害者の歯型の写真を見せたところが（この歯科医は、専門雑誌に掲げられた写真を見ていなかったのである。歯科医の専門雑誌に、被害者の歯型の写真を掲げて、歯科医の方面から、被害者の手蔓を得ようとしたのは、決して有効な方法ではなかったと、後に当該係官は云って云る。つまり、専門雑誌を購読している歯科医は多いが、斯様な写真に注意する歯科医は極めて稀で、この歯科医も、例の専門雑誌は見ていたのだが、問題の歯型の写真はやはり御多分に洩れないで、看過していたのだった）どうも、これはたしかに自分の手入れしたものだと云って、診療簿を繰って見ると、なるほど、ぴったりと、歯型の写真と診療簿の記載とが符合した。患者の氏名はアンドレアス・フエルナー妻とある。このフエルナー夫人こそ、問題の被害美人に相違ないのである。

念のために、歯科医を警察本部へ連れて来て、例の生人形を見せた。（生き人形は警察本部に飾ってある。）歯科は記憶を喚起して、この婦人に相違ないと、確言した。

次から次へ、七本も金冠を入れたのだから、この歯医者にとっては、フエルナー夫人は大切な得意先だった。生人形を見て、記憶を喚起しつつ、歯医者は次のような陳述をした。

フエルナー夫人はダンサーで、元は寄席の踊り子だったが、後には芝居へ出ていたようである。職業柄でもあろうが、派手な女で、大分贅沢をしているようだった。亭主はルーマニヤ人で、芝居者だと云うことである。俳優だが、どうだか、それは自分は知らないけれども、とにかく、芝居の関係者だが、夫婦仲は決して円満ではなく、フエルナー夫人の言ったところを綜合すると、二人の日常は、むしろ夫婦喧嘩が大部分を占めていたらしいようである。何でも、亭主が細君を殺すと云って、おどかすので、それが怖ろしくてたまらないと、フエルナー夫人は時々こぼしていた。そのうちに、二人は離婚の手続をした。離婚になってからも、フエルナー夫人は治療を受けに来たが、やはり贅沢な暮らしをしているようだった。しかし、それから、フエルナー夫人が何をしていたか、どこに住んでいたか、この七本目の金冠が出来た後は、さっぱり自分のところへは、顔を見せない——

この陳述が、捜査に光明を与えたことは、云うまでもない。又ウィーンの警察本部はフエルナー夫人の前夫アンドレアスを嫌疑者と目したことも、勿論である。

アンドレアスは芝居道の渡り者だった。一定の劇場には従属しないで、甲の劇団から乙の劇団へ移り代ることを、常としていたのみならず、重に旅興行の劇団にくっ附いていたから、その所在をつき止めるのにも、相当の苦労はあった。しかし、やっとのことで、イタリアのトリエストで逮捕して、ウィーンへ引致した。

早速、例の生人形を見せると、これはたしかに自分の先妻エルザ——これが被害者の名である——に相違ない、この生人形は実によく出来上っている、全くの生き写しである、しかし、この着物には見覚えがない、と云った。

アンドレアスの陳述は次の通りである。

「エルザと私とがよく喧嘩をしたことは、事実です。そして、私がエルザを殺すと云っておどかしたことも事実です。左様ですね、殺すと云って、おどかしたことは、三度や四度じゃありませんでした。しかし、私は殺す考えはなかったのです。喧嘩の基は、お恥ずかしい次第ですが、大抵嫉妬です。エルザはひどい浮気者で、いろんな男と、次から次へ、関係が出来るのです。まるで亭主たる私を念頭に置いていないような始末で、あまり不品行がひどいものですから、つい叱りもします。しかし、叱っても、云うことを聴くような女じゃありませんから、やむを得ず、殺すと云っておどかしたような次第で、はい、殺す考えは毛頭もなかったのです――

しかし、エルザの身持ちはどうしても直りませんでした。そこで、私も思い切って、離婚をすることにしたのですが、エルザの方じゃ、喜んでいました。馬鹿馬鹿しいお話で、私は徹頭徹尾踏み付けられていたのです。エルザはさっさと飛び出して、それっきり、音沙汰もありません。どこにどうしているか、それ以来、一度も逢ったことはないのです――

何ですって？　一九二八年の七月十七日（エルザの殺された日）に、私がどこにいたかと、お訊ねになるのですか。私は旅興行の芝居者です。年が年中の旅烏で、殊に一年も前のことですもの、どこにどうしていたか、勿論記憶がありません――

困りましたなあ、いくらお訊ねになりましても、一年以上も前のことですからね、こんなことになると知ったら、日記でもつけて置くと宜かったのですが、困りましたなあ、実に――

いや、わかりました、あり難い、記憶を喚起しました。七月十七日！　そうです、その丁度当日に、私はトリエストの郊外で、自動車を操縦していたのですが、事故が起って、自動車の外へ、私はほうり出されたのです。自動車はめちゃめちゃになりましたが、私は少々の怪我で助かりました。それでも、一両日は寝ていました。」

この陳述が本当だとすると、アンドレアスの無罪たることは明白である。トリエストはイタリアの北端アドリアティック海に臨んだ港で、ウィーンとは三百マイル以上も離れている。トリエストで怪我をして寝ていた者が、その日に、ウィーンで人殺しをするはずのないのは、わかりきったことである。

ウィーンの警察本部は早速トリエストの官憲に調査を嘱託した。調査の結果は、アンドレアスの陳述の通りだった。尤も、日は一日違っていた。七月十六日（エルザの殺された前日）に、アンドレアスが自動車の事故で負傷して、十七日には静養のために、終日寝ていたことが判明した。

この男こそは真犯人だと思ったのだが、潔白は完全に証明せられたから、即座にアンドレアスを放免した。


ウィーンの警察本部はがっかりしたが、しかし、捜査は一層の緊張を示した。

被害美人エルザの前夫アンドレアスの陳述に依って、エルザは離婚前は重にトリエストに住んでいたことが判明した。即ち、かつてトリエストに住んでいた女が、ウィーンで殺された。ウィーンにおける被害者の行動は、一歯科医を度々訪れて、入念な金冠を作ってもらったと云う外には、全く不明である。

トリエストからウィーンへ！　被害美人エルザの身辺を明らかにするがためには、このトリエストからウィーンへの移転の経過を辿る必要がある。筆者はかつてこの話の筋とは逆に、ウィーンからトリエストを通って、イタリアへ南下したことがあるが、ウィーンを夜更頃に出て、急行の汽車で、トリエストに着いたのは、翌日の正午頃だったと記憶する。とにかく十数時間の行程である。

この十数時間の連絡は、エルザの死因の説明には、極めて重要なことである。エルザは離婚の前後に亘って、しばしばウィーンの歯医者を訪れたことがある。尤も、医者で治療を受けたこと以外には、ウィーンにおけるエルザの行動は判明していないが、歯の治療のためにのみ、ウィーンへ来たのだとは思われない。然らば、何のために、ウィーンへ来たのであるか。

トリエストからウィーンへ！　どうしても、これははっきりさせなければならないのである。

一九二八年の夏、ウィーンの動物園のなかで、銃殺せられた上に、揮発油をぶっかけて、屍体をめちゃめちゃに焼かれていた怪事件に付いては、ウィーン警察の苦心に依って、被害者はエルザと云う踊り子で、浮気で派手な当世美人、かつてトリエストにいた者だと云うことだけが、判明した。そこで、トリエストにいた女が、どうして、誰に手頼って、ウィーンへ来たか。その捜査のために、ウィーン警察は第二次の活動に移ったのである。

エルザの殺されたのは、七月の十七日だが、前月の月末には、まだトリエストにいたらしい証跡があった。そこで、七月の一日から十六日までの間に、トリエストの郵便局で扱った一切の電報の頼信紙を調べてみた。

幾千の頼信紙のなかに、エルザと云うのが、一つあった。

イマタツ　エルザ　ドナウ

と書いて、宛名はウィーンの何区何町何番地、グスタフ・バウエルとある。エルザと云うのは、お花、お雪と云ったように、ざらにある平凡な女名前である。しかも、ドナウと云うのは、被害者エルザの姓ではない。エルザ・ドナウと云うこの電報の発信人が、被害者エルザだと云うことは、到底即断し難いところではあるが、第六感とでも云うのか、係官の顔は遽に緊張した。

一片の頼信紙が手懸りになって、ウィーン警察はグスターフ・バウエルを嫌疑者――少なくとも重要な関係者として、その身辺に捜査の手を進めて行った。

グスターフ・バウエルはウィーンで名高い万年筆屋で、資産も十分にあって、相当に顔の売れた男だったが、独身で、その素行にはいかがわしい点が尠《すくな》くなかった。余りに多くの婦人と、余りに親しい交際を続けていたのである。

バウエルは商用――婦人関係の要件も兼ねて――ベルリンに滞在中だったが、ウィーンから警官を急派して、そこで逮捕して、同所の監獄へ収容した。勿論未決囚としてである。

バウエルは極力犯行を否認したのみならず、エルザと云う女は全然知らないと、嘯いていた。

一方で、バウエルのウィーンの居宅を捜査したが、驚いたのは、婦人関係の書類の多いことで、日記帳や備忘録は、いろんな女の名前で一杯になっていたし、女文字の艶書、逢曳きの約束手紙と云ったようなものが、次から次へと顕れて来た。なるほど聞きしに勝る凄腕である。好奇心も手伝って、係官はこれ等の書類を丹念に読んで見たが、エルザの名前だけは、見附からなかった。

しかし、バウエルの給仕を警察へ呼び付けて、例の塑像――エルザの生き人形――を見せると、たしかにこの女には見覚えがある、主人の命令に依って、停車場へ迎えに行った。即ち、この女がトリエストから来るのを、迎えに行ったことがある、と確言した。

この供述をもたらして、バウエルを詰問すると、流石に彼も多少は閉口したと見えて、なるほど、私はエルザを知っている、二人はかつて関係があったけれども、双方で嫌気がさして来て、詳しく云えば、私に新しい情婦が出来ると共に、彼女も別に情夫を拵えて、お互いに綺麗に別れることにした。別れたのは、朝だったが、彼女はその日の午後、動物園で、新しい情夫と会うことになっていると、さも得意らしく語っていた、と陳述した。

「動物園へ行ったのは、君だろう！」

「いいえ、どう致しまして、私はまだ一度も動物園へ行ったことがありませんよ。」

話題が動物園に触れると、彼は断乎として、否認するのであった。

バウエルの居宅で押収した小型の備忘録は、婦人と逢曳きの約束――場所や時刻――を記載したものであるが、そのうちの一行は、丁寧にインキで塗り潰してあった。真っ黒に塗り潰してあるから、下に何と書いてあったか、それは全然不明であった。しかし、それを専門家の手に懸けて、巧みに、新しいインキだけ――塗り潰したインキだけ――を拭い去ると、拭い去られたインキの下から、鮮やかに、「動物園」と云う文字が顕れて来た。

バウエルの犯行に付いて、証拠が着々乎と出て来たが、今ひと息と云うところで、それ以上の捜査は困難に陥った。何しろ、二人きりの場所で行われた犯罪だから、犯罪前の経過的事情に付いては、余程濃厚な情況証拠はあるのだが、惜しいかな、肝心の的確な証拠は顕れて来ない――そこへ、面白い変化が突発した。

バウエルはベルリンの監獄に未決囚として、収容せられていたが、隣の監房に、一人の既決囚人がいた。

この既決囚人とバウエルとはいつの間にか余程親しくなっていたが、看守はそれに気が附かなかった。

その既決囚人の刑期が終って、出獄する際に、バウエルはひそかに二通の手紙を渡して、これを郵便で出してくれと頼んだ。勿論たんまりとしたお礼の約束はあったのである。斯様な秘密通信は厳禁せられているのだが、巧みに官憲の目を掠めて、手紙の授受は、無事に済んだのであった。

釈放せられた既決囚人は、バウエルに頼まれた二通の手紙を投函した。

二通の手紙はウィーンにいるバウエルの友人と情婦とに宛てられたもので、一九二八年の七月十七日、即ち本件の犯行の当日、自分は決して動物園へは行かなかったと云うこと、現に明らかにどこそこにいたと云うことの偽証を依頼した手紙だったが、その二通の手紙は、宛名の場所へは着かないで、真っ直に、ベルリンの郵便局から、ウィーンの警察本署へ届けられた。

実は、看守はバウエルと既決囚人との交渉を熟知していたのだが、それを逆に利用するために、わざと、知らない風を装って、うまく一杯はめたのであった。謀る謀ると思いの外、かえって巧みに謀られて、バウエルは自己の犯行の確証を自ら警察へ提供してしまったのである。

妙な禁酒の話

禁酒にも色々ある。

これは奇妙な禁酒の話である。

十八年の間、固く酒を断っていた男が、絶えて久しい杯を口にした。

時は一八六八年の大晦日の深夜、場所はロンドン南部の場末ウォルウォースの或る居酒屋。

この話の主人公は五十がらみの痩せ男で、眉のきりっとした——しっかりした人物らしいが、何か余程の屈託があると見えて、いかにも沈んだ様子だった。

以前酒を好んだ者が、しばらく酒の世界を離れていて、さて何かのはずみで、又飲み出すと云ったような場合に、先ず牽き附けられるのは、重い葡萄酒でもなければ、強いウイスキー、ブランデーの類でもなく、大きな硝子コップになみなみと泡立てて注《つ》がれる麦酒の淡い色だろう。この男も居酒屋へ入るや否や、すぐにスタンドの前へ行って、麦酒を一杯注文した。

スタンドの前に立ったままで、息も切らずにそれを飲んでしまった。酒は咽喉で味わうものだと云うことだが、この男も飲むと云うよりは口から腹へ注ぎ込むと云ったような工合に、無雑作に一杯飲み干した。

十八年の禁酒を破った男である。禁酒をするには、それ相当の理由があっただろう、その禁酒を破ったことに付いては、更にそれ相当の事情があるだろう。しかし、麦酒をぐっと一杯飲んでからも、彼の表情に変化はなかった。依然として沈んだ調子で、彼はぐったりと椅子に腰を下ろした。

大晦日のロンドンの夜更は静かである。大きなお寺で除夜の祈禱をするところもあるが、ここは場末で、冬の夜寒である、外《そと》には行人の足跡も絶えたが、流石は居酒屋で、ストーヴは景気の好い赤い炎を見せていて、五、六人の客はあったけれども、この男だけはストーヴから離れて、何か頻りに考え込んでいるようだったが、やがてウイスキーを一杯注文した。

ウイスキーはちびりちびり飲んでいたが、それでも三杯五杯と杯を重ねて、七杯目か八杯目を注文した時には、外《ほか》の客はいなかった。

自分がたった一人の客だと云うことに気が附いて、いくらか気がさしたものか、最後の杯はぐっと飲んで、外へ出た。足取りは確かだった。

居酒屋の近くの或る家の前で、例の男は立っている。

寒いことも、夜の更けて行くことも、この男には何等の感覚を起さないのであるか、一時間も二時間も、彼はその家を見つめて立っている。

話は前後するが、彼は居酒屋へ入る前にも、ここで立っていたのであった。

彼はこの日、暗くなってから、何処からともなく、この家の前へやって来て、長い間立っていたのだが、それから、居酒屋で杯を重ねて、又ここへ来て、立っているのである。

立ち枯れになった枯木のように、不思議な男が例の家の前で立っている間に、長い冬の夜は明けた。

明くれば、一八六九年の元旦である。

その元旦の朝、彼は真直ぐに警察署へ行った。

「私は殺人犯です、十八年前に人を殺した者です。」

これが彼の最初の言葉だった。


主任警部は吃驚した。何しろ、元旦の早朝に殺人犯が自首して出た、しかも、それは十八年前の殺人だと云うのだから、吃驚したのも無理はない。

しかし、例の男は案外落着いていた。言葉に多少の興奮はあったけれども、はっきりした口調で、陳述に矛盾もなければ、重複もなかった。

「私はノーウィッチの者で、ウィリヤム・シュウォードと申します。今から丁度十八年前に、一八五一年の六月十五日の朝でした、私は妻――その後、私は今の女房と一緒になりましたから、つまり先妻です、先妻を殺しました。この十八年の間、毎日毎晩、私は悔恨に悩んでおりました。今の女房は親切にしてくれます、子供も二人出来ました。しかし、私は一晩でもゆっくりと眠ったことはありませんでした。一昨々日、十二月の二十九日に、ロンドンへ出て来て、テムスへ身を投げようと思いましたが、それも出来ませんでした。途中で咽喉を切ろうと思って、剃刀も用意して来ましたが、やはり自殺は駄目でした。」

彼は語り続けた。

「私は会社員と申して宜いか、職人と云った方が適当かも知れませぬ。大した教育も受けてはおりませぬが、それでも、どうかこうか一家を維持して、多少の貯蓄をする位の収入はありましたが、酒を飲むのが、私の欠点だったのです。酒に罪を着せちゃ、卑怯なようですが、私の大それた犯罪もまず酒が原因だと云えば云われるのでしょう。

私は屍骸をいくつにも切断しまして、それを方々に埋めました。その一部はノーウィッチの議事堂に、アルコール漬になって、今も保存してあるはずですが、とにかく、私は嫌疑を免れていたのです。

私は勿論どこまでも犯罪を隠しおおす考えでした。そのために、大好きな酒もふっつりと止めました。酔っぱらって、つい自分で自分の犯罪を口を辷らして、云ってしまっちゃ大変だと思って、断然禁酒をしたのです。私の禁酒は懺悔のためでもなく、謝罪のためでもなく、犯罪隠蔽の必要な手段として、たった一つの道楽を犠牲にした次第なので、思えば浅はかなことなのです。

しかし、私は悔いました、悩みました、悶えました、そして、一昨々日ロンドンへ出て来たのでしたが、それは前にも申上げました通り、自殺をするためと、もう一つは、私が私の殺した女房と最初に逢いました家、その家を今生の名残に、見納めに見て置きたかったからです。

どうしても自殺が出来なかったので、私は自首する覚悟をきめました、そして、その家――私の殺した女房に私が最初逢った家、ウォルウォースのリッチモンド町にあります、その頃私はロンドンで徒弟奉公をしていたのです、大晦日の晩に、その家の前に立って、その家を眺めておりました。千万無量の感慨が湧いて来たことは、お察しの通りでございます。

自首することに覚悟をきめましたので、いくらかのんびりした気持になりました。心にゆとりが出来たように思いました。そこで、近所の居酒屋へ入って、思う存分飲みました、十八年振りで、大好きな酒を飲んだのです。

しかし、生まれて始めて知った女――それも後には私が殺した女――と最初逢った家の近所で飲むのですから、浮いた心にはなりませぬでした。もう一度例の家を見て置こうと思って、大晦日の夜更から元日の朝まで、その家の前に立っていたのです。

私は女房を殺したのです。過失殺ではない、故殺なのです。私の陳述をお書取り下すって、すぐに殺人犯として、起訴の手を執って下さいまし。それが私のお願いです、本望です。」

話は十八年の昔に遡る。

ノーウィッチはロンドンの北東約百二十マイル、ノーフォーク州の主要な都会で、人口は現在で十三、四万、第十一世紀末の草創に係る寺院と古い城塞とが名所になっている。そのノーウィッチの東南の郊外に、「マーティノー女史の横町」と云う小さい通りがある。マーティノー女史即ちハリエット・マーティノー（一八〇二―一八七八）は創作に、社会批判に、旅行記に幾多の好著を遺した閨秀で、その弟の哲人ジェームス・マーティノー（一八〇五―一九〇〇）と共に、ノーウィッチの誇りとする名流だが、そのマーティノー女史の住居が建っていたので、「マーティノー女史の横町」と云う。

一八五一年の六月下旬の或る日曜の朝、一人の若い紳士が犬を連れて、「マーティノー女史の横町」を散歩していた。英国の六月はいわゆる「樹の花の月《ジューン・ブラッサムス》」である。空は紺青に晴れ渡って、柔い新緑が人の心を浮き立たせる。軽い足取で、紳士は横町の中途へ来た時に、犬は急に主人から離れて、路傍の叢へ駆け込んだ。しばらくして、犬が妙な物を口にして、それを誇らしげに、主人に見せた。

若い紳士は犬の獲物をひと目見て、吃驚した。それは人間の片手だったのである。

驚いて、紳士はそれを警察署へ持って行ったが、その後、ノーウィッチの近郊で、或いは胸の一部、或いは腹の残片、或いは膝の切れ端しと云ったように、人体の一部分が方々で発見せられた。

官憲は早速数人の専門家に鑑定を命じたが、それ等の鑑定の一致したところに依れば、
（い）これまでに発見せられた諸種の残片は同一人の屍体のそれぞれ一部分である。
（ろ）手足の皮膚に熱湯を浴びせた形跡がある。しかし、恐らくは、死後に熱湯を浴びせたものと推測せられる。
（は）残片の皮膚、筋肉、殊に綺麗に磨かれた手足の爪から推測して、この屍体は婦人で、しかも、栄養の極めて宜しい若い女性で、年齢は十六歳以上二十六歳以下、労働は勿論家庭の雑事の経験なき良家の人と断定する、と云うのであった。

顔その他この屍骸の何人なるかを知るに足るべき部分が発見せられなかったのではあるが、右の鑑定は後に書く通り、（い）及び（ろ）、それから、（は）の内で婦人だと云うことだけが的中していたが、年齢と良家の人だと云う点とは間違っていた。

この間違った鑑定を基礎にして、官憲は捜査の方針を立てたから、捜査は遂に不成功に終った。

本篇の主人公ウィリヤム・シュウォードが十八年の間、天網を免れていた――もし、シュウォードが自首して出なければ、恐らくは終世縲絏《るいせつ》の身とならなかっただろう――ことは、主としてこの鑑定の錯誤に基くものである。

ウィリヤム・シュウォードは温厚な勤勉な男だった。若い時に、ロンドンで徒弟奉公をして、ノーウィッチに帰ってから、会社に勤めていたが、近所の評判も宜く、会社での成績も中等以上だった。無口な、どちらかと云うと、手の遅い方だったが、仕事は丁寧だった。

シュウォードのたった一つの欠点は酒を嗜むことで、あの男がと誰も驚くような大酒家だった。酒のために、家計は相当苦しいようだったが、女房がしっかりしていたから、遣り繰りに馬脚を露わすようなことはなかった。

さて、この女房である。ロンドンで徒弟奉公をしている頃に、知り合いになったので、最初はお安い仲ではなかったらしいが、何しろ、おとなしいが酒を飲み過ぎる亭主と勝ち気な一本調子の女房とのことである。誰でも容易に想像の出来るように、二人の間柄は決して円満ではなかった。

酒を飲んだ翌朝は、おとなしい亭主は一層おとなしくなる、全く一個の懦夫である、亭主が懦夫になればなる程、女房は悍馬振りを発揮する——と云ったような日常が続いた。

シュウォードには親類がなかった。女房に姉妹はあったが、遠方で、交際は疎略になり勝ちであった。二人はノーウィッチの中央部の裏町の小さい家に住んでいた。円満を欠いた夫婦はそれでもともかく、可もなく不可もなく、子供もなければ、外に係累はちっともない、まずは無事な月日を送って、二人とも三十をとっくに越えていた。

シュウォードの主人でもあり保護者でもある紳商で、クリスティーと云う人に、シュウォードは四千円預けてあったが、そのうちから千五百円払戻しを受けた。残っている二千五百円を女房が自身で保管したいと云う。シュウォードはやはりクリスティーに預けて置こうとする。これが喧嘩の遠因だったが、犯行はむしろ突発的のものだった。

一八五一年の六月十四日に、クリスティーは取引先から送って来た塩の代金を払いに行くことを、シュウォードに命じた。塩は汽船に積んであって、その汽船がヤーマウスに着いている。代金と引換に受取ることになっているが、その代金は一万円、それを主人に代って、支払いに行くのである。翌十五日の日曜に汽船へそれを支払いに行くことになっていた。ヤーマウスは英国東海岸の要港で、ノーウィッチから二十マイル足らずのところにある。

翌十五日の朝、シュウォードはヤーマウスへ行こうと思って、その仕度をしていた。女房の方では、主人と亭主とが人一倍信頼し合っているのが、癪に障っていたから、突然「お前さん、ヤーマウスへ行っちゃいけないよ、私はこれからクリスティーさんの所へ行って、貯金を返してもらって来るのさ」と叫んだ。シュウォードはかっとなった。丁度鬚を剃っていた時だったので、剃刀を持っていた。女房を引き寄せて、左の腕でその首を抱えて、剃刀を女房の咽喉にひと当て当てたが、女房はそれで死んでしまった。女房も真逆殺されるとは思わなかったので、抵抗らしい抵抗もせずに、無雑作に殺されてしまったのであった。

それから、屍体の処置。

これは余りに惨虐な方法で、ここにそれを書き綴るに忍びない。

白昼の殺人だが、被害者は声も立てずに死んだのだから、目と鼻との間の隣人すら、気が附かなかった。シュウォードは依然として実直に勤めていた。女房とは別れたので、女房はロンドンへ行ってしまったと人に語った。夫婦仲は余り好くなかったのだから、誰もそれを不思議に思わなかった。

さて、前に書いた屍体の残片の鑑定だが、殺された女房の屍体に相違はなかったのだけれども、この女房は三十を遥かに越えていたのみならず、貧乏世帯の遣り繰りで、顔は余程ふけて見えた。顔がやつれていても、又家庭の日常に逐われ、しかも疎食を採っていながら、身体の内部の皮膚が艶々《つやつや》している女もあるものと見えて、専門家は良家の若い婦人と鑑定したのであった。

シュウォードの女房が良家の若い婦人だとは、勿論何人も想到しなかったのである。

かくして、春風秋雨、十八年の間、シュウォードは天網を免れていたが、彼自身は悔恨に悩んでいた。

その後、後妻を娶って、二人の子供も授かった。後妻は優しい女だったし、シュウォードは犯行の事実が酔ったまぎれに自分の口から洩れることを怖れて、断然禁酒をしたから、家計は日々に豊かになったけれども、シュウォードには最早楽しい日は来なかった。

十八年の後に、シュウォードが自首して出たことは前に書いた。

シュウォードに対する殺人被告事件の公判廷で、被告人は自白しているのだが、弁護人の方では、それを錯覚に基く自白だと主張して、事件は自白せざる事件として取扱われた。即ち、陪審事件として審理せられた。

弁護人は物的証拠のないことを極論して、無罪の意見を力説したが、陪審員は有罪の答申をした。

陪審員の評決を聴いて、シュウォードは十八年間の憂鬱を一挙にして拭い去ったように、安心して、晴れやかに、判事に敬礼した。

英法における殺人既遂の刑罰は死刑だけである。

前世紀の英国においては、死刑の既決囚に酒を与えることを黙認した事例はしばしばある。

本件のシュウォードに酒が恵まれたかどうか、私の調査の範囲内においては、不明である。

死刑叢話

洋の東西に依り、時の古今に従って、凡そ刑罰のうちで、死刑ほどその種類に差異のあるものはない。斬首や絞首はまず普通のところだが、焚刑、湯鑊、車裂、生埋、鋸引、毒を盛るのや、新しいところでは、ガスや電気を使用するのもあって、数うれば際限もないが、畢竟するに、昔は残忍だった。歴史で窺い得る範囲内においては、酷烈な死刑の本家本元は支那とノルマンとのようだが、支那の史書には誇張が多いから、果してどこまで本当のことだか、よくはわからない。日本の昔話、特に徳川時代のお家騒動の話によく出て来る種々の残忍な死刑の物語は、多くは支那の稗史《はいし》の翻案らしいから、これ等はもとより容易には信用が出来ない。ノルマン民族は元来法律万能の張本で、六法全書の化物のような連中が多かったから、随分猛烈な死刑を実行していたことは、事実のようである。英国でも第十一世紀の下半期以来、即ちノルマン王朝となってから、頻りに残酷な死刑が輸入せられたのである。

残酷な死刑も今は昔の物語である。現在は苦痛のない、見苦しくない、合理的に寛大な方法を執るようになったが、それは文化の賜物である、時勢の要求である。そしてこの推移を促したものは、第十七、八世紀の頃に亘って、欧洲諸国に漲り渡った人道主義の思想である。

今日から考えて、いかにも残酷を極めたのは、姦通罪に対する昔の刑罰である。現在の英法では、姦通を犯罪とはしていない。しかし、他の諸国では大抵姦通罪に付いて規定しているが、その刑罰は比較的軽い自由刑（我国では二年以下の懲役）である。それが昔は死刑になった。しかも、尋常ひと通りの死刑ではない。

姦通罪に対する古代の制裁の一斑を述べると、ペルシャでは井戸の中へぶち込んだ。ユダヤでは死刑にはならなかったが、男は鞭一千、女は鼻を殺《そ》がれた。エチオピアでは姦通と謀叛とが同一に取扱われた。勿論死罪である。スウェーデンでも死刑になったが、その方法として、男女を戦車の後方に縛り附けて、馬を駆けさせる。戦車が走る馬に曳かれるがままに、男女は地上を引き摺られて行くのである。かくして、町から町へ、死ぬるまで引き摺られたのである。ローマでは姦婦は勿論死刑になったが、その方法は本夫の註文次第と云うことに定められた。火刑でも、打首でも、本夫の誂え向きで、死刑の方法が定められたのである。ローマの監政官カトーはこの風習から帰納して、本夫がその妻の犯行を発見した時には、裁判に依らずして、直に自ら手を下す権利があると説明した。このカトーの学説は後年長く諸国において、本夫は現場において姦婦を殺しても、刑罰は受けないと云う法規が制定せられ、維持せられる基礎となったのである。タキトゥスの伝うるところに依れば、彼が公用の記録において計算したローマにおける姦通罪の死刑の数は三千に上ったと云うことである。尤もこの三千と云うのは、何年間のことだか、一寸判明しないけれども、とにかく、猛烈なものである。

古代の国々が姦通罪に死刑を以て臨んだのは、その激しい嫉妬と執念深い復讐心とに依るものであって、昔の人の悩ましい愛慾の凄まじい現れであるが、古代には戦争が相ついで起り、男子は多く軍旅の間に日を送ったから、留守居の妻の守操に付いて、甚だしく焦慮したことが、その有力な一原因だったと思われる。

異端罪も過ぎし昔の刑罰である。欧洲中古において、キリスト教以外の宗教、しかも、キリスト教の中でも、国教以外の宗派を信仰した者は焚刑になった。

当時埋葬は正当な信者にのみ許された特権であって、異端者は埋葬に適せざる焚刑に処せられたのである。荒唐孟浪の迷信の徒のことは姑《しばら》く描くが、同じキリスト教の信者でありながら、国教以外の宗派に属する故を以て、痛ましい最期を遂げた悲しい物語の数は多い。英国では第十六世紀の初めヘンリー八世の時に新教を採納して、その次のエドワード六世、その又次の魔女王ジェーン、いずれも新教の熱心な擁護者だったが、ジェーンを却けて即位した女王メーリーは札附の旧教信者だったから、多数の新教信者を死刑に処した。惨虐の犠牲となった人は多いが、悲壮を極めたのは、前大僧正クランマーである。彼は温雅な高士だった。頻りに改宗（新教から旧教に）を迫られて、一旦改宗書に署名したが、又直に思い返して、改宗を取消した。そして、従容乎として、焚刑を受けたが、焼かれる時に、右の手を差出して、「この手があの見苦しい書面（改宗書）に署名した手だ。この手を一番先に焼いてくれ」と云って、炎々たる猛火の中で、身動きもせずに、立派な殉教者の最期を遂げた。（拙著『正義の殿堂より』第二三七頁以下参照）

異端罪の中でも、特に不思議なのは、聖書の英訳や独訳を持っていたと云う廉で、刑罰になったことである。今日では、英国人が英語の聖書を読み、ドイツ人がドイツ語の聖書を持つのは、当然過ぎた程当然のことではあるけれども、新教勃興以前は、聖書はラテン語の公本のみで、他の国語に翻訳することは厳禁せられていた。

従って、ラテン語の公本以外の聖書を持つことが、重大犯罪となったのである。

異端罪と相列んで、欧洲中古の不思議な死刑は、魔法使いに対する制裁である。魔法使いに対する裁判の記録は今日尚多く残っている。

欧洲中古において、一般に信ぜられたところに依ると、この世で悪魔と契約を結ぶと、何でも欲しい物が立ちどころに得られる。しかし、死ぬると、自分もまた悪魔になると云うのである。ドイツに古く語り伝えられた「ファウスト博士の伝説」はやはりこの思想を顕したもので、ゲーテの『ファウスト』がこの伝説を端緒とすることは、ここに改めて書くまでもない。

悪魔と契約を結ぶと云う観念と相列んで、悪魔に魅せられて、魔法使いとなると云う思想も一般に行われていた。これは、こちらから進んで悪魔と契約を結ぶのではなく、悪魔が勝手に魅するのであるが、悪魔に魅せられた者は魔法使いとなって、不思議な魔法を自然に体得すると云うのである。

当時一般の信ずるところに依れば、悪魔は好んで若い無垢の美しい処女を魅すると云う。従って、若い綺麗な女が魔法使いであると云う理由の下に、刑罰を受けた事例は尠《すくな》くない。

魔法使いに対する刑罰は焚刑である。悪魔の息のかかっている者は、焼いてしまわなければならないと云う観念から、この酷刑に処せられたのである。

しかもまた悲惨なことには、魔法使いの身体には、どこか一箇処、突かれても、刺されても、一向痛みを感じない部分があると信ぜられていた。この部分をデビルス・マークと云う。そこで、魔法使いであるかどうかを検査するために、問題となった者の全身を、プリッカーと云う小さい手槍のような物で、所かまわず突いて見る。そして、どこかに痛みを感じないところがあるならば、魔法使いだと認定せられたのであるが、何しろ花恥ずかしき若い女である、裸にせられて、頭から脚まで突き刺されては、それだけで、死んでしまう。これは死刑ではない、死刑の前提たる裁判の、その又前提たる証拠調べだが、この証拠調べにおいて、既に多くは死んでしまったのである。

可憐な魔法使いの屍骸（裁判が済んでいないから、死刑にはならないが、埋葬することは許されなかった）を棄てた遺骸は、エディンバラの巌の城の近くに、今も残っている。

湯鑊の刑と云うことは、支那の書物に散見する。石川五右衛門が四条磧《かわら》で受けた釜茹の刑がそれである。石川五右衛門の釜茹に付いては、私は真相を知らないが、どうも嘘らしい気持がする。稗史家《はいし》が支那の書物から翻案したのだろうとも思われるが、支那では実際行われたものと見える。「湯鑊甘如飴」と云う豪傑の壮語も残っているようである。

英国に湯鑊の刑があったかどうかに付いて、近頃調べて見たところが、たしかにあった。一五三〇年にヘンリー八世が毒殺罪に対して湯鑊の刑に処する旨の規定を設けた。

毒殺は同じ殺人のうちでも、こっそり一服盛るのだから、犯人にとっては安全な方法かも知れないが、いかにも卑怯な陰険な手段である。そこで、正義を高唱する英国人は特に毒殺罪を嫌うのであって、ヘンリー八世が毒殺罪に湯鑊の刑を以て臨んだのも、この理由に基くものと推測せられる。然るに、ヘンリー八世が崩じて、その太子エドワード六世が即位するや、直にこの湯鑊刑の規定を廃止した。従って、湯鑊刑の規定の存続したのは十七年間である。エドワード六世は父王ヘンリー八世の傲岸専断だったのに反して、気の優しい篤学な青年だったが、若くして肺結核で崩じた。恐らくは、エドワード六世はその優しい心情からこの残酷な刑罰の方法を変更したものと思われる。

英国において湯鑊の刑の存在していた十七箇年の間に、何人この刑に処せられたか、それは只今私の調べた程度では不明である。

英国の中世においては、異端罪等の特例を除く外は、死刑の方法は、原則として、斬首と絞首とであった。（今日では、絞首だけだが。）然るに、ここに興味のあることは、斬首は地位ある者にのみ許された光栄の死刑だったことで、丁度我国往時の切腹に相当する。旧幕時代の切腹は武士の面目を重んじた死刑の方法だったことは、云うまでもない。忠臣蔵の薬師寺じゃないが、縛り首にも行わるべきものが、切腹を仰せ付けられるのは、結構な次第だったのである。しかも、実際腹を切ったのもあったらしいが、多くは、切腹は形式だけで、三宝に載せてある四寸五分の小刀を頂いて、膝のあたりへ置くようにするのを合図に、後ろから、首をばさりと斬ったのである。芝居でする塩谷判官の切腹の仕方は、勿論事実とは相違するのである。だから、英国の斬首も、我国の切腹も、死刑の方法としては同じもので、これが光栄の死刑だったことにおいても、期せずして、その揆を一にするのである。

尤も、我国の切腹にしろ、切腹以外の斬首にしろ、首斬道具は日本刀だった。旧幕時代に諸大名がひそかに首斬役人に頼んで、自家の蔵する刀を使ってもらう、即ち切れ味を試してもらったのである。そしてそれには相当の礼金を出す。これは首斬役人の役得だったことは、公然の秘密だったようである。右のように、我国では日本刀を用いた。しかし、英国では斧を用いた。高さ七、八寸の台の上へ首を載せさせて、上から斧で切り付けたのである。然るに、面白いことには、英国でも刀を用いたことがある。

前にも一寸書いたヘンリー八世が第二番目の王妃アンを死刑に処した時、斧では痛いかも知れないと云う流石に同情の念慮から、フランスのカレイからわざわざ斬首の名人を招聘して、刀で首を斬らせた。それは既に書いたところであるが、不思議なことには、このアン王妃の正確な生年月日がわからないので、勿論死刑になった時の年齢も審らかではない。

斬首が光栄視せられたのとこれは又正反対に、支那人は一向あり難くは思わない。日本の軍政当時、銃殺に処すると、支那人はそれを斬首よりは遥かに歓迎したそうである。それは支那人の信仰に基くものであって、支那人の考えでは、死んだ時そのままの姿で極楽へ行く。斬首だと、首と胴とが離れるから、胴だけ極楽へ行くことになる。いくら極楽でも、胴だけではつまらない。銃殺だと、身体に穴があくけれども、とにかく、首と胴とがくっ附いている。人間の恰好で極楽へ行けると云うのである。

英国の中世においては、斬首と絞首とが通例の死刑方法だったと云うことは前に書いたが、この絞首は厄介なもので、首を締めた上で、四肢を打ち断ち、臓腑を摑み出し、首を切って、ロンドン市内の一定の橋の畔で曝す、これが極刑中の極刑だったのである。しかし、中世の末頃から、ただ首を締めるだけになった。

今日、多くの国は絞首の方法を執っているが、仕組は大同小異で、大抵我国でやっているのと同様である。

アメリカ合衆国では、州に依って種々の方法を執っている。電気仕掛で殺す方法を執っている州もある。

今日、文明諸国では大抵死刑の執行は公開していないが、これは比較的に新しいことで、従前は皆公衆の面前で、死刑を執行したものである。勿論見せしめのためである。英国では、犯人の現にいる監獄の所在地、又は犯罪を行った土地の死刑執行場で、死刑を執行した。犯罪を行った土地で死刑を執行するのを特に「見せしめのため」(for example's sake) の死刑執行と云う。

英国でも死刑の公開を廃止したのは、ようやく一八六八年で、私はロンドンで、若い時に死刑の執行を見物したと云う人に、しばしば出逢った。

ここに一寸面白い挿話がある。

前に書いた通り英国で死刑の公開を廃止したのは、一八六八年のことだが、この時の法律に、故意か偶然か、謀叛罪の死刑公開が廃止になっていない。従って、法律の正面から云えば、謀叛罪だけは、今日でも死刑を公開するようになっている。法律の不統一には相違ないが、謀叛罪は滅多にないものだから、つい、そのままにしてあった。然るに、世界戦争当時、アイルランド出身の退職官吏で、もと総領事にまでなっていた者が、アイルランド人を煽動して、内乱を起させる計画を立てた。勿論謀叛罪である。幸いに事前に発覚して、死刑の言渡しを受けたが、さて困ったのは死刑の公開非公開の問題である。

いくら謀叛罪の犯人でも、第二十世紀の今日、まさか公衆の面前で首を締めるわけには行かない。しかし、法律上は謀叛罪だけは公開すべきことになっている。色々考えた末に、流石は常識を誇る英国人である。うまい理窟を附けて、とうとう非公開で死刑を執行した。それは、監獄の長官は自己の支配下にある囚人の処置に付いて、自由裁量で決定し得る旨の法律がある、その法律を活用して、監獄長官の処置として、監獄の構内で死刑を執行すべきこと（即ち非公開）に決定したのであった。斯様なところは、法律の妙用とも云えよう。又或いは法律の濫用とも云えよう。それは、観る人の心ごころに依って相違するが、とにかく結果は甚だ穏当なことである。

私は大正十一年から大正十五年〔1922-26〕へかけて、英国にいたが、その頃、イングランドの死刑の執行は、エリスと云う男がひと手で引き受けていた。（拙著『正義の殿堂より』第五六五頁以下参照）。これは官吏ではない、ロンドンの理髪屋の主人で、死刑の執行を請負っていたのである。即ち、英国では死刑の執行は請負仕事になっている。その請負代金は一回に付き五ギニー（五十二円五十銭）、それに面白いことには、この外に一回五ギニーの善行賞と云うものが附く。従って一回合計百五円である。

善行賞と云うのは、おかしいけれども、死刑の執行は大抵朝のうちだが、執行の前には篤と機械を検査して置かないと、遣り損なう。絞首の準備として、最も注意を要するのは、死刑囚の体重である。この測定を誤ると、縄が途中でぷっつりと切れる。左様なことになると、死刑囚が非常に苦しむか、又は生殺しになって、生き還ることがある。古い話だが、第十八世紀中にジョン・スミスという泥棒が死刑になったが、生き還って、死刑を免除してもらった実例がある。この男は爾来「生殺しのスミス」(half hanged Smith) と云う綽名を附けられた。余談はさて置き、左様な工合だから、死刑執行の前には、機械を十分に検査することが肝心なので、例の請負人は前晩から監獄へ行く。夕食はそこで食わせてもらうので、この時には、酒も出る、十分飲食が出来るのだが、この夜は外出が出来ないと云う慣習がある。従って、請負人はこのひと夜は監獄に泊っている。この外出しないと云うことが、いわゆる善行で、これに対する賞与が五ギニーと云うわけである。馬鹿馬鹿しいようにも思われるが、在来の風習を維持しているところに、英国式の面白味はある。

スコットランドには一定の請負人はないようだが、いつも例の理髪屋のエリス老人が依頼を受けて、出張していた。料金はイングランドよりは安いようだったが、勿論旅費は支給せられる、但し汽車の賃金は三等である。

我国では死刑の判決が確定しても、念のために種々調査をした上で、執行の命令を出して、死刑を執行するのであって、これには事実上相当の日子を要するようである。英国では判決確定後三つの日曜だけは待つと云うことになっている。これをThree clear Sundaysと云う。そしてその後ほとんど直に死刑を執行するから、例えば金曜に判決が確定すると、十七日目の月曜か、その翌日位に死刑を執行せられる。随分手っ取り早いものである。長く置くのが善いか、悪いか。考究すべき問題である。勿論、慎重に調査するのは、何よりも望ましいことであるが、死刑囚の中には、むしろ早く死刑を執行してもらいたいと云う者もあるそうである。英国では昔死刑の執行の直前に、執行の現場で、五分間何もせずに待っていたことがある。それは万一赦免の沙汰があるかも知れないと云うので、待ったのであるが、この五分間は死刑囚にとっては、最も苦しい時間だったと云うことである。勿論一概には云えないことだが、ここにも熟慮すべき問題はある。

疾風魔の話

アメリカ式とも云えよう、近代式と云えるかも知れない、急テンポな、恐ろしい犯罪の物語である。人間の弱いところ、強いところ、浅ましい点、もの凄い点がまざまざと顕れている。尤も、それは観る人の心ごころに依って、如何ようにも見られるだろうが、ここには、事実だけを紹介する。時は現代、場所は北米合衆国、人物はグレンとアイリーニと云う若い男女である。

アメリカ東部の小さい町の牧師の家に生まれたグレン・ダーグは、誠実な小心者で、内気な勉強家だった。最初は日曜学校の教師を勤めていたが、後には自動車会社の外交員になって、まずは相当の収入にあり附いた。

日曜学校に勤めていた頃、同僚の女教師と相許して、めでたく結婚した。相愛の夫婦は円満な日常を続けて、数年の間に、二人の子供が授かった。

グレンは前にも書いた通り、内気な男である。眉目清秀の美丈夫で、音楽の趣味深く、自分自身も器用な声でよく歌を唱ったが、何しろ厳格な家庭に生まれ、しかも、日曜学校の教師を振出しに、社会へ出て来た青年である。素行に付いては、一点の批難の余地もなかった。ましてや、初恋の女が則ち最愛の妻で、これが又、優しい綺麗な婦人である。かくして、平凡だが、幸福で、変化はないが、無難な月日を重ねて、グレンは三十の春を迎えた。

或る日、グレンが自動車を操縦して、ホイーリングの町を駆けていた時、若い女にぶつかった。あっと思って、直に旨く車を止めたから、その女は足に極めて軽い擦過傷を受けたに過ぎなかった。

グレンは頻りにあやまったが、女はにこにこして、何ともないのですよと云う。ともかくもお宅までお送りしましょうと、女を自動車に乗せた。

二十を少し出たかと思われるが、小太りに太った丈の低い女で、決して人並以上の容姿ではなかったけれども、瞳には無邪気な色が輝いて、何でも無遠慮にさばさばと云ってのける。要するに、快活な無教育の女だった。

女はアイリーニ・シュレイダーと云って、附近の小料理屋の給仕女だと云った。

グレンはアイリーニを、その勤めている小料理屋へ送って行った。そこで、一緒に食事をした。

この食事の間に、魔がさしたとでも云うのか、グレンは一切をアイリーニのために擲って、そして、一切をアイリーニから得ようとした。妻子を棄て、地位職業を見限って、アイリーニと終生を契ろうとした。

内気な、真面目なグレンは一瞬にして、炎の恋の人となった。さても怪しいものは恋である。

自分には、妻もある、二人の子供もあり、地位もあり、職業もあるが、今その全部をここに放擲する、と、切なる心をさらけ出して、グレンはアイリーニに、結婚を申込んだ。

しかし、アイリーニはそれに取合わなかった。

「あなたは私を大変買冠っていらっしゃるようだけれど、私が何をしているか、何をして来たか、それをあなたは御承知でしょうか。男は誰でも私の男なのです。いいえ、男と云う男は、みんな私の男になれるのです。」

ここで、アイリーニの過去を一瞥する。

アイリーニは赤貧の家に生まれた十四人の子供の一人である。数多い兄弟姉妹はいずれも社会の下層に沈淪しているので、そのうちには懲役に行った者もある。勿論、アイリーニは学校へはやってもらえなかった。小さい時から、兄夫婦、姉夫婦の手伝いや、弟妹の世話にこき使われて、犬馬にも劣るような日常を続けていた。十五の時に、下級の鉄道工夫と結婚したが、愛のための結婚ではない、食うがために、この結婚を択んだのであった。十六の歳に、ドニーと云う男の子を生んだ。食うための結婚だったが、亭主もやはり素寒貧で、とても妻子を養って行くことが出来なかった。アイリーニは十八の時に、亭主に棄てられた。

三つになるドニーを抱えて、アイリーニは途方に暮れてしまった。幾度も淵瀬に身を投げようとしたけれども、いつもドニーの愛に牽かされて、自殺は出来なかった。それから、列車の掃除女や、日雇稼ぎになって、一日に十四時間から十六時間も働いて、やっとその日を暮らしていた。

アイリーニが二十になった頃は、小料理屋の給仕女をしていた。勿論、収入は少ない。貧乏な、無教育な、若い女の落着く先は、大抵きまっている。最も賤しいと云われる商売も、アイリーニにとっては、生きるがためには、到底却け難い誘惑だったのである。

ここに、一つ不思議なことがある。アイリーニは苦労をするために、この世の中に生まれて来たような女である。赤貧の家の十四人の子供の一人で、幼少な頃から、劇しい労働に駆使せられていたのである。

異性との葛藤の経験はあるが、それは愛欲のためではなく、むしろ食欲のためである。歓楽を逐い、趣味を求めることとは、彼女とは全く別の世界に住む人達の閑事業である――と、少なくとも、彼女は考えていた。勿論、学校へ行ったこともなければ、人からものを教わったこともない。文字の如きは、毎朝その日のパンを得るのに、先ず以て頭を悩まさなければならない者にとっては、全く無用な、贅沢な道具である。然るに、いつの間にか、アイリーニは読み書きを、ひとりでに覚えていた。小説を拾い読みすることが好きで、相当沢山な作家の名前にも親しんでいた。後に、彼女は自叙伝めいたものを書いているが――どこまでが、真に執筆したもので、どこまでが口授であるか、実はよくわからないものだが――卒直な言葉の間に、ちょいちょいと器用な創作的技巧を見せている。

グレンが偶然の機会で、アイリーニと始めて逢って、熱烈な恋に悶えたのは、グレンが三十、アイリーニが二十の時であって、この頃、アイリーニは或る線路工夫の世話になりつつ、小料理屋の給仕女をしていたのだが、アイリーニはグレンの切実な恋を軽くあしらっていた。アイリーニはこれまで食うためにいろんな男と一緒になったり、離れたりしていたけれども、真面目に愛されたこともなければ、真剣に愛したこともなかった。左様な工合で、やはり、宜い加減に、旦那の線路工夫とグレンとを操っていたが、アイリーニは懐妊した。誰の子だかわからないが、後に、それはグレンの子だったと、彼女は語っている。

その子は死んで生まれた。死児を分娩した刹那に、生まれて始めて、一生懸命な、生一本の愛欲の心がアイリーニの全身に漲って来た。アイリーニは始めてグレンの熱烈な恋を理解したのである。

グレンは既に妻子を棄て、地位職業を擲っている。アイリーニも弊履の如く、旦那の線路工夫を見限って、お互いに無一文のグレンとアイリーニとは、陋巷に愛の巣を築いた。

グレンは定職を失ったのだから、その日その日のパンのために、街頭でマッチを売ったり、溝浚いに雇われたり、凡そあらゆる機会を捉えて、あらゆる劇しい労働に従事した。一日働いて家へ帰ると、アイリーニが待っている。アイリーニは今は暗い過去の夢を忘れて、グレン一人を天とも地とも思って、大切にしている。アイリーニの先夫の子ドニーも丸々と太って来た。丁度六つになる。父ちゃん父ちゃんと云って、グレンにまとい附く。これが又この上もなく可愛い。

しかし、貧苦はだんだん募って来た。或る日、グレンが植木屋の手伝いに雇われていたが、馴れない仕事だから、高い梯子の上で、足を辷らせて、真っ逆様に、地上に落ちた。かなり重い怪我で、ひと月余りの間、ベッドの中で唸っていた。アイリーニは甲斐甲斐しく、世話をして、その看護の効に依って、グレンはまず快方に近づいたが、目星しい物は皆売払ってしまった。いよいよ一片のパンにもあり附けなくなった時に、アイリーニは一張羅の上着に着換えて、外出しようとした。

「どこへ行くのだね?」グレンは訊ねた。

「お金の工面に……」アイリーニは寂しく答えたが、近頃めっきりやつれた彼女の頬を、大きな涙がぼたぼたと流れた。

グレンはベッドから飛び起きた。アイリーニが金の工面をすると云う、彼女はかつて長らくの間、金の工面をしていた、男から金を取っていたのである。グレンと同棲してからは、この忌まわしい生業をさっぱりと棄ててしまったのだが、今背に腹を代えられない悲痛の刹那に差迫って、彼女は最愛の夫のために、再び道ならぬ道を踏もうとしたのである。しかし、勿論、グレンはそれを欲しなかった。

「待て、俺も一緒に行く、こうなったら、破れかぶれだ。」

グレンはかく絶叫したのであった。

二人は着物や家具を七ドルで質に入れた。そこで、二挺の拳銃を買って（古道具である）、郊外へ行って、丁度たった一人でギャレージの番をしていた老人に、拳銃をつき附けて、シヴォレの自動車と現金十ドル余とを強奪した。グレンは牧師の子で、日曜学校の教師をしていた男である。それが、恐ろしい拳銃強盗になってしまったのである。

それから、二人は良い拳銃と買換えて、強奪した自働車にドニーを乗せ、北の方、バトラーの町へ進んだ。

ホイーリングからバトラーまでは、八十マイル。親子三人自動車に乗って、強盗及び殺人を相ついで犯す、世にも奇怪な、凄惨な旅物語は、これから始まるのである。

しかしながら、私は忌まわしい犯罪の態様を、如実に記述することを好まない。次から次へ、迎接にいとまなき兇暴のかずかずを、極めて簡単に書き続ける。

バトラーの町で、ドニーを自働車に残して、グレンとアイリーニとは乾物屋に駆込んで、店番を縛り付けて、四十ドルばかりを強奪した。白昼拳銃をさし向けての脅迫である。そして、又自働車に乗って、飛出した。

間もなく、二人の巡査が自動車を止めて、不審訊問を試みたが、アイリーニは突如として、巡査に向って発砲したので、巡査も同じく拳銃で応戦した。グレンもこの戦闘に参加したことは、云うまでもない。巡査の一人は即死し、他の一人は重傷を受けて、昏倒した。悪漢男女の二人はドニーを真ん中に、自動車で疾走する。

三人の乗っている自動車は、ホイーリングで強奪したシヴォレだが、大分痛んでいて、速力が鈍いのみならず、同じ自働車では直に足が附く。困ったことだと思っているところへ、向こうから、新しいクライスラーの自動車が、勢いよく駆けて来た。早速それを呼止めて、例の拳銃をつき附けて、新婚らしい若い男女を引摺りおろして、自分達はそれに乗移った。

かくして、途々、例のホールド・アップで、ガソリンも注ぎ込む、三度三度の食事にもあり附く、茶が飲みたければ、茶、菓子が食いたければ、菓子、ドニーのために、度々玩具屋を脅迫して、玩具も十分に分捕った。親子三人連れの移動式強盗団である。

斯様に、ペンシルヴァニヤ、ウエスト・ヴァージニヤ、オハイオ三州の町々村々を荒し廻って、強盗五十余回、自動車を換えること約十度、ベレーヤの町で、アイリーニの姉を訪ねて、ドニーを預け、いよいよグレンとアイリーニとの悪漢夫婦の強盗の旅となる。

二人は自動車の旅を続けて、更に強盗及び殺人の罪を重ねたが、遠くテキサス州に渡り、そこで偶然に、一人の脱獄囚ジョー・ウエルスと云う男を拾い上げた。

グレンとアイリーニのうちでは、アイリーニの方が、剛胆で、残忍だった。一番最初に巡査を殺したのも、アイリーニである。いざと云うと、女の方がひどいことをするものと見える。然るに、ジョーは生まれながらの悪党で、メキシコ境を荒していた強盗常習犯である。このジョーが顧問ともなり、参謀ともなったのだから、彼等の犯罪に更に一段の凄味を加えたことは、云うまでもない。

彼等はカリフォルニヤへ落着いて、そこで農夫になる考えだった。グレン夫婦は合衆国の東北の隅から西南の果てまで、来てしまったのである。

今ひと息で、目的地たるカリフォルニヤへ着く。そこへ着いて、無数の出稼ぎ農夫のなかに紛れ込んでいれば、もう大丈夫だと云う、彼等にして見れば成功の正に頂点期に達せんとした時に、彼等に対する追撃は遽に急激となって、アリゾナ州のフロレンスで、危く一人の方面委員に捕まるところだったが、あべこべに、それを人質に取って、自動車の旅を続けた。

オクラホマ州のチャンドラーの近くで、警官隊の追撃を受けて、又もや白兵戦を演出したが、警官隊には二、三の死傷者が出来て、悪漢側では、気の毒なことには、人質の方面委員だけが射殺せられた。

しかし、最後の日は遂に来た。アリゾナ州のガイラ河に近い曠野のなかで、警官隊と共同動作を執っているインディアンの多数の部隊に包囲せられ、しかも、空中から、飛行機の襲撃を受けて、グレン、アイリーニ、ジョーの三悪漢は追撃隊に降服した。


グレンとアイリーニとが合衆国の東北ペンシルヴァニヤ州の一都会を振出しに、西南アリゾナ州の山の中で逮捕せられるまで、自動車で荒して廻った区域は、真っ直な径路を辿ったとしても、三千余マイル。この日数は三週間。強盗無慮百余回、殺人も十件の多きに上る。

荒し廻っている間にも、グレンとアイリーニとには、人情的の挿話がある。

三週間の暴虐な旅の間に、部屋のなかで休んだのは、ミズーリ州のセント・ルイスの裏町の安下宿における二日二晩だけだった。ここへ逃げ込む時にも、人殺しをやって来たのだったが、グレンも頸に銃傷を帯びていた。二人は下宿へ入るや否や、ぐっすりと眠ってしまったが、アイリーニが目を覚ますと、グレンがいない。新聞を買いに行ったのである。その留守の間に、流石は女である、アイリーニは鏡を見た。

幾日か振りで、自分で自分の顔を見て、流石のアイリーニも仰天した。男装をしているのだから、髪は無造作に束ねてある、油と汗とで、顔が真っ黒になって、犯した罪のかずかずは、形相を悪鬼の如くに変えていた。アイリーニは既に覚悟はきめていた。捕えられることを、怖ろしいとは思わなかったけれども、たった一つ、アイリーニにとって心配なのは、最愛のグレンに棄てられはしないかと云うことだった。この顔では、百年の恋も醒めるだろう。グレンの帰らない間にお化粧をしようと、人を殺す拳銃の引いた指で、おしろいを解かし始めた。丁度、そこへ、グレンが帰って来た。アイリーニの化粧姿を見て、グレンはわっとばかりに泣き伏した。

下宿屋でふた晩寝た外は、いつも、自働車のなかで眠った。困ったのは、風の烈しい夜だった。山の中や草の蔭に、人目を忍んで眠るのだから、火の気のない自動車のなかへ、膚を刺す寒風は真っ直に襲って来た。アイリーニが目を覚ますと、グレンの外套がアイリーニに掛けてある。そこで、アイリーニは熟睡した風を装っていると、グレンも安心したと見えて、うとうとと眠る。すると、アイリーニはそっと起きて、外套をグレンに掛けてやった。今度はグレンが目を覚ます。そして、驚いて、アイリーニに外套を掛けてやる。一枚の外套が夫から妻へ、妻から夫へ、幾度も掛け代えられている間に、夜がようやくにして明けて来た。

アリゾナ州で、方面委員を人質に取った時のことである。グレン、アイリーニ、ジョーの三人に囲まれて、方面委員も一緒に野宿をした。この方面委員は日曜学校の教師で、グレンとよく話が合う。二人が親しげに、神様の話、予言者の話、聖書の話をするのを聴いて、アイリーニは恍惚とした。自分の最愛のグレンが、斯様なむずかしいことを知っているのだろうか、自分にはよくはわからないけれども、グレンは余程の学者に違いない。斯様な学者が、自分のような下らない女に身を任せてくれたのか、有難い、勿体ないと思うにつれて、涙が止めどもなく流れて来て、彼女は遂に声を挙げて泣いた。

旅の間に、たった一度、グレンとアイリーニとが喧嘩したことがある。グレンは、もし捕まったら、一切の責を自分が負う、お前は何も知らぬ存ぜぬと言い張って、罪を免れるようにしろ、と云ったが、アイリーニは、いいえ、死なば諸共です、あなただけは、どうしても殺しませぬ、と答えて、これだけは徹頭徹尾、グレンの申出を拒絶した。


法廷で、グレンは、自分が一切の悪事を働いたのであった、妻は全く関係がない、と云い、アイリーニは又、いいえ、それは偽りで、私が人殺しをしたのです、夫は何も知らなかったのです、と述べた。

二人は有罪ときまって、死刑の宣告を受けた。

アイリーニの三人の姉が傍聴していた。死刑と聴いて、三人はわっと泣き出した。これを見て、アイリーニはぐっと睨み付けた。

「何だね、見苦しい、死刑になるのは、当り前のことじゃないかね。」

ジョーは別事件として審理を受けたが、これも、死刑の言渡しを受けた。

魔人の魔薬の話

死のような町の寂しい場末である。真っ暗な闇のなかに、ひと際黒い影がうずくまっている。うずくまっている黒い影は、からからと笑った。

黒い影は人間である。骸骨のように、瘠せてはいるが、声は高い。年は七十か、それとも、八十か、この不思議なインドの国の、川端、岩蔭に、ともすれば見受ける、不思議な魔法師である。

魔法師はからからと笑った。笑われたのは、怪傑クライヴの麾下に驍勇の誉れ高きアイルランド出身の陸軍大尉ドネランである。地上に胡座した魔法師の前に、ドネラン大尉は立っている。場所はマドラスから北へ百里、インド半島頸部の東岸の要港、マスリパタムの郊外、時は一七五九年、英軍が寡勢を以て、仏国ド・コンフラン侯の大軍を撃破して、このマスリパタムを占領した数日後のことである。

ドネラン大尉が初めてこの魔法師を知ったのは、この前日だった。英軍がマスリパタムを占領すると共に、市民に重大な賦課を命じた。占領地の住民から、その財産の幾部分を取立てるのが、その当時の慣例で、云わば勝利者の権利であって、この権利を獲得することが、戦争の目的の一つだったのである。マスリパタムには富豪が多かった。そして、その多くの富豪から、沢山な賦課金を取立てる役目を、占領の際の殊勲者ドネランが仰せ付かったのであった。然るに、ドネランは攻城野戦に卓越した技倆を持っていたけれども、その品性はむしろ卑しく、好んで夜の歓楽を送ったがために、無理な借金も嵩んでいたが、マスリパタムの富豪から賦課金を取立てるに当って、巨額の賄賂を取ったのであった。贈賄者はドネランに多額の金品を提供して、それ以上に莫大な賦課金を免除してもらったのであるが、やはりお礼の意味において、地続きに住む老魔法師に紹介した。インドの魔法師は、この世に地獄の道を伝うる恐ろしい怪行者である。凝脂に百花の薫りを残す化粧の水、常世の春を鍾《あつ》めて、永く愛欲をほしいままにせしむる秘密の薬、一滴たちまちにして虎豹を斃《たお》す恐ろしい毒液、それ等の薬剤を見せてもらって、流石のドネランも吃驚したのである。

それは前夜のことである。

今宵、ドネランは再度老魔法師をひそかに訪ねて、宿舎に鼠がいて困るから、鼠取りの薬を売ってもらいたい、と云った。

その時、例の魔法師が大きな声で、からからと笑ったのである。

老魔法師は語る――

「鼠を殺すのですって？　それが可笑しいのじゃ、ははは、旦那は英国のえらいお方じゃ。えらいお方には、えらい目的がありますわい。いいや、お隠しには及ばぬ。このインドの乞食には、それがはっきりとわかっておりますわい。旦那の殺したいと思われるのは、二本足の鼠じゃ。はて、宜しうござりますわい、二本足の鼠じゃ、大きな鼠じゃ。人間には、因果と云うものがござりましてな、今月今夜、このインドの乞食が英国の旦那様に、人を殺す毒薬を売ることは、前世から定まっておりまする。何事も因果じゃ、宿縁でござりまする。宜しい、売りまする。いや、旦那は買わねばならぬ。この乞食は売らねばなりませぬ。

鼠取りの薬もござります、人間の命取りの薬もござりまする、即ちこれじゃ。それをひとしずく、この牛乳のなかへ入れまする。そこで、これ、この大蛇じゃ、丈は二丈もござりましょう、恒河の主の使い姫で、賢い奴ではござりまするが、流石は畜生、それ、飲みまする、飲みまする。

さて、これからじゃ、ようく御覧じろ、一つ二つ三つ……可哀想に、大蛇はこれから苦しみまする。そうれ、のた打って、苦しみますわい、唸りますわい、恒河の主の使い姫殿、宿縁じゃ、諦めて下され、そうれ、七転八倒、そうれそれ、蛇は執念深いものじゃが、むごたらしく、くたばりました。これが則ちこの乞食の人殺しの秘薬でござりまする。

まずこの通り、品物に偽りはござりませぬ。二本足の大鼠も、ころりと、これで参りますわい。そこで、早い話が値段じゃ。値段は高うござりまする。はて、相手は人間じゃ、人間を殺す薬は、安うござりませぬ。

旦那も金がお好きじゃ、ははは、よう存じておりますわい。生きながら、地獄の鬼と物を言うこの乞食じゃ、わかっておりますわい。旦那も金がお好きなら、この乞食も金が大好きでござりまする。結構なものは金じゃ、貴いものじゃ、名誉も、地位も、栄華も、歓楽も、若い乙女の美しい膚も、いや、膚ばかりじゃござりませぬ、清い乙女の優しい心でさえ、やはり金で買えまする。金じゃ、金じゃ、金ほど有難いものはござりませぬ。この乞食は大好きでござりまする。因果とは申すものの、宿縁とは云うものの、ありようは、金でござりまする、値段次第でござりまする……」

ドネラン大尉は遂に毒薬を買ったばかりでなく、その製法——或る樹葉から煎じ出すのである——の伝授をも受けた。勿論、十分の代償を払って。

去るに臨んで、ドネラン大尉は問うた。

「お前さんは占いをやるかね？」

「占いですって？　ははは、占いは本職でござりますわい。」

魔法師はかく答えて、結局、ドネランの将来を占ってやることになった。

老魔法師は小さい銀の鉢に、何か黒い汁を少し注いで、声高く、呪文を唱えた。そして、それを机の上に置いて、ドネランに、鉢の中を覗けと云った。

暗い魔法師の小屋の中である。微かに光る魚油の灯に、銀の小鉢は見えるけれども、鉢のなかは真っ暗だった。

何も見えないと云うと、じっと覗いておれと言う。

じっと覗いていると、不思議に、真っ暗な小鉢のなかに、青白い影がさして来て、早暁の東の空が次第次第に明け初めて行くように、光は漸次強くなって、今は既に真昼の如く、晃々として、両眼を射たのみならず、円周わずかに三寸を出《い》でないと思われる小鉢の底は、眼界頓に開けて、新たに一天地をそこに望むの観があった。

壺中の天地に、見よや、楼閣あり、大道あり、犬馬互いに趨って、樹上に禽語を聴く。前面に多数の士女が堵列し、凝視して、何物かを待つ風趣である。それが、英国の本土の田舎町の光景には相違ないが、ドネランには全く未見の土地だった。人はもとよりことごとく英国人である。「死刑死刑」と云う声が聞こえる。なるほど、遠い一角に、高く絞首台が立っている。やがて、前面から向こうの方へ、今この鉢の中を覗いているドネランに脊《せ》を向けて、死刑囚とそれを取巻く吏員の一行とが、しずしずと進んで行く。人々はそれを歓呼する。（当時英国の死刑は公開の場所で執行せられた。）人々はいずれも衷心深く死刑囚を憎んでいるようだったが、たった一人、若い婦人が忍びやかに泣いている。泣いている婦人の前で、死刑囚はその婦人を見ようとして、これまで前面から向こうの方へ、即ち、ドネランに背を向けて歩いていたのが、ちょいと横を向いた。死刑囚が横を向いたから、ドネランはその横顔を見ることが出来た。その刹那、あっと叫んで、驍勇の大尉ドネランは、床《ゆか》の上に倒れた。

死刑囚の顔は、ドネラン自身の顔だったのである。

ドネラン大尉は銀の小鉢のなかで、自分自身が死刑になる光景を覗いて、卒倒したが、まもなく回復して、宿舎へ帰った。高い値段で買った毒薬は、勿論、内懐に深く隠していた。

ドネラン大尉が毒薬を買った理由はわからないが、その翌暁に、ロス少佐が急死した。夕食の時、葡萄酒を飲むと、遽に苦しみ出して、悶絶したまま、手当の効がなかった。炎熱の地方で、軍務に過労のため、脳溢血になったと云う診断だった。

ドネラン大尉はロス少佐と特別に懇意にしていたから、直ぐに駆け付けて、色々世話を焼いていたが、この葡萄酒は腐っているのだろう、誰か又間違いがあってはいけないと云って、まだ壜に大分残っていたのを、惜し気もなく、棄ててしまった。ロス少佐の書類も、すべてドネラン大尉がそれぞれ処分した。

ロス少佐の死因に付いては、何等の嫌疑も起らなかったが、ロス少佐はドネラン大尉に多額の債権を持っていて、近頃頻りにそれを催促していた。ドネラン大尉も手詰の談判に逢って、いよいよ返済すると定めた約束の期限が、ロス少佐の急死の晩だったのである。尤も、この貸借は賭博の金で、いわゆる盆茣蓙の上の勘定だった。陸軍の高級士官がお互いに博奕を打って、その遣り取りに悶着を起すと云ったようなことは、今日から考えると、にがにがしい次第ではあるが、何しろ、東インド商会の一書記クライヴが、風雲に乗じて、総司令官となり、三軍を叱咤して、当るを幸い、切り斃《たお》し、薙ぎ倒し、滅多やたらに活躍していた乱世変態の当時のことである、博奕ぐらいのことは、尋常の茶飯事に過ぎなかったのであろう。それはとにかく、ロス少佐の貸金は賭博の勘定残高なので、正式な証書もなければ、立会人もない。ロス少佐の急死と共に、一切が闇から闇へ葬り去られた。

ロス少佐の怪死は、遂に何等の問題を醸さなかったけれども、ドネラン大尉の瀆職事件――マスリパタムの富豪から賄賂を取った事件――は法廷に持出されて、ドネラン大尉は有罪の判定を受け、官職褫奪《ちだつ》の上、本国へ召還せられた。しかし、この判定は後に軽減せられて、従前の名誉だけは保持し、俸給の半額を支給せられることになった。つまり、我国の休職に似た待遇である。

それから幾星霜を閲した後のことである。

ロンドンの西五十里、ソマセット州の名邑バスは、美しいアヴォンの流れに沿い、なだらかな丘陵に拠って、花の咲いたような町であって、温泉に依って、昔から知られている。バスの名は勿論温泉から出たのである。伝説に従えば、ブレイダッドと云う王子、業病に悩んだが、豚がこの温泉で傷を癒すのを見て、ここに浴して、全治することを得た、その王子が温泉最初の発見者だと云う。有史の世になって、ローマ人がここに大浴場を建設した。このローマ人の大浴場はその後地中に埋もれていたが、一七五五年に発掘せられて、バスの繁昌は遽に倍蓰《ばいし》し、縉紳ここに蝟集して、衣香扇影の場裡ともなり、士女競逐の社交の中心ともなって、娘を持った母はここで婿を物色し、息子を連れた父はここで嫁を選択した。丁度そのバスが男女見合の絶好の場所となった頃、一七七六年の末、ウォーウィック在（ロンドンの北五十里）の準男爵家で、大金持のサー・エドワード・ボートンの未亡人が令嬢を伴って、ここへ来た。

ボートン母子のバス訪問の目的は、令嬢が少し胃腸を害しているので、温泉の水を飲みに来たと云うのであったが（英国人はバスの温泉を、浴用以上に飲料用として尊重する）、年頃の令嬢のために、配偶を求めるのが、その真意だったのである。

ボートン母子が長い馬車旅行で、ぐったりとくたびれて、バスへ着くと、よくあることだが、ホテルが皆満員で、やっと落着いた部屋には、ベッドがない。これは困った、私はこの歳になるまで、ずうっと、カーテン附きのベッドで寝て来たのだ、どうして、床《ゆか》の上になんか、眠られるものかね、と云うのは未亡人。私だって困るわ、と言うのは令嬢。財産家の淑女達には、勝手者が多い。大きな声で、泣かぬばかりに、がやがや云っている。

そこへ、静かなノックと共に、隣の部屋から、一人の紳士が入って来た。紳士は四十位の年配だが、いかにも男らしい、きりっとした容貌で、その服装には、一寸の隙もない。石竹色のサティンの上衣に、同じ色のチョッキ、半ズボン、それには皆、金の縁が附いていて、鬘《かつら》、襟、袖は雪白に輝き、靴は漆のように光っている。すべて、ロンドン最新流行の粧飾で、いくら地位があり、財産が多いとは云え、ウォーウィック在の田舎に育ったボートン母子は、あっとばかりに驚いた。

紳士はいとも慇懃に一揖《いちゆう》して、さて、お聞き申すと、ベッドがなくってお困りの様子、幸いに、私の部屋には、二人前の大ベッドがある、そこへゆっくりと御休息が願いたい、なあに、私は軍人で、インドへ出征中には、敵の屍骸のなかで、三日三晩暮らしたこともある、貴婦人の御用ならば、水火を厭わないのが男子の本分、喜んで、部屋をお代え申す、と云って出た。

この紳士こそ、疑問の怪士官ドネラン大尉で、インドから帰った頃には、瀆職に依って得た不浄の金品を、巧みに隠し持って、それをロンドンの社交界で、大っぴらに振りまいていた。世に稀な大型の金剛石を指環に嵌めて、「ダイヤモンド・ドネラン」と云う綽名で、浮いた女に持て囃されていた。しかし、勿論、悪銭は身に着かない。歓楽の巷で、湯水のように使ってしまって、今は女蕩《たら》しを収入の資源としている。例の金剛石はとっくに売り飛ばして、硝子玉を以て代用している。バスのホテルで、自分の部屋をボートン母子に提供した時には、宿賃が大分滞っていたのであった。

ドネラン大尉はアイルランドの陸軍大佐の息子だが、幼少な頃から乱暴で、十二の時に家を飛び出し、放浪の末、インド遠征軍に参加したのであった。しかし戦争は上手で、少しの間に、大尉に昇進し、諸所に殊勲を立てたが、その手柄話を、多年手に入った女蕩《たら》しの口調で、面白可笑しく聞かせたから、ボートン母子は瞬刻にして、ドネラン大尉に魅せられてしまった。母は、三国一の婿がねだと思い、娘は、世を契るのは、広いこの世にこの人を措いて外にはない、と恋の炎に胸を焦せた。ボートン家は名門である、その親類縁者は盲ばかりではない、ドネランの過去及び将来に対して、深い疑念を挟む者もあったけれども、令嬢の恋は激烈で、未亡人の同情は痛切だった。一門の批難を排して、花恥ずかしい令嬢は、中年の休職士官ドネランと結婚した。

ドネランも心からの悪党ではない、新夫人の清い思いは、衷心感謝して受け入れた。自分も限りなく新夫人を愛したが、例の濫費癖は生活の安定と共に、益々募って、新夫人に属する巨万の財産は、朞年《きねん》ならずして、飛んでしまった。

ボートン家の当主はセオドシアスと云う青年で、ドネラン夫人の弟である。男一人女一人の同胞で、姉がドネランに嫁し、弟が準男爵家を相続しているのだが、セオドシアスはオックスフォードを中途で退学して、ウォーウィック在の邸宅に帰っている。そこには、母の未亡人もドネラン夫婦も一緒に住んでいる。ドネランは新夫人の財産を蕩尽して、夫婦で、ボートン家の居候になっていたのである。

ボートン家の莫大な財産は、姉のドネラン夫人と弟の当主セオドシアスとに二分せられたのだが、姉の方はドネランにすっかり使われてしまって、今は当主専属の財産だけが残っている。


ボートン家の当主、青年貴族のセオドシアスは急逝した。一寸した風邪の工合で、近所の薬屋から水薬を取寄せて飲んでいたが、二、三回目にひと口飲むと、直に悶絶して、遂に蘇生しなかったのである。

ここに注目すべきことは、多々存在する。(一) セオドシアスは常にドネランを嫌っていた、(二) ドネランは香水の醸造研究と称して、この数月来、一室に閉籠って、いろんな試験に没頭していた、(三) 十数年前に、インドのマスリパタムで、老魔法師に、或る樹葉が殺人毒の原料になることを教わった、その樹葉を彼は近頃頻りに集めていた、(四) この数日の間、彼はセオドシアスの薬瓶の置場所に付いて、特にやかましく小言を云っていた、(五) セオドシアスが悶絶するや否や、ドネランが飛込んで来て、薬瓶とコップとから、残りの薬を池のなかへ流してしまった (ロス少佐の死んだ時にも、この手を遣った)、(六) ドネランは今極度に窮乏している、セオドシアスが死ぬると、その財産はドネラン夫人に落ちて来る——

＊

ドネランは殺人罪の廉に因って、死刑の宣告を受けた。法廷で、彼は極力否認したけれども、専門家の鑑定を始めとして、彼に不利な証拠が、続々として提出せられたのであった。

一七八二年の四月一日、朝の七時に、死刑が執行せられた。絞首台の上で、この世の最後に、あたりを見廻して、彼は思わず、あっと叫んだ。二十一年の昔、インドのマスリパタムの老魔法師の怪しい小屋で、銀の小鉢のなかに、英国の田舎の景色を見た。英国とは気附いたが、さて、英国の何処ともわからなかった、その場所はここである。その時、壺中の天地に顕れ来たった多くの人々が、死刑囚を歓呼するなかで、たった一人、泣いている女があった。それは今、自分の脚下に、熱涙に咽ぶ我が妻である。

「何事も因果じゃ、宿縁でござりまする。」呪いの言葉のように、老魔法師の言葉が、耳の底を衝いて来た。

不思議な最後を遂げた教授の話

一九二二年に、英国のカーナヴォン卿がツタンカーメンの古墳を発掘してから、エジプト古代の研究が更に又一層の刺激を受けたことは、読者諸君の既に御承知のところであるが、このツタンカーメンと云うのは、エジプト第十八王朝の末期の国王で、紀元前一三四〇年の頃に、十八歳で崩じている。国王としては、別にとり立てて云う程の治績も残していないようだが、その墓はこれまでに発掘せられたもののうちで、最も完全なものの一つで、金銀珠玉をちりばめた幾多の貴重品がその中から出て来たので、東西の学者は今更ながらエジプト古代の栄華に驚嘆したのであった。

本篇の物語も、エジプト古代の研究のために、その史蹟を発掘したことから起って来るのであるが、比較的に新しい出来事である。

ドイツのエジプト古代の研究家、フォン・グルーバウ教授もやはりエジプトへ出張して、遺蹟の発掘に没頭していた。発掘の場所はナイル河の中流に当る地方だが、発掘して来た物品の調査は、カイロで行うのである。グルーバウ教授はカイロの博物館の一室を借りて、そこを自分の研究室のようにしていたのであった。

グルーバウ教授は頑固で、無愛想で、傲慢で、無作法だった。誰もその学識には敬意を表していたけれども、人間としては、最下級の勝手者だと云うのが、定評だった。ホテルの給仕、発掘のための雇人、巡査、兵卒、凡そ教授を知る者のことごとくは、蛇蝎の如く教授を嫌ったばかりでなく、同じ研究仲間の学者のなかですら、決闘を申込んだ者もあったような工合だった。

グルーバウ教授は令息を伴っていた。エリックと云って、ドイツの大学を卒業したばかりの青年だが、流石に親子の関係は争えないもので、顔かたちから姿まで、父の老教授そっくりだったが、性格はまるで違っていた。教授の偏屈なのに対して、これは極めて快活な方だった。教授は極端に不評判だが、令息はどこへ行っても、好感を以て迎えられた。

右に書いたような次第で、グルーバウ教授を相手にする者は、誰もいなかったが、令息のエリックだけは、父の面倒をよく見ていた。それから今一人、博物館の当直小使いのホーキンス、これは土人だが、不思議にこの男だけは、教授に好意を持っている。

本国ドイツにおいてはいざ知らず、少なくとも、エジプトの広い天地で、グルーバウ教授と親しく口をきくのは、令息のエリックと博物館の当直小使いホーキンスとの二人だけだった。

或る夜、例に依って、グルーバウ教授が博物館の地下室——自分の研究室として、その専用を許されていた——で研究中、何者かに殺された。

当直小使いのホーキンスがそれを発見したのは、午前二時十五分。時を移さず、ブリッグス刑事部長が現場を臨検した。ブリッグスは英国人である。英埃両国の関係は随分複雑なものだが、要するに、実質においては、エジプトは英国の保護国たる地位から脱却していない。従って、警察の方面でも、首脳部は大抵英国人が占めている。ブリッグスも有能な警察当局として、英国から呼び寄せられていたのであった。

殺された日のグルーバウ教授の行動は次の通りである。

いつもの通り、教授は令息を伴って、カイロから十数里南の古墳へ行って発掘していたが、いつもの癖で、土人の人夫を殴ったり、怒鳴ったりして、大分彼等の反感を買っていたが、発掘の成績はすこぶる上出来だった。殊に第三王朝期の見事な椅子を掘り当てたのは、近頃の大手柄だった。第三王朝期と云えば、その年代に付いても、史家の間に異論はあるが、多くの学者に依って肯定せられるマネトの計算を根拠にすると、紀元前四九九一年から同じく四七七七年までに当る。マネトは紀元前三世紀代のエジプトの僧官で、その手に成るエジプト歴史は余程有力なものになっている。何しろ、ピラミッドの始めて作られたのは、この第三王朝期で、その時代の椅子を発掘したことは、勿論見事な成功に相違ないのである。

教授父子は日のあるうちに、カイロへ帰って来た。勿論、多数の発掘品を携えて、ホテルへは帰らないで、真っ直に博物館へ行って、地下室の研究室へ入った。その時はまだ博物館は大勢の見物人が出入していたから、誰も教授父子の入って来たことを、特別に気附いた者はなかったが、午後六時は博物館の閉館時刻で、見物人は皆出てしまうから、大きな建物の戸は一切締めて、当直小使いのホーキンスがたった一つの表門の入口の見張をしている。事務の連中は事務室に二、三人残っているが、その外には、例の地下室の研究室に教授父子がいるばかりである。

昼間の雑沓に引き代えて、巨大な博物館は殺された悪魔のように、静かに寂しく更けて行く。地下室の研究室では、教授父子の話が聞こえる。教授は研究を妨げられないように、研究室はいつも内から鍵を掛けて置く。研究室の内で何をしているのか、それはわからないが、教授父子が頻りに何か話合っている様子である。二人の声は当直小使いのホーキンスのところへ洩れて来る。無愛想な教授の声と女のように優しい令息の声とが、交錯して、調和の好い響きを伝える。やはり親子だなあと、ホーキンスは感心して、聴いていた。

夜の十二時三十分頃に、令息のエリック一人が地下室の研究室から当直室の前へ来て、「どうも、すっかり、くたびれちゃった。これからカシノへ行くのだ」と云ったから、小使いのホーキンスが表玄関の戸を開けてやった。暗い博物館から明るいカシノの方へ、快活な青年が歩いて行くのを一寸見送って、ホーキンスは戸を閉ざした。カシノと云うのは、公認の賭博場で、大抵バーやダンス・ホールがくっ附いている、つまり、男女享楽の社交場である。エリックは若い男である、不景気な父の教授と五、六千年も前のミイラとを相手にしていては、気が腐るから、時々はカシノへ鬱晴らしに行っていたのである。

エリックが出て行って、五、六分もたったと思った頃、グルーバウ教授が当直室の前へ来て、当直室の中にいる小使いのホーキンスに声を掛けた。

「馬鹿野郎のなまけ者奴がもう出て行ったかね。」

「へえ、たった今お出掛けになったようでございます、へえ。」

「それじゃ、君、二時（午前二時）になったら知らしてくれないか、わしは時計を持っちゃおらんからね、二時まで研究して、それからホテルへ帰るから。」

「へい、へい、かしこまりました、へい。」当直室の外と内とで、これだけの問答が済むと、教授は又もや地下室の研究室に引き返した。教授は研究と時計とは不倶戴天の讐敵だとでも思っているのか、決して時計を持たないのである。しかし余り研究に熱中し過ぎると、明日の発掘に差支えるから、午前二時になったら知らしてくれ、それからホテルへ帰って寝ると云うのである。

この問答の終ったのは、夜の十二時四十分位のことらしい。

午前二時に正確に小使いのホーキンスは研究室の戸を叩いた。しかし、返事がない。(研究室の戸は内から鍵を掛けてある。)いくら叩いても返事がないから、ホーキンスは吃驚して、事務長を呼んで来て、戸を破って、中へ入って見ると、グルーバウ教授は床の上に倒れていた。頭部に打撲傷があり、胸部を銃丸で貫かれていた。

急報に依って、ブリッグス刑事部長が臨検した。

グルーバウ教授の受けた傷は、頭部の打撲傷と胸部の銃丸傷とだが、頭部は血に塗れてはいるけれども、死因は胸部の銃丸傷らしい。そして、ほとんど即死したものと見える。

教授は平常のままの背広服を着ていたが、そのポケットには、大型の拳銃と博物館の鍵とが入っていた。この鍵を使って、教授はいつも裏門から出入したのであった。

外套と帽子とは室の一隅に置いてある。

教授は右の手は何かしっかりと握っていた。一寸離そうとしても、容易にそれが開かなかった。忠臣蔵の四段目で、判官は短刀を握ったまま死んでしまう。由良之助がそれを離そうとしても、なかなか離れない。それは芝居だが、この教授の屍骸も執念深く何かを握っている。ブリッグス刑事部長が辛うじて死人の指を開けて見ると、それは古代の指輪のような物だったが、装飾は剥離していた。

ブリッグス刑事部長は尚も仔細に室内を検査した。

室の内に、空っぽうになった小箱があった。箱の周囲は綺麗に拭われていて、指紋は一つも残っていないが、かすかに血痕が附いている。十分に拭ったけれども、完全に拭いきれなかったものと見える。ハンカチが一枚、隠してあった。教授の用いていたものである。それに、折れた椅子の脚のようなものもあった。これ等にも血が附いている。しかし、血は乾いていて、二時間や三時間前の血ではない。椅子の脚のようなものも綺麗に拭いてあった。

教授のポケットにあった拳銃を取り出して、丹念にそれを調べて見たが、これも、指紋を拭い去るために、十分に掃除をした形跡がある。

拳銃はたしかに教授の常に携帯していたものであった。エジプトに滞在して、しかも、古墳の発掘に従事している関係上、拳銃携帯の必要なことは云うまでもないが、この拳銃には、装塡した弾丸が一つなくなっている。

以上を要約すると、小箱とハンカチとの血は教授の血に違いないが、それは多分教授が博物館へ着くまでに出たものらしい。乾いている程度から、どうも左様に推測せられる。教授の死因は胸に当った弾丸――拳銃の弾丸――であって、それは教授自身の拳銃から発射せられたものらしいが、自殺でないことは、四囲の状態や、頭部に打撲傷のあることから、確言し得る。それに、小箱や拳銃の指紋が丁寧に拭い取られていることも、他殺説の重要な根拠になる。

それにしても、屍骸の右手に固く握られていた指環、空っぽになった小箱、椅子の脚のような物、血の着いたハンカチ、それ等は果して何を語るか。

不思議なことは今一つある。教授は強度の近眼で、常に眼鏡を懸けていた。この当夜もやはり懸けていた。それが紛失している。この眼鏡は安っぽい品物だった。犯人がそれを特に取って行ったとは思われなかった。

ブリッグス刑事部長はたった一人で、研究室で思案に暮れていた。

突然、ブリッグス刑事部長は教授の例の拳銃を手にして、一発ずどんと発射した。何しろ、深更のことである、人数の少ない大きな博物館の建物の内である、音は数百千の窓硝子に反響して、凄まじいことであった。

直ぐ様、ホーキンスが駆けて来た。真っ黒な顔が真っ青になっている。

「音が聞こえたかね。」ブリッグス刑事部長は静かに訊ねた。

「聞こえたどころか、大変な音でございまして、へえ。」ホーキンスはまだ慄えている。

「昨夜十二時半頃に令息が出て行ってから、今朝の二時過ぎに教授の屍骸を発見するまでの間に、斯様な音が聞こえたかね。」

「いいえ、どう致しまして、全く静かでございました。」

「宜しい、そうすると、教授はこの研究室で殺されたのじゃない。」


下手人は誰だろう。

グルーバウ教授に対して、不快の感を抱いていた者は多い、いや、多過ぎる。凡そ教授を知る者はことごとく教授を嫌っていたのである。しかし、殺す程の怨みはない。最も深く教授を嫌って、決闘の申込みまでしたのは、同じくエジプト古代の研究家で、カイロに来ているイタリアのトラヴィーリオ博士だが、博士の当日当夜の行動はよくわかっている。グルーバウ教授と一緒にいた形跡は全くない。

然らば、下手人は誰だろう。

令息エリックは愕いて、カシノから研究室へ駆け付けた。

当夜、令息エリックは十二時五十分にカシノへ着いていた。博物館を出たのが十二時三十分頃だと云うのだから、その間に二十分かかっている。博物館からカシノまで十分間位の行程である。

カシノで、或る友人にエリックは古代翡翠の飾物を二百円で売っている。

流石に父の死を悼んで、悄然として立っているエリックの姿を見て、ブリッグス刑事部長は心に思った。

「親子だけあって、まるで教授そっくりの姿だ。」

さて、読者諸君。

下手人の問題は、諸君におわかりですか。

簡単に要領だけを申しましょう。

老教授グルーバウを殺したのは、その息子のエリックです。

エリックは流石に若いものだから、古臭いエジプト文明の残骸をいじっているよりも、カシノの賭博と酒とに心を惹かれていて、賭博や酒で大分借金が出来ていたのです。

借金を返すために、教授の大切にしている第三王朝期の指環（らしいのです。本当の用途はまだ判明していないのです）の装飾にしてあった翡翠を、ひそかに外へ売ろうとしたのです。それに教授は気が附いたのです。勿論、教授はエリックをひどく叱責しました。エリックも負けてはいませんでした。二人の間に大喧嘩が始まったのです。

喧嘩は当日の午後三時頃、カイロの南十数里、ナイル河畔の発掘場で起ったのです。

激昂したエリックは丁度その日発掘した第三王朝期の椅子の片脚で、父の教授の頭部を打ちました。一撃の下に、教授は卒倒しましたが、エリックは父のポケットから父の拳銃を取り出して、胸部へ発射して、完全に殺してしまったのです。

それから、やはりその日発掘したミイラの箱（大抵等身大以上です）へ父の屍骸を入れて、発掘品のように装って、何喰わぬ顔をして、昼のうちに、博物館へ帰って来ました。博物館はその時分には見物人が沢山来ていますから、誰も気が附かなかったのです。

夜になってから、エリックは研究室の内で、自分自身の声と父に似せた作り声とを出して、実は自問自答ですが、親子が対談しているように、聞こえさせて、教授が実際研究室にいるように思わせたのです。

夜の十二時半にエリックはカシノへ行くと云って、表門から出ましたが、すぐにこっそりと裏門から又博物館へ入って（これは教授の持っていた鍵を使ったのです）研究室で、父の帽子を被り、父の眼鏡を懸け、父の外套を着て、即ち教授の服装になって、教授の作り声をして、当直小使いのホーキンスに、二時には知らせてくれと云ったのです。ホーキンスは教授だと思っていましたが、実はエリックだったのです。

それから、エリックは研究室へ戻って、父の帽子と外套とをそこへ置き、鍵も父のポケットへ戻して（眼鏡だけは忘れたのですが、それは途中で棄てたのです）先程開けて置いた裏門から出て、カシノへ駆けて行ったのです。

エリックは夜になってから、父と対談しているような狂言をしていた間に、丹念に拳銃や小箱の指紋を拭っていたのです。小箱の中にも、貴重な発掘品があったので、これもエリックが盗み取ったのですが、外へ売る前に、逮捕せられてしまいました。

諸君おわかりになりましたか。

医学校で殺された美人医学生の話

黄金が悪獣のように唸っているアメリカにしては、これは又珍しい静かな或る町に、医科大学と云うと、少しく大袈裟に過ぎる、専門学校程度の医学校と観た方が宜い、勿論官立ではない、例のトラスト組織だが、このトラストは案外裕福なので、総てが小ぢんまりとしているけれども、なかなか道具は贅沢で、無暗に学生を吸収して、学校か会社かと疑われるような気遣いはない——とまず云った工合の或るアメリカの田舎の医学校がこの話の背景になっている。

この医学校の人気役者——と云っては、語弊があるが、教授のうちでの花形はホレース・グリーンと云う病理学者である。ウィーン大学のフロイド教授と云えば、近頃日本でもその学説が大持てのようで、幸か不幸か、当時流行のエローティックの方面にまで、その議論が引き合いに出されるそうだが、グリーン教授はフロイド教授の直弟子で、新説を提げて帰朝した。勿論期せずして、学生の好奇心に投じたからではあるが、新帰朝、新説輸入のグリーン教授がたちまちにしてこの医学校の名物になってしまった。

グリーン博士は一躍して花形教授になったけれども、大きな講座は持たなかった。これには種々の込み入った原因がある。外の教授連がこの好んで異説を立てる新参者を毛嫌いしたためでもあり、又、グリーン教授自身は公立精神病院にも関係していて、講義だけに没頭することが出来なかったからでもあるが、それ等の事情はこの話には直接の関係がないから、省略する。

とにもかくにも、グリーン教授は学校内の自己の研究室で、少数の研究生を相手に、熱心に研究を続けていた。

グリーン教授は今年四十五になる。この辺の専門学校の教授としては、どちらかと云うと若手の方である、精力絶倫で、研究には熱心、主義には忠実、研究生には親切、殊にフロイド教授の直弟子で、華やかな新説の輸入者だから、評判の好いことは、云うまでもない。研究生こそ少ないが、名物教授はどこに置いても、やはり名物教授だった。

グリーン教授の研究室に属する研究生はたった十一人、それも多くは卒業生で、この医学校の出身者もいれば、別の医科大学の医学士もいる。男女共学だから、男もいれば、女もいる。

この話も、女から出て、女に終わる。

そこで、先ず女の研究生のことを書かなければならないが、女の研究生は四人で、そのうち二人は在学生、他の二人は卒業生だが、問題はむしろ在学中の女研究生を中心とする。

二人の在学中の女研究生はマルタとエディスとである。

マルタはなかなかの勉強家で、頭脳もしっかりしている、しかし、気の毒なことには、余り美人ではない。事に依ると、結局未婚のままでこの世を終えると云ったような運命を辿ることになるかも知れないが、立派な女医師になれることは請合いである。このマルタは研究に熱心だったから、同じく研究に熱心なグリーン教授を衷心深く尊敬した。学生が教師を尊敬するのは当り前のことだが、マルタのグリーン教授に対する尊敬は日夜に募って、尊敬以上の尊敬になって来た。自分の真心を捧げる唯一の人、世間の総ての人を忘れても宜いが、この人だけは忘れてはならぬ、いや、忘れることが出来ない最も大切な人——と思うにつれて、この好学純真の乙女は師の教授を恋い慕い憧れるようになった。

マルタは心ひそかにグリーン教授を恋い慕った。もとより内気な女だったから、誰にも思いのたけは洩らさないけれども、凡そ心の奥に秘められた恋ほど強い切なる恋はない。マルタは日毎夜毎に遣る瀬なき思いに焦がれるのであった。

今一人の女の在学生のエディスは活溌な美人である。誰の眼にも附く鮮やかな容色で、生き生きとした目鼻立ちには、この世の春の趣があった。元気が宜くって、世話好きだったから、評判は校内随一で、男の研究生には大分このエディス党がいた。そのうちでも、或る二人は鎬を削って、挑んでいる。勿論、二人共結婚の申込みをしたが、エディスは只々笑っているだけで、まだ誰にも承諾は与えていない。

このエディスとグリーン教授とが少々怪しいようだと云う評判が、学校の一隅に立ち初めた。グリーン教授は前にも書いた通りに、四十五になるが、独身である。尤も、エディスとは教師と学生とで、身分も違えば、年も二十位は違っているが、変幻奔放を意に介せざるヤンキーの国では、この位の差別を蹴飛ばす結婚はいくらもある。一向珍しいことではないのである。二人は近頃よく自動車で出掛ける。グリーン教授が運転していることもあれば、エディスがハンドルを執っていることもあるが、とにかく、車上はたった二人である。森の蔭で二人が囁き合っているのを見たと云う者もあれば、池の畔で二人が小半日も話し込んでいるのを目撃したと報告する者もある。岡焼か、邪推か、中傷か、嫉妬かは知らないが、噂はだんだん高まった。この噂を聴く毎に、深く胸を痛めたのは、憐れなマルタである。

然るに、突如として、エディスがアドルフと云う研究生と婚約を結んだと云うことが発表せられた。アドルフは素行の点においては、余り芳しくないドイツ系の青年で、いろんな女と浮いた噂は立てられていたけれども、エディスとはただ通り一遍の学友附合いだとしか思われていなかったので――エディスに熱心だった二人の研究生はまるで別人である――この婚約が発表せられた時には、誰も彼もおやおやと思った。何だ、馬鹿馬鹿しい、下らなく平凡なことになったものだと、呟く者もあった。

美しいエディスと風流青年アドルフとの婚約が平凡であるにせよ、ないにせよ、愁眉を展いたのはマルタである。

美しいエディスは或る夜グリーン教授の研究室の前で倒れていた。

最初それに気が附いたのは、グリーン教授の助手であった。この助手はいつも夜の十時には、グリーン教授の研究室へ来て、その日の片付けの手伝いをすることになっていたが、当日は午後の九時五十五分に研究室の前に来て、エディスの倒れているのを発見したのであった。

吃驚して、助手は研究室の戸を叩いた。戸の叩きかたが余りに激しいので、グリーン教授は怪しみながら出て来たが、足許にエディスが倒れている。ひと目見て、教授も吃驚した。

教授と助手とが介抱の手を尽したが、エディスの白い膚には血の気が通って来なかった。エディスは死んでいたのである。

エディスの死因はモルヒネの注射であった。右の腕の肩に近いところに、新しい注射の痕がはっきりと残っている。

注射の箇処から推して、エディス自身が注射したものとは考えられない。然らば、誰が下手人だろう。

モルヒネ注射の殺人、場所は医学校の構内で、被害者は妙齢の美人、人の興味を惹くに足る事件ではある。

最初に嫌疑を受けたのは、アドルフであった。

婚約をしてから、エディスとアドルフとはよく喧嘩をした。喧嘩と云っても、大きな声を出し合う程度に過ぎないが、エディスは勝気な女だった。誰にでも負けることが嫌いだったから、アドルフともよく衝突した。それに又、アドルフは風流青年で、婚約者から攻撃せらるべき弱点も相当に備えていたものだから、二人の喧嘩は度重なって来て、研究室仲間でも評判になっていた。現に当夜活動写真館の中でも喧嘩していたと云う。それを実見した女研究生も数人いたと云うことだったが、その数人に就いて、詳細に訊問すると、いずれもはっきりした供述が出来ない。彼等は二人の喧嘩をしばしば目撃していた。それが記憶の錯覚になったものらしく、活動写真館の中で果して二人が喧嘩していたかどうか、換言すれば、最近に二人が喧嘩していたのを見たことはあるが、それは活動写真館の中であったかどうか、明白に立証し得る者は一人もなかった。

とにかく、活動写真館から、エディスは一人で学校の方へ帰った。往復共エディスはグリーン教授の自動車を借りて使っていた。活動写真館を出たのは九時三十分、学校の構内の研究室の前に着いたのは九時四十分過ぎ、それは確かな実見者がある。エディスは学校の構内の寄宿舎で寝泊りしているのだが、寄宿舎へ真っ直に帰らないで、研究室へ向ったのは、いつも十時まではきっと研究室で勉強しているグリーン教授に、自動車を返す積りであったらしい。

アドルフも寄宿舎に泊っていたので、疑惑はかなり濃厚だったけれども、エディスとの喧嘩はいつも痴話喧嘩の程度に過ぎなかったことが判明したのみならず、当夜活動写真館から外《ほか》の教授の私宅へ行って、そこで十一時過ぎまで話し込んでいたことが、完全に証明せられたから、その無辜は明白になった。

次に問題となったのは、マルタであった。

マルタとエディスとは同じ女の研究生仲間だが、性格は大分違う。しかのみならず、マルタはグリーン教授を慕っている。エディスはアドルフと結婚の約束はしたけれども、グリーン教授とは依然として親しい附合いを続けている。どうも、近頃は師弟の関係を少しく超越しているようにも、疑えば疑われる。従って、マルタは決して油断が出来ないので、マルタとエディスとは事毎に衝突する。現に当日の昼の食堂でも、二人は激しく口論していたが、その口論の間に、二人共「先生が……」としばしば云っていたようだったから、とにかく口論はグリーン教授のことに関連したものだったらしい。この事実はその時食堂に居合わせた二、三の女研究生の供述するところではあるが、その一人一人に就いて、丹念に訊問すると、皆供述が曖昧になってしまう。これも記憶の錯覚らしい。

しかし、エディスとアドルフとの痴話喧嘩とは違って、エディスとマルタとの衝突は、恋敵と云うことを中心としている。勿論、この方が深刻である。

警官達もマルタには特に疑惑の眼を注いだのだったが、丁度、警官達が関係人の訊問をひと通り済ませて、ややがっかりして休んでいるところへ、突如として、マルタが入って来た。

研究室に隣った小さい部屋を仮の訊問所に充ててあったのだが、そこへ、マルタが自身で出頭したのである。

マルタの顔は真っ青であった。唇には全く生色がなかったが、両眼だけは血走って、しかも、それが怖ろしく釣上っている。宛然として、生きながらの幽霊である。前にも書いた通りに、マルタは決して美人の方ではない、しかし若い女である。狂えるが如きその凄槍な形相に、警官一同は慄然とした。日高川の清姫のように、今にも大蛇になるかと思われる異貌のマルタは、突然、机の上の堆高い書類を掻き乱して、その中から、一つの封筒を取り出した。その封筒は今まで誰も気の附かなかった物だった。

マルタはその封筒を係官の前に突き出して、「これです、これです、そうだ、これだこれだ」と云って、云い終わるや否や、げらげらと大声を出して笑った。

係官がその封筒を開いたが、一束の女の赤い髪の毛が包んであった。エディスの毛髪は赤かった。一目して、それがエディスの髪の毛だと判明した。

さては、マルタがこれを示して、自白をしに来たのだろうと思われたが、その当人のマルタは一瞬間前の狂態に似も寄らで、今は机に倚り懸って、ぐうぐうと眠っている。

係官はマルタを揺り起したが、眼の覚めたマルタはきょとんとしている。そして、係官を見て、吃驚して、「あら、私は、いつ、ここへ来たのでしょう」と云った。

或る一部の人はグリーン教授を疑った。

グリーン教授は当夜研究室で勉強していた。一心不乱に読書していたその姿は、向い側の図書室にいた男女の学生が斉しく実見していた。研究室に臨検したけれども、書籍ばかりで、風変りなものは、たった一つ、等身大のプラトンの胸像があるだけだったが、この胸像はどう云う訳だか、床の上に置いてある。

一方、エディスの寝室の中を探して見たが、机の中から妙な手紙が出て来た。大陸のプラハから来たものだが、出した当人の名は書いてない。男文字のドイツ語で、次のような文句が書いてある。

「いよいよHを攻撃せらるる由、大賛成、大いにやるべし大いにやるべし。彼Hは誠にけしからぬ男なり。攻撃に値す。材料は尚沢山あり、いつにても提供すべし。痛快なるかな痛快なるかな。」

係官は額を鳩《あつ》めた、H、H、H……このHは誰だろう、グリーン教授の名はホレースである、ホレースの頭文字のHじゃないか——と云う者もあった。

エディスは身許のわからない女だった。孤児で、親類もない、美人で人気者だったから、軽い程度の知人は多かったが、深い附合いはなかった。実はその国籍すら本当にわかっていなかったのである。

エディスはもともと苦学生だったが、グリーン教授の研究室に入ってから、遽に贅沢になった。とかく考えて見ると、グリーン教授との関係に付いて、なるほど、怪しい点はある。

グリーン教授は疑惑が専ら自己に集注せられるのを悟って、遂に自白した。

グリーン教授はウィーンにいた頃、フロイド教授の下で研究を続ける傍ら、自分自身も医療に従事していた。その頃、或る患者に注射を誤って、過失だが、その患者を殺してしまった。その時グリーン教授が死人の遺族に対して執った態度は、甚だしく冷酷なものだった。

その事実をエディスは聞き込んで、グリーン教授を恐喝した。

グリーン教授もこれには閉口したが、エディスには単純に平気な顔をして、いつも請求せられるままに金を渡したのみならず、エディスに特別の好意を見せた。即ち、エディスの鋭鋒を好意に依って徐々に鈍らせる方針を執ったのである。

しかし、エディスの攻撃は決して鈍らなかった。近頃はかえって益々恐喝の度数も殖えるし、請求の金額も増して来た。

エディスを殺したのは、長い計画の末のことだった。グリーン教授はエディスに対して、しばしば身神の健康のために特効ある注射をしてやった。古い注射の痕はエディスの腕にいくつも残っていた。純粋な好意と見せて、高価な注射液をエディスのために惜しまなかったのである。エディスが生き生きして、その美貌が益々光り輝いたのは、この幾十回の注射のためだった。そして、最後に殺人的注射を加えたのである。エディスも一杯喰わされたのである。

兇行の当夜は、グリーン教授はプラトンの胸像に上着を着せて、机に向ってそれを据えて置いた。窓の外から学生達が見て、教授だと思ったのは、実はプラトンの胸像の影だったのである。そして、柱の蔭で、教授は毒液をエディスに注射して、屍骸を部屋の外に運び出したのであった。

マルタの狂態と封筒に入っていたエディスの毛髪との一件だが、これはグリーン教授がマルタに罪を被らせるための詐謀であった。

グリーン教授はエディスの毛髪を切り取って、それを意味あり気に封筒に入れ、御丁寧にも、係官の書類の中へ入れて置いた。係官はそれに気が附かなかったのである。そして、グリーン教授はマルタを呼んで、これに催眠術を施した。可愛想に、マルタはうまく催眠術にかかって、グリーン教授の暗示のままに、例の狂態を演じたのであったが、係官はマルタの潔白を信じて疑わなかったから、グリーン教授も万策尽きて、遂に自白の外なきに至ったのである。

恐ろしい愛慾の話

くろうとあがりと見える、垢抜けのした女が二人、しんみりと話込んでいる。

「ねえ、ジェアンヌ、喜んで頂戴、今度こそは、私もきれいさっぱりと、足を洗うのよ。もうお互いに四十じゃないか。顔だって、こんなに皺が寄るし、とても商売は出来やしないよ。」

「全くだわねえ、そして、御亭主は前から知っている人なの？」

「え、一年ばかり附合っていたの。大変親切にしてくれてね、私の方でも真剣に愛しているのよ。私よりはずっと年下で……尤も、盲なんだけれども……」

「まあ……」

ジェアンヌは驚いた。かつてはレヴューのダンサーとして、相当に名の売れたこの女が、盲の亭主を持って喜ぶとは、人も変れば、変るものだと驚いたが、さて、考えてみると、この女の云う通り、自分も四十に近い、小皺も寄れば、頰も落ち込んだ、最早この顔では、男の心を牽き附けることは出来ないのだ。この女の亭主は年が若いと云う、若い男が老い行く女房の顔を見て、どのような思いをするだろう。なるほど、男が盲ならば、女の色香の褪せるのを知らずに済む。

一度はジェアンヌも驚いたが、よく考えると、結局盲の亭主を持つのは、仕合せだと思ったので、突如として、彼女は叫んだ。

「私も盲の亭主を持ちたいわ。」


ジェアンヌも若い男を持っていた。自分よりは十六、七も年下で、今度ようやく二十三になる。金持で、好男子で、自分を囲ってくれているのだが、幸か不幸か、この男は盲ではない。

ジェアンヌはこの男を愛している。男も勿論愛してくれているが、何しろ、自分は四十に近い。紅白粉でも掩い切れないこの顔のやつれを、どうすれば男に隠すことが出来よう。

ジェアンヌは衷心頻りに悶えていたのであった。


ジェアンヌは女のあらゆる職業を、ほとんど総て経験した。少なくとも、良家の子女の出来ない女の仕事は、大抵し尽した。

ジェアンヌ、詳しく云えば、ジェアンヌ・アメネイド・ブレクールはパリの貧家の娘であった。父は或る家の玄関番に雇われて、場末の裏町の留守宅では、少しばかりの青物を売っていた。

五歳の時に、或る男爵家の未亡人がジェアンヌを引取って、育ててくれた。可愛い顔をしていたので、子のない男爵未亡人は、まるで真実の子のように寵愛していたが、十一になった時に、ジェアンヌの両親は、男爵家から娘を取戻した。娘を金儲けの種にするがためであった。

男爵家から生みの親の貧しい家へ取戻されたジェアンヌは、早速花売娘になって、街頭に現れた。美しい娘だったから、花はよく売れたが、売上の金は勿論一家の生計の資に充てられたのであった。

ジェアンヌは十七の時に、若い八百屋と結婚した。かつてジェアンヌを引取っていた男爵未亡人は、この結婚に大賛成で、一万フランの持参金を恵んでくれたのであったが、この結婚は失敗だった。結婚の失敗の責任は、ジェアンヌの方にあった。ジェアンヌが男爵未亡人に引取られて、可愛がってもらっていた間に、彼女の脳裡に沁み込んだのは、金持の贅沢な生活の風習だった。そこへ、自分が若くて美しいから、男は誰でもちやほやする。かくして、彼女はいつの間にか、放縦な虚栄の女になってしまったのであって、折角男爵未亡人の恵んでくれた一万フランも、湯水のように使ってしまった。亭主はもともと柔和な男だったが、流石に、ジェアンヌの気ままには我慢が出来なかった。夫婦喧嘩の末に、ジェアンヌは夫を棄てて、家出をした。

自己の美貌を誇る虚栄の女の落着く先は、大抵きまっている。

ジェアンヌは家出をしたが、もとより無一文だから、自己の美貌を商売の種にするの外はなかった。尤も、それが又彼女の得意でもあり、道楽でもあったので、彼女は所詮一人の夫を守って満足するような女ではなかった。花を漁って飛交う蛺蝶《たてはちょう》のように、彼女は男から男へ、歓楽を求めて、浮かれ遊んだ。

かくして、彼女は人の妾にもなり、大商店の看板女にもなり、時には、旦那から資本を出してもらって、小綺麗な雑貨屋を開いたこともあったが、堅気な商売に向くような女ではない。ダンサーから女優へ、女優から闇の女へ、放浪流転の幾春秋を閲し去って、彼女もようやく下り阪に向った。

八百屋を飛出したのは、結婚の翌年、十八の時だった。それから、身を持ち崩して二十年、一度はヒステリーが嵩じて、精神病院に入れられたこともある。その時の診療簿には、「毛髪褐色、黒瞳ニシテ甚ダ美麗ナリ。顔色蒼白、神経極メテ鋭敏ニシテ、言語時ニ秩序ヲ失ウ。ヒステリー性発作アリ、虚栄心強ク、誇大ノ傾向アリ、常ニ貴族ノ出身タルコトヲ装ウ」とあった。専門医の立場から観れば、或いは病的なのだろう、彼女の虚栄は随分激しい方で、みずからジェアンヌ・ド・ラ・クールと云う貴族らしい名前を創案して、それを本名のように見せかけていた。尤も、貴族らしく見せかけることは、単純な虚栄のためでもなく、男を釣る方便だったので、実は彼女の虚栄には、打算的の要素も余程含まれていたのである。とにかく、二十年の数奇の星霜は過ぎて、彼女もようやく老いんとした。

四十に近いジェアンヌに、愛慾再び蘇って、激しく切なる恋が湧いて来た。火の消えんとするや、一時的だが、強く怪しい最後の光を放つ如く、恋を弄ぶこと二十余年にして、恋が彼女を弄んだのである。彼女の恋の相手は、ルネ・ド・ラ・ロッシュと云う青年で、わずかに二十歳、金があって、男が好い。ルネの方でも、ジェアンヌを愛している。最初は、ジェアンヌの方でルネを籠絡していたのだが、からかい半分、相当なドル箱だと思って、如才なく金を捲き上げているうちに、いつの間にか、ジェアンヌの方でも真剣になって、相愛の裡に、三年を経過した。

ジェアンヌのルネを慕う心のいよいよ強くなるにつれて、この若いルネを、いつまで自分が牽き附けて置くことが出来るか、それがひどく心配になって来た。自分はルネの母親のような年である。鏡を見る度毎に、頰は窪み、艶は失せて皺だけがだんだん殖えて行く。今年二十三になったばかりのルネが、いつまで自分を思っていてくれることか、自分の美貌に自信を失ってしまったジェアンヌは、頻りに焦り悶えたが、丁度その頃、この物語の劈頭に書いた女の友達に逢ったのである。その女とジェアンヌとは同じ位の年恰好で、かつては一緒にいかがわしい道を歩いたこともある。その女も自分と同じく、遥かに年下の男と愛し合っているが、彼等はようやく念願を遂げて、夫婦になると云う。その男の盲であることが、女にとっては、むしろもっけの仕合せだと、ジェアンヌは近頃の自分に顧みて、つくづく羨ましくなったのであった。

そこへ、ジェアンヌにとって、容易ならぬ椿事が勃発した。それは、ルネの結婚問題が進捗し始めたことである。結婚と云っても、その相手は自分ではない、良家の令嬢である。ルネは自分を愛して、自分を囲っているけれども、名家の相続人で、自分と正式に結婚するのは、流石に思いも寄らぬことだった。しかし、彼が外の女と結婚する、即ち、彼が自分から外の女へ移って行くと云うことは、ジェアンヌにとっては、もとより耐え難き苦痛であり、許し難き侮辱だった。

ジェアンヌは今は矢も楯もたまらなくなって、極度に狼狽し、興奮した。

ジェアンヌは小娘の頃に、パリの大道で花を売っていた。その当時の顔馴染みに、ゴードリーと云う男がいた。ジェアンヌと同じ位の年輩で、やはり貧家の生まれだが、虚栄心が強くって、貧乏人を犬猫のように思っていたジェアンヌも、不思議にこの男だけは、好いていた。しかし、二人の仲は、ただ能く話の合う友達と云う程度以上に進まなかったが、このゴードリーが軍隊に志願して、入営してから、二人の逢う機会はなかった。ジェアンヌの方では、とっくの昔に、ゴードリーのことは、忘れてしまっていた。

そのゴードリーは方々へ出征していたのだが、二十幾年振りに、パリへ帰って来た。軍隊を出て、工場に雇われているのだが、昔から律気な男で、正直なことが、この男の特徴だった。イタリアの戦争で、殊勲を揚げて、立派な勲章をもらっているが、依然として、彼は貧乏だった。

そのゴードリーに、ジェアンヌが偶然出逢った。二十何年振りだが、流石に幼馴染みで、ひと目でそれとわかった。まあお珍しいと云ったような工合で、ジェアンヌはゴードリーを自宅へ招いたが、それ以来、ゴードリーはしばしばジェアンヌを訪ねた。ジェアンヌの方でも、特別に歓待して、時々は工場を休んで来てくれと云った。工場を休めば、その日の給金はもらえないが、ジェアンヌは工場の日給の幾倍かの金を、その度毎に、ゴードリーに与えていた。

その頃、ルネは田舎に住んでいたが、時々パリのジェアンヌの宅へ来る。ジェアンヌを囲っているのだから、ジェアンヌの宅は云わばルネの妾宅だったのである。

パリのジェアンヌから田舎のルネに、何日の晩に、大きな仮装舞踏会があるから、一緒に行きたい、その日には是非出京するようにと云う手紙が来た。一度ルネは断ったが、二度目の手紙で、ルネは誘引に応じた。

当夜、ルネとジェアンヌとは、衣香扇影の裡で、面白可笑しく、踊り狂っていた。殊にジェアンヌは有頂天になって、きゃっきゃっと、子供のように跳ね廻っていた。近頃とかく沈み勝ちなジェアンヌが、陽気に騒ぐものだから、ルネも勿論愉快である。

仮装舞踏会で歓楽の限りを尽したジェアンヌとルネとが、帰途に就いたのは、翌暁三時少し前だった。馬車の中でも、ジェアンヌは頻りにはしゃいで、喜んでいた。

ジェアンヌの宅の前で、馬車は止った。

最初馬車から降りたのは、ルネだった。ルネはすぐに玄関の方へ歩んだ。門から玄関までは小半丁ある。ジェアンヌは少し後れて、ルネに従ったが、ルネが玄関のベルを押した時には、丁度三間余りの間隔を置いて、ジェアンヌも同じ方向に歩いていた。

その一刹那、植込の中から、突如として怪漢が現れて、ルネの両眼をめがけて、硫酸を浴びせ掛けた。ルネの悶絶するのを見届けて、怪漢は闇の中に紛れ込んだ。

怪漢はゴードリーだったのである。


ジェアンヌは自宅で、甲斐甲斐しくルネを看護した。身命を捧げて、一生懸命に介抱したが、医師の外には、絶対に、何人をも病室へ入れなかった。ルネの親戚の見舞をすら謝絶した。

ルネは両眼の明を失ったが、ジェアンヌのルネに対する愛情は、日一日と加わって行くようだった。


この事件に疑惑の眼を注いだのは、刑事部長のマーセだった。

馬車から、男が先に降りた、それも不思議である。しかも、男が女よりも先に、一人で玄関の方へ歩いて行った。それも又不思議である。相愛の男女が楽しい舞踏会から一緒に帰ったのに、馬車から玄関まで、たとい小半丁の近距離にもせよ、離れ離れに歩いていたと云うことは、どうも腑に落ちない。それに、近頃ジェアンヌの宅へ見馴れない男（ゴードリーだが、ゴードリーだと云うことは、判明していなかったのである）がしばしば出入していた。これもまた不思議である。あまっさえ、その男が事件以来全然影を潜めた。ここに至っては、益々不思議である。

しかし、勿論確証はない。マーセ刑事部長はひと月余の間、丹念に種々の材料を集めていたが、ジェアンヌの過去は、洗えば洗う程、襤褸《ぼろ》が出て来る。色仕掛の恐喝の如きは朝飯前で、最近には、ルネの親友人から金品を捲上げようとした形跡がある。（これは色仕掛ではなかったが。）

この硫酸事件こそは、まだ一つも証拠は挙がらないが、たしかにものになると云う確信の下に、例の第六感で、無鉄砲と云えば無鉄砲だが、マーセ刑事部長は決然として、ジェアンヌを逮捕した。逮捕せられると聴いて、案外ジェアンヌは平気だったが、彼女は直に刑事部長に訊ねた。

「ルネの世話は誰がするのでしょう？」

「そりゃルネの家の人さ。」

この一語を聴いて、ジェアンヌは急に泣き叫んで、刑事部長に摑みかかった。ルネをルネの家人に渡すことは、口惜しくって口惜しくって堪らなかったのである。

未決監から、ジェアンヌはゴードリーに手紙を出した。勿論こっそりと出す積りだったのだが、この手紙から足が着いて、ゴードリーも容易に逮捕になった。

ゴードリーは一切を卒直に白状した。

自分はジェアンヌを愛している、ジェアンヌも自分を愛していると云った。そして、喜んで自分と結婚すると告げた。しかし、この結婚には、一つの条件があった。ジェアンヌの云うには、彼女はかつてルネに恋を裏切られた、薄情者のルネに報復するために、ルネに硫酸をぶっ掛けて盲にしてもらいたい、そうすれば、三箇月内に、きっと結婚するとのことであった。自分はそれを卑怯だと思った。同じ報復をするのならば、面と向って、ルネと決闘したい、男らしく、勝負をしたいと云ったが、ジェアンヌは飽くまでも、右の条件を固守した。自分の方では、ジェアンヌと結婚したくて堪らないのだから、遂に硫酸をぶっ掛けることを承諾した。計画は二人で立てた。予行演習もやって見たのである。

この自白は、信を措くに足るものと認められた。

恋の盲となったジェアンヌは、恋人を本当の盲にするために、可哀想に、正直なゴードリーを傀儡に使ったのであった。ジェアンヌがゴードリーと結婚すると云ったのは、口から出まかせの偽りだったことは、云うまでもない。

一八七七年の七月二十三日に、パリの法廷で、ジェアンヌとゴードリーとが裁かれた。ジェアンヌが被告人席に、ゴードリーと列んで、腰を掛けた時に、どうか一人で罪を着てくれ、あとできっと私が助けてやるからと、小さい声で頼んだがゴードリーは一言冷然として、「もう遅い」と云った。法廷で、ゴードリーはやはり明確に自白したが、ジェアンヌは徹頭徹尾否認した。裁判の結果、二人共有罪となって、ジェアンヌは懲役十五年、ゴードリーは同じく十年に処せられた。

法廷に一つの挿話がある。ルネが証人として供述した。その時、ジェアンヌはほれぼれとした眼附きで、絶えず、しげしげと、ルネを見詰めていた。その女らしい態度には、何人も彼女の兇暴な犯行を憎みつつ、尚且つ一掬の涙を禁じ得なかった。

ルネはその後百方加療の結果、一眼の明を回復した。

四本の手を使った女の話

これは英国で芝居にまで仕組まれて、近来又大分やかましくなって来た話であるが、実は第十八世紀の前期の出来事で、例に依って、ここに書くのは事実譚である。

本篇の主人公は妙齢の美人、メリー・ヤングと云って、アイルランド生まれの女である。

メリーは孤児だったが、地主の御隠居のお婆さんに救われて、実子のように可愛がられ、相当の教育も受けた。メリーの仕事と云うのは、お婆さんのお気に入りの狆《ちん》の世話をすることと、お寺詣でのお伴をすることとで、裕福な家に気楽な娘分として、屈託のない日常を続けていたが、年頃になって、生まれ附きの麗質がだんだん鮮やかになって来るにつれて、草深い田舎には惜しいものだなどと、お世辞半分に云われるのを、自分でもつい本当にするようになって来た。そうなると、朝から晩まで、お婆さんにくっ附いているのが、馬鹿馬鹿しくって、美しい、賑やかな、威勢の好い都会へ出て、思うさま働いて、金持にもなり、栄耀もして見たいと思うようになった。

近所にアンと云う娘がいた。おきゃんな、男好きのする女だった。メリーは余りに無事過ぎるお婆さんのお相手に退屈する毎に、アンを訪ねて、雑談に耽るのを楽しみにしていたが、このアンは貧家の娘で、どうせ水呑百姓の女房になるより外に、生活の途はないのであったが、田舎で埋もれるを嫌って、ロンドンへ出掛けて行った。一年二年の間は何の消息もなかったが、近頃になって、よくメリーのところへ手紙をくれる。どの手紙も皆余程景気の好い手紙で、昨夜は芝居の帰りに、シャムペンをふんだんに飲んだとか、明日は市の舞踏会に招待せられているとか、話半分としても、アイルランドの片田舎の若い娘の血を湧き立たせるには十分だった。

メリーは考えた。ロンドンでは、誰でも成功が出来るに相違ない、アンは私よりもお喋舌は上手だけれども、顔だって、姿だって、私の方が余程上等だ、そして、私は裁縫が出来る、裁縫にかけては、誰にだって、私はひけはとらないのだ、ロンドンでアンも成功したのだから（尤も、何で成功したか、それはわからないけれども）、私はきっと私の腕で出世して見せる――斯様に考えると、矢も楯もたまらなかった。メリーはお婆さんの止めるを振り切って、花の都のロンドンへ出立した。

メリーはロンドンに着いて、アンの世話で、或る家の部屋を借りて、そこで、裁縫の仕立職を始めた。メリーは裁縫にかけては、勝れた技倆を持っていた。繊細巧緻な指の働きは、全くメリーの特徴で、裁縫の腕前では、メリーは真に傑出していたのであった。

メリーは腕に覚えのある裁縫で身を立てようとしたけれども、何しろ、田舎出の若い娘である、裁縫の仕立屋の看板を出しても、得意はちっとも出来なかった。いくら上手でも、得意がなければ、仕事も上ったりである。可哀想に、メリーがお婆さんや知り合いの人達からもらって来た餞別の金は、ひと月たらずのうちに、なくなってしまった。大きな都で独り寂しく、その日その日の糧に窮した。

アンも流石に気の毒に思って、時々は小使銭も貸してくれたが、このアンは何をしているのだかわからないけれども、いつも大した金を持っていた。

馬鹿馬鹿しい、今時裁縫の仕立職なんかで口が過ごせるはずがない、そんなことをして、乞食のような真似をしているよりも、私の方の仕事を習った方が余程気が利いている、私はお前さんこそは見込があると、とっくから思っているのだ、裁縫なんてけち臭いことはよして仕舞って、まあ私の方へ来て御覧、立派な人達にも紹介して上げるから――と云ったような口調で、アンは頻りにメリーに勧めた。

メリーの方では、今は一片のパンを買う金もないのである、アンの勧める仕事が、どのような仕事であるか、選り好みをする余裕はない、その日その日の米塩の資にあり附くことは、今の彼女にとっては、王国を一つもらったような大きな歓びだった。


アンがメリーを誘って行ったのは、小さな家の奥まった部屋だったが、入口の見すぼらしいのに反して、部屋の装飾は贅沢で、立派な什器が先ず以てメリーの眼を眩ませた。十四、五人集まっていたが、女はその中で三、四人だった。高貴な人の秘密の遊び場所かとも思われたが、集まっている人々には、屈強な男もあり、垢抜けのした女もいたが、皆どうも眼附きに落着きがなくって、素性の宜い人達だとは考えられなかった。

アンはここで一切を打ち明けた。これはロンドンの掏摸の本部で、集まっている連中は皆その方面の一方の旗頭ばかりである。つまり、アンもその一員で、メリーを新規の見習生として連れて来たのであった。

流石にメリーは吃驚した。しかし、珍味や美酒が続々と運ばれて、掏摸の幹部連は陽気にはしゃぎ出した。若い男もいれば、美しい女もいる、旨い洒落を云う者もあれば、馬鹿馬鹿しい冗談を面白可笑しく話して聴かす手合もある。総てが賑やかで、花やかだった。アイルランドの片田舎で地主の御隠居のお婆さんの相手をしていて、ロンドンに出て来てからも、場末の裏長屋で食うや食わずの日を送っていたメリーにとっては、生まれて始めて見る面白い世界である。毒を食らうならば皿までである、いっそのくされ、掏摸になって見ようと云ったような心持になって、改めてアンに向って、どうか宜しくと頼んだ。

夜は更けた。丁度芝居のはねる刻限で、掏摸にとっては、一瞬千金の大切な時である。本部に集まっていた掏摸の幹部連は一斉に諸方面に出動した。メリーも勿論見習として、或る一隊に参加した。

出動隊はいずれも翌朝の昧爽に本部へ引き揚げて来た。

獲物を出して見たが、どの部隊も空手で帰って来たものはなかった。現金が合計八百円余、それに誰の功名だが、余程高価な懐中時計が一つあった。

皆でそれぞれ利益配当（?）を行った。メリーは見習でもあり、又実際手を下していないのだから、配当の割合が最も少かったが、それでも百十円だけ分けてくれた。

メリーは前にも書いた通り、裁縫が上手だった、しかし、仕立職の看板を出しても、一向客が来なかった。たとい又註文客があったところで、その頃の百十円は大金である、ひと月の間、朝から晩まで裁縫をしていても、とてもこれだけの金は手に入らないのである、それがひと晩のうちに、しかも二時間か三時間で、儲かるのである、斯様な工合の宜い商売は外にはない——とメリーはたちまちにして掏摸道に堕ち込んでしまった。

メリーは掏摸道の天才だった。最初ふた月ばかりの間は、一日二時間ずつ、本部で練習をしていたが、今は先輩を凌駕するひと廉の腕前になった。彼女は裁縫の名人だったので、指にしなやかな力があった。この不思議な指の力が、彼女を掏摸の大立物にしたのである。

掏摸の花形メリー・ヤングは仲間のうちではジェニー・ダイヴァー、即ち潜水夫のジェニーと云う名で通っていた。「ジェニー」は普通の女名前で、誰でも本名を使って泥棒をする者はまずないから、メリーもジェニーと云う名を使ったのであるが、潜水夫と云うのは、人の懐中に潜り込むことの名人、潜水夫が踴躍一番海底の秘宝を持って来るように、メリーの不思議な指の力は、いつでも誰の懐にでも潜り込んで、潜り込むや否や、いつでも相当の金品をせしめて来ると云う、つまり掏摸仲間の敬称的綽名を冠せられたのであった。ここにおいてか、半年前はアイルランドの片田舎の無垢の美少女、今はロンドンの犯罪団の一方の旗頭で、二つ名のある悪党になってしまったのである。

メリーは掏摸に誂え向きの特有な不思議な指の力を持っていた上に、新発明の考案を創出した。当時の流行で、婦人は大きな肩掛をしていた。肩から背と胸とに亘って、上半身を蔽う程な、大きな肩掛である、この肩掛の中に左右二本義手を備え附けた。義手と云っても、腕もあり、肱もあり、手もあり、指もあって、綺麗な手套を嵌めている、それが例の肩掛の端から出ているところは、どうしても優しい美しい本当の手としか見えない、この二本の義手は遊軍である、牽制隊である。本当の二本の手は肩掛の中に隠れていて、必要な場合には、直に相手の懐中に飛び込んで、獲物を取ると、すぐに又肩掛の中に納まる、全く以て出没自在であるが、二本の義手は無心に神妙に、始めから外へ出ているのだから、誰も出没自在の本当の手には気が附かない。メリーの稼ぎ場所は大抵お寺だった。信者の中に紛れ込んで、殊勝らしく説教を聴聞している。例の義手で聖書を持って、一心にそれを見つめているような風を装う、可愛らしいお嬢様だが、御母様をなくしたのか、それとも、新夫に死別した花嫁か、いつも方々のお寺へ来ている、感心なことだ、気の毒なものだ、と誰でも同情したが、同情しているうちに、皆財布を抜かれているのである。中には、素晴しい別嬪だ、亭主持ちだろうか、などと余計な心配をする奴もある。斯様な奴は一番真っ先に盗まれているのである。

しかしながら、悪運は永くは続かなかった。

或る日、犯行の現場を押えられて、審理の上、当時これ等の罪に対して課せられた刑のうちで、軽い方の流刑の宣告を受けて、アメリカ植民地のヴァージニヤに送られた。

その頃の監獄は一面甚だ苛酷であると共に、他面又すこぶるだらしのないところもあった。監獄既に然りだから、流刑囚に付いては、残忍非道を極めた場合もあり、又想像以上に暢気な事例もあった。

メリーに付いては、気楽な方の適例で、金も沢山持っており、殊に若い美貌の女だから、誰にでもちやほやせられて、まるで遊山に行っているような工合だった。

いくら気楽でも、とにかく未開の土地である、日を重ね、夜を経るに従って、ロンドンの賑やかな世界が恋しくなって来た。メリーは単調な生活には耐えられない女である。しかもロンドンには情夫がいるのである。

いくらだらしのない制度でも、流刑囚は流刑地を離れることは出来ない。そこでこっそり脱出するのには、誰か然るべき道連れを必要とする。その人の随行だと云う体裁にして、巧みに紛れ出る外はないのである。メリーはその道連れを物色した。

丁度うまい罠に引っ懸ったのは、ヴァージニヤ総督令甥の年少紳士である。まだ恋を知らぬ純真な青年だったが、メリーは色仕掛で籠絡してしまった。（流刑地を離れることは出来ないけれども、その地域内では、相当の条件の下に、自由な交通は出来たのである。メリーはこの青年に或るダンス場で逢ったのであった。）メリーがこの青年を物色したのには理由がある。この青年はしばらく伯父の総督の官邸に逗留していたが、近日のうちに英国へ帰ることになっていた。それにくっ附いて行けば、官憲の目を掠めるに好都合だからである、即ち自分の脱出の方便として、可哀想に純真な青年を恋の擒にしてしまったのである。

かくして、メリーは青年と船に乗った。青年はロンドンへ着いた後の楽しい日夜を夢みつつ、荒い波路の労苦をも忘れていたが、ロンドン間近の港に着くと、メリーは船に青年を置き去りにして、ひとりでさっさと上陸してしまった。しかも御丁寧なことには、青年の荷物の中から、目ぼしい品物は一切抜き取ってあった。総督令甥は蜘蛛の網に懸った虫のようなもので、しかもその蜘蛛は毒々しい大きな女郎蜘蛛だったのである。可憐な小さい虫は生き血をすっかり啜われてしまって、残骸は容赦もなく、無残に蹴飛ばされたのであった。

ロンドンでメリーは相変らず掏摸を働いていたが、間もなく、逮捕せられた。尤もジェーンと云う偽名を使って、巧みに前科や素性を隠してしまった。

検察側の証人は二人、いずれもメリーの掏摸の現場を一再ならず目撃した者だが、この証人のうち一人は男で、他の一人は女だった。この男の証人が或る紳士に五百円で買収せられた。即ち或る紳士から五百円もらって、偽証をして、知らぬ存ぜぬと陳述したのである。この偽証教唆の紳士はメリーの一味徒党か、或いは色情の方面の関係筋か、それは判明しない。メリーの情夫はメリーがヴァージニヤにいる間に、死刑になったのだが、メリーの美貌は新しい恋を購うには容易だったのである。男の証人は買収せられたけれども、女の証人は敢然として証人たる義務を履行した、即ちまっ直ぐに見聞した通りの真実を供述した。

陪審員は有罪と答申した。

当時は酷刑時代である。五シリング（二円五十銭、尤も現今と比べると、物の値段は余程安いが）から上の窃盗は死刑になった。そこで、多くの場合に、被害物件の価額は遥かに実価以下に判定せられた。ここいらが英国式である。十五になる八百屋お七を十四にしようとした故智に準ずるものである。メリーの本名や素性がわかれば、勿論恩恵には浴せないが、初犯の女として取扱われたので、被害物件は一シリング（五十銭）以下だと認定せられて、死刑は免れた。

死刑は免れたが、やはり流刑である。

メリーは朞年《きねん》ならずして、ここからも遁れて来た。

然るに、最後の日は遂に来た。

三度目に逮捕せられた時には、法廷はメリーを容赦しなかった。死刑を言渡して、しかもその死刑の執行はその翌朝執行せらるべきことに定められた。

一七三〇年の五月十八日の朝、今はロンドンのハイド・パークの北にその跡を留めるタイバーンの死刑公開場で、メリーは美しい首を締められた。

豹の乳で育った伯爵の話

蘭領ジャワの新総督ボカルメ伯の官邸は着任の喜びに加えて、世子誕生の歓びで賑った。

ボカルメ伯爵家はベルギー屈指の名門で、夫人はこれもまた錚々たる家柄のシャテレー侯爵家の出である。婚礼があって、一年たつかたたない間に、伯爵はジャワの総督に挙げられた。(当時はベルギーはオランダから分離していなかった。) 栄職に就くや否や、世嗣の男子が生まれたのである。めでたい事が重なって、官邸は百花ことごとく開く観があった。

尤も伯爵夫人の分娩は決して平易なものではなかった。インド洋に入ってから、暴風雨に悩まされて、幾日かを苦しみ悶えた後、上陸と共に早産したのであった。

早産児の常として、伯爵世子ヒポリートは弱かった。弱い児を強くしたい親心から、伯爵夫妻は全島に亘って、子を育てることに最も巧みな土人の女を物色した。総督の権威を以て探し出すのだから、直に適任者が得られた。

この適任者、即ち強い児の養成者はたしかに成功した。伯爵世子ヒポリートは強い児になった。適任者たる土人の保姆は豹の乳を飲ませ、豹の肉を食わせたのだそうである。

豹はその獰猛なる点において、真に百獣の長である。獅子の威厳なく、虎の精気はないけれども、凡そ奸悪、兇暴、残忍、執拗の特徴を最も強く備えた鬼畜は則ち豹である。その豹の乳と肉とに依って育て上げられたヒポリートは、若冠にして、既に人中の豹であった。身体も強く、心情も強く、頑固で、我ままで、冷酷で、貪慾で、放埒だった。

このヒポリートは本篇の主人公である。ヒポリートを強くすることに成功したいわゆる適任者たる土人の女の名は、幸か不幸か、少なくとも私にはわからない。

ヒポリートの生まれたのは一八一九年、物語は一八四三年、ヒポリートが二十四歳の頃から始まる。

ボカルメ伯爵家は名誉な家柄ではあったけれども、決して富裕ではなかった。伯爵が総督を辞任して、アメリカで農園を経営するようになってからは、その暮らし向きは日に日に左前に傾いて行った。少年期から青年期に移る頃に、ヒポリートは最早ひと廉の厄介者になってしまっていて、女の関係で、伯爵夫妻は子のためにしばしば泣かされたのであった。そこで、経済上の事情もあり、且つ又ヒポリートに更生の機会を与える焦眉の必要から、伯爵一家は故国ベルギーに帰ったが、ヒポリートの行状は日毎夜毎に悪い方へ進んで行った。色情関係の失態は益々殖えるばかりでなく、近頃は詐欺もやる。恐喝に似たようなこともやる。何しろ、豹の乳で育った若者である。悪事にかけては、馬力が強い。

ヒポリートの非行に付いて、懊悩煩悶の裡に、伯爵夫妻はこの世を去った。

ヒポリートは伯爵家の当主となった。それがヒポリートの二十四歳の時、即ち一八四三年のことである。

ボカルメ新伯爵、即ち豹の乳で育った不品行家ヒポリートは仏国国境に近い故郷の邸宅に落着いて、小さい農場を経営していたけれども、外に財産はない。邸宅こそいかにも貴族らしい古風なものだが、これを除くと、無一文である、しかも、例の道楽は益々盛んだから、借金は嵩むばかりである。

ここにおいてか、伯爵は貧乏貴族が得て考案する金策方法を執った。それは、持参金附の女と結婚することである。

かくして、伯爵はフウニイ家の娘リデイと結婚した。フウニイ家は附近の小都会モンス（ブリュッセルの西南約四十マイル、仏国国境に近い町で、人口三万に足らないが、ゴシック風の美しいお寺と野菜市場とが名所になっている。それから、世界戦争で有名になったことは云うまでもない）の八百屋で、勿論門地もなければ、名声もないが、財産は相当にある。伯爵は新夫人に対して愛着の念は持っていない。既に多くの女に関係して、現に情婦もある。新夫人を娶ったのは、単純に持参金を得る目的のためだったのである。

新夫人の方でも、伯爵夫人と云う名前に憧れて来たのである。東西の別を論ぜず、教養のない富豪の娘に、往々乎にして見受けられる現象である。

伯爵が八百屋の娘を娶ったのは、持参金本位であったが、更に又大きな原因があった。新夫人の同胞と云うのは、わずかにギュスターフと云う弟一人で、このギュスターフが八百屋の相続人である。然るに、ギュスターフは跛の上に、慢性疾患があって、到底成人の見込のない不具者である。二十歳を超えてはいるが、長生しそうには思われない。このギュスターフが死ぬると、八百屋の巨万の財産は唯一の直系卑属たる伯爵新夫人に帰属することになる。それを、伯爵は狙ったのであった。

財産を目当てに結婚した夫と、肩書が欲しさに婚姻した妻との仲が、円満なはずはない。しかも、伯爵の乱行は日に加わるのである。

しかし、伯爵夫妻はとにかく風波を起さないで、その日を送っていた。夫人が忍従の美徳を守ったのであるか、はた又、知らず知らず自然に伯爵に感化せられたのであるか、即ち、人間の乳か牛羊の乳で育った夫人が、豹の乳で大きくなった伯爵に、同棲数年の間に、無自覚的に同化してしまったのであるか、それは判明しない。この裁判事件が疑獄たるゆえんはここに存する。

とにかく、別段の噂もなく、結婚後両三年の日月は過ぎたが、伯爵夫人の父、即ち、モンスの八百屋の亭主は病死して、弱い不具者のギュスターフが相続した。

その頃には、伯爵夫人の多額の持参金も費い果されていた。伯爵又は伯爵夫妻の唯一の希望は、ギュスターフの死ぬることである。ギュスターフが死ぬると、その全財産は只々一人の姉、即ち伯爵夫人のものになる。しかして、ギュスターフは極めて虚弱なのだから、右の希望たるや、決して空想ではないのであった。

然るに、ここに突如として、伯爵夫妻の苦労の種が勃発した。(伯爵のみの苦労の種ではない、伯爵夫人も大いに神経をとんがらせたことは、これから書く。)

それは、ギュスターフが結婚しようと云い出したことである。ギュスターフは跛だけれども、又甚だ虚弱だけれども、最早年頃である、相愛の女があって、その女と結婚しようとして、姉夫婦に相談をした。

ギュスターフが結婚しては、大変である。結婚すれば、子が出来る、子が出来ると、その子は当然ギュスターフの相続人となる、又たとい、子が出来ないとしても、ギュスターフの妻が相続権を持つことになるから、いずれにしても、八百屋の巨万の財産は、伯爵夫人の方へは、ころがって来ない。

ギュスターフの結婚問題は伯爵にとっては、その唯一の希望を滅却するものである。伯爵夫人も自分に実家の財産の帰属することを切望していたものと見えて、この点においては、流石の夫婦も全然協力一致して、敢然として、それに反対した。

姉夫婦の断乎たる反対があったけれども、ギュスターフの結婚は姉夫婦の場合とは大いに撰を異にして、純真なものであった。忌まわしい動機から出て来たものではなかった。従って、ギュスターフはどうしても結婚すると主張した。

ここにおいてか、伯爵夫妻はギュスターフの結婚を阻止するために、最も卑劣な最も奸悪な手段に訴えた、即ち、手蹟を変えて、匿名の手紙を書いて、ギュスターフに送った。手紙の内容はギュスターフの相愛の女を中傷するものであった。

「貴殿は某嬢と近々御結婚の由に候が、同嬢の不身持は世間に公知のことにこれあり候。小生の同嬢より直接承りたるところに依れば、同嬢には私生子あり、目下ブリュッセルの或る場所に預けある由に御座候」。

勿論事実無根であるが、斯様な手紙を数回ギュスターフに送った。この陋劣な中傷の手紙を書いたのは伯爵夫人だったのである。

然るに、ギュスターフは身体こそ弱いが、純真な結婚には強い決心を持っていた。一切を笑殺して、婚礼を決行することを明言した。

弱ったのは伯爵夫妻である。

そこで、伯爵夫妻は遽に態度を改めて、ギュスターフの結婚に賛意を表したのみならず、是非一度遊びに来てくれ、自分達は近々ドイツへ旅行するから、不在中のことも色々頼みたい、と手紙を出した。

ギュスターフは喜んで姉夫婦の招待に応じた。

一八五〇年の十一月の或る夜、ギュスターフが姉の招待に応じて、伯爵邸で手厚い晩餐の馳走を受けた。食後、伯爵とギュスターフとが別室で珈琲を飲んだ。その席上へは召使い一切出入を禁ぜられたが、伯爵夫人が一緒にいたかどうかに付いては、数名の召使いの供述が齟齬しているから、真相は判明しない。やがて、異様な物音がしたので、召使いが駆け付けると、ギュスターフは室の一隅に倒れていた。伯爵夫妻はギュスターフを介抱しているようだった。

伯爵夫妻は召使いに対して、お客様は一寸脳貧血を起されたようだと語った。しかし、第一の召使いも第二の召使いも、一寸どころではない、ギュスターフは既にその時死んでいたと後に供述している。召使いが医師を迎えましょうかと云ったが、伯爵は大変立腹した様子で、黙ってろ、この室へ来ちゃならぬと、叱り付けた。

しかし、いかにも総てが変な工合だったから、二人の召使いは鍵穴から覗いて見たが、伯爵夫妻はギュスターフを倒れたままにして、頻りに書類を焼き棄てていた。

召使いの口から秘密が漏れて、警官が活動を開始した。

調査の結果、ギュスターフの死因がニコティン中毒であることと、伯爵が数月来ニコティンの製造に腐心していたことが判明した。

かくして、伯爵夫妻は未決監に拘禁せられ、予審判事の取調べを受けていたが、翌一八五一年五月の二十七日にモンスの法廷で審理が開始せられた。

この事件の審理は十八日間の長きに亘った。

被告人両名はいずれも罪をなすり合っている、即ち、夫は犯人は妻だと云い、妻は夫の犯行だと述べている。夫妻全く反目して、互いに陥害の毒舌を揮ったのである。真相はいざ知らず、夫婦道から観れば、醜い穢い浅ましい闘争だった。殊に、伯爵は予審中故意に官憲に発覚せられるように、別房の伯爵夫人に対して手紙を送った。それには、いかにも伯爵夫人のみが犯人だと云うことが、忖度せられるような文句が書いてあった。つまり、その手紙は必ずや係官に検閲せられる、それを検閲すれば、伯爵夫人が犯人だと云う心証を抱くに相違ない――と伯爵は浅はかにもたくらんだのであった。

被告人夫妻が互いに反目しているのだから、その弁護人等も盛んに自己に対する依頼者の潔白を力説すると共に、他方が有罪だと云うことを高調した。全く以て、畜生道の弁論である。

いかにその結婚が不純な動機に出《い》でたとは云え、かくまで醜く争った夫妻の如きは、世にも稀な悪因縁の結ぼれだと云うべきである。


証人の喚問せられた者百一名、十人に近い弁護人の重複矛盾を極めた長い弁論、被告人夫妻の終始反噬陥害を旨とした陳述、この醜い争闘の末、公判開始以来十八日目に、ようやく陪審の合議が始まった。

陪審員に対する裁判長の説示はなかった。

陪審員は合議室に閉籠もること九時間、午後十一時に法廷へ出て来た。

ベルギーにおいては、答申の際には、被告人は出廷しない。

答申は、伯爵に対しては有罪、伯爵夫人に対しては無罪だった。

答申が終ると、被告人両名は法廷へ呼出された。

裁判長は陪審判事と法廷で簡単に合議した後、伯爵に死刑を言渡した。伯爵夫人は無罪として釈放せられた。


伯爵は最後まで抗争して、国王に特赦願まで出したが、勿論却下せられた。

一般民衆は伯爵夫人の釈放に不満を抱いたようだった。まして、伯爵に対する死刑の執行の一日も速やかに行われることを願っていた。

特赦願が却下せられてからは、流石の伯爵も観念したようだったが、教誨師の説教には冷淡だった。

伯爵は説教には耳をも傾けなかったが、典獄に対して、繰返し繰返し断頭器（ギロティン）の刃をよく磨いて置いてくれと願った。当時ベルギーにおいては、ギロティンで死刑を執行したのである。


死刑執行場における伯爵の態度は悠然たるものであった。その前晩、既に死刑の執行が翌暁に迫っていることを予測しながら、彼は十分に食事をして、ぐっすりと眠ったのであった。

断頭器の前で、彼は「刃がよく切れれば宜いがなあ」と独り言を云った。

刃はよく切れた。首は一瞬にしてころりと前に落ちた。

由緒深いボカルメ伯爵家は豹の乳で育ったヒポリートの刑死と共に断絶した。

盗まれた国宝の話

ロンドン東郊のグリニッチは天文台とグリニッチ病院とで世界的に有名になっている。このグリニッチ病院は昔は宮殿だったので、もとより今はその当時の名残を留めていないけれども、エリザベス女王の生まれたのもこの場所である。今も病院と名前には残っているが、実は海軍兵学校と海軍記念館とである。その記念館の中心は絵画室であって、英国の歴史を飾った多くの将星の面影を伝うる絵画彫刻や、その遺物を陳列している。この遺物の内で、至宝中の至宝とも云うべきネルソン提督の遺物約二十点が盗まれた。海事記念館内の、ネルソンの遺物盗難の事実が英国上下の視聴を聳てたことは、もとより云うまでもない。インド全国が一夜に陥没したと云ったところで、これ程は騒ぐまいと思われる程の騒ぎかただった。

尤も、これは少しく旧聞で、一九〇〇年十二月の出来事である。

手懸かりは少しもなかった。直に懸賞が公にせられた。かかる重大事犯に付いて懸賞のあることは、英国では通例で、この場合にも勿論予期せられたところではあったが、その額が案外少かった。それはわずかに二千円だったのである。英国及び英国民から観れば、千万金にも換え難き至宝ではあるけれども、潰しにすれば、とても二千円の価額はない。ネルソンの遺物として、特にそれを永く自分だけで眺めていたいがために、盗んだものとは思われない。いかに無謀な泥棒でも、そこまで大胆にはなり得ないだろう。されば、千古の名提督ネルソンの遺物も、所詮落ち行く先は潰しである、潰しにすれば二千円以下だ、そこで、二千円の懸賞は少ない方ではあるまいと云うのが、その理由だったのである。この理由が既に間違っていた。

手懸かりもなかったが、捜査の方針もまずかった。英国の警察としては、恐ろしく不手際で、三年たっても、まるで、犯人の見当が附かなかった、遺物は勿論出て来ない。

全国警官の焦慮の裡に、三年の歳月は空しく過ぎたが、或る日突然不思議な手紙が濠洲からロンドンの警察本部へ舞い込んだ。

濠洲からロンドン警察本部へ来た手紙に依れば、さきにグリニッチで盗難に罹ったネルソン提督遺物の中で、時計と印璽とは現に自分が持っている、その外のものはないが、その持主は自分にはわかっている、自分の持っている時計と印璽とは売っても宜い、その外のものの周旋もする、右二点の代金は何万円、その外のものの周旋料は何千円と云うのであって、それは如何にも莫大の額であった。手紙には時計と印璽との図形が添えてあった。極めて下手な写生であるが馬鹿丁寧に描いたもので、実物に就いて筆を執ったものだと云うことは、一見して判明した。手紙には勿論差出人の住所氏名が明らかに書いてあった。

「不可能」と云う文字は愚人の辞書にあるのみだと傲語した巨怪ナポレオンも、英国本土には指を染める事が出来なかった。一葦の水を隔てた仏国ブローニエの海辺に立って、「天もし我れにドーヴァー海峡の二時間を与うるならば」と悲痛な述懐を洩らした。この勁敵ナポレオンの無限の野心を大陸に抑制して、英国を泰山の安きに置いた者はネルソンである。ネルソンは理智の名将であった。常に必勝の策を胸に秘め、冷然として静かに敵に当った。しかもまた彼は剛胆な武人であった。戦機熟するに及んで、自ら十字砲火の中心に突進して、敵を屠るか、己斃《たお》るるか、いわゆる捨て身の戦法に乾坤一擲の跳躍を敢えてした。聖ヴィンセントの戦において、乗艦「キャプテン」が蜂の巣のように砲弾を受け、前進不能に陥ったが、彼はことさらに敵艦「サン・ニコラス」に衝突し、それに乗移って直に拿捕し、同艦の甲板を通り抜けて、更に敵艦「サン・ジョセフ」に乗移り、これをも即座に奪ってしまった。トラファルガーの戦における壮烈な奮闘に至っては、もとよりここに書くまでもない。しかも彼は決して粗野な一介の武弁ではなく、妖艶牡丹の如きハミルトン夫人との関係においては、愛着の血に燃ゆる情熱の人であった。トラファルガーの戦の白熱の頂点期に、旗艦「ヴィクトリー」の甲板の上で、致命の重傷を受け、船底に担ぎ込まれて、生死の間に彷徨すること約三時間、彼が最後の息を引取ったのは、丁度敵の大艦隊が粉砕せられ、英軍の徹底的大捷利《しょうり》〔勝利〕が確実となったその瞬間であった。この三時間の瀕死の床において、彼の唇から洩れて来たきれぎれの言葉は、武将の言葉でもあり、詩人の言葉でもあった。実《げ》にや彼の死は武将の光栄の死であり、詩人の崇高な死とも観られるのであるが、彼の生涯は既に一篇の長詩である。ロンドンの東北五十里、パーナムの片田舎の平静な牧師の家に生まれ、海軍に志してから、東西に馳駆したが、もともと虚弱の体質であったために、しばしば重病に悩み、回生の望みがないと云われたことも再三だった。しかも諸所の苦戦に先ず右眼を失い、更に右腕を喪ったけれども、その不出世の才幹は事毎に穎脱《えいだつ》した。この病残不具の将帥に依って、英国は能く存亡の危機を超えて、完全に海洋の覇者となってしまったのである。

英国もまたその国初以来、治乱興廃相錯綜してはいるが、その千年の歴史を通じて、大難に遇うこと凡そ三たびと註せられる。最初は上世におけるデーン人の来寇である。その始期は史乗に明らかでないが、恐らくは数百年に亘って襲来したものと思われる。寺院を焼き、婦女を殺し、財貨を奪って、兇暴の限りを尽したが、これを剿滅したのはアルフレッド大王である。尤もアルフレッド大王のこの成功も容易に贏《か》ち得たものではなかった。大王の逸話に付いては、歴史と伝説とが完全に分離していないけれども、大王が或る時デーン人に撃退せられ、辛うじて身を以て免れて、豚飼の家へ逃げ込んだが、その主婦に菓子を焼くことを頼まれた。智謀に勝れた大王も貧乏長屋の菓子を作ることは不得手で、遂に見事にそれを焦がしてしまった。そこで主婦は激怒して、大王を殴打した。勿論大王とは知らなかったのではあるけれども、戦敗れては、明君も匹婦の鉄拳に甘んじなければならなかったのである。又或る時には大王自ら歌唄いの旅芸人に変装して、デーン人の本営に紛れ込んで、その秘策を窺ったとも伝えられる。その次の外難はエリザベス女王時代のスペインの無敵艦隊の来寇である。この時は驍勇サー・フランシス・ドレークの奇捷《きしょう》〔奇勝〕に依って、それを英仏海峡に全滅せしめたのであるが、ドレークの戦法もまた寡を以て衆を破るものであって、小舸直に大船に喰い込んで、その骨を摧きその肉を屠るのであった。期せずして、ネルソンのナイル沖やトラファルガーにおける鬼籌とその揆を一にしている。即ち捨て身の戦法であって、源九郎義経の流儀であり、柳生流の極意である。第三の外患は第十八、九世紀の交のナポレオンの欧洲攪乱である。これに抗して、敢然として起ったのが、ピットであって、ピットの政策に燦然たる光彩を添えたのは、ネルソンである。右の三つの国難において、能くそれに打克ったのみならず、かえってそれを飛躍的興隆の原因としたのは、英国人の偉大なゆえんであるが、凡そ英国人程功臣を欽慕欣仰する念の強いものはない。彼等は国を愛するが故に、国を誇るが故に、国難に処し興国に与った人を尊重するのであって、この点においては彼等は正に宇内第一である。しかしてこの英国人の最も景慕する英雄の一人はネルソンである。そのネルソンの遺物が盗まれてから、既に三年、国民は上下を挙げて、警察の無能を攻撃した。そこへ丁度、前に掲げた手紙が舞い込んだのである。警察本部は遽に色めき渡った。

豪洲からの手紙で、ロンドンの警察本部は頓に活気を帯びて来た。早速返事を出して、ネルソン提督の遺物の中で、時計と印璽とは当方で買受ける、その余の品物に付いても、然るべく周旋をしてもらいたい、勿論御礼はすると、書いて送ると同時に、秘密の裡に、濠洲の警察と連絡を保って、犯人捜査の手配を定めた。然るに買受けの交渉や周旋の依頼に対して、一向返事が来ないばかりでなく、問題の手紙の主の所在が全く不明だと云う調査報告が、濠洲の警察から送られた。ロンドンの警察本部は又しても大魚を逸した。折角手懸かりが出来かかったところで、犯人は巧みに踪跡を晦ましたのである。

その後ふた月程経て、不思議な男がロンドンの警察本部に出頭した。用件はネルソン遺物の発見の御礼はどの位だか、お伺いしたいと云うのである。尤も斯様な問合せのあることは、決して珍しくはなかった。何しろ、英国の上下を聳動した大事件である、我こそそれを捜し出して、偉人の遺物を再びグリニッチに飾ろうと奮発した者は尠《すくな》くなかった。それには純情な愛国者もいた、興味本位の探偵臭から躍起となった連中もあった、中には篤と御礼の高を訪ねた上で、算盤勘定の如何に依っては、一臂《いっぴ》の力を揮おうと云う経済式の有志も出て来て、直接又は間接に礼金の問合せをして来るのは、特にこの事件においては、むしろ応接にいとまのない位だった。しかしこの時は、例の問題の手紙に手を焼いて、ロンドンの警察本部では一方ならず焦っていたから、事件主任のアロウ氏が進んでその男に面接した。

アロウ氏が応接室に現れると、その男の態度は急に変って来た。不安の気分がその眉字の間に漂って、強いて沈着を装ってはいるけれども、狼狽の色は看過することが出来なかった。しかも相手は炯眼なアロウ氏である。こ奴は怪しいと直覚した。しかし直覚だけでは逮捕することが出来ない、今ここで訊問したところで、自白しそうな男でもない、そこでアロウ氏は極めて物柔かに、世間話で時間を繋いで、その間に動きのとれない証拠を摑もうとした。

先ずアロウ氏は雑談の間に、その男の指紋を取った。雑談の間に相手にわからないように、手の着いた煙草の喫い殻、灰皿、茶碗、何でも彼でも、隣室へ運ばせる。灰皿を代えたり、茶碗を出し入れするのは、勿論、普通どこでもすることだから、例の男も別にそれには気を留めなかったが、実は隣の室で指紋を取って、前科を調べているのである。アロウ氏は相手の男に知れないように、給仕に目配せして、総て遺漏なく、事が運んだ。

隣の室では、一生懸命に指紋の調査をしている。こちらではアロウ氏が例の男を巧みに操って、雑談に耽っている。果して、彼は前科数犯の大盗人で、ネルソン遺物の盗難の前数日に出獄したばかりの男である。それが、隣室で指紋の調査に依って判明すると共に、その調査の結果はアロウ氏にひそかに知らされた。

アロウ氏はその男に対して、ネルソン遺物盗難の件に付いて、逮捕すると言渡した。その男は、当時自分は英国にはいない、濠洲にいたと云い争ったが、いかにせん、盗難の前数日までは、ロンドンの監獄にいたのであって、この弁解はむしろ嫌疑を深くするだけのことである。

アロウ氏は即座にその男を逮捕した。しかし、まだ証拠はない。これだけでは拘留状がもらえない。それは丁度土曜日の夕刻だった。月曜日の朝までには、何か目鼻の附く証拠を手に入れなければならない。その男の陳述に依ると、彼が豪洲にいたことと、豪洲からロンドンへ着いて、その足で直に警察本部を訪ねたことだけはたしかなようである。いつから濠洲にいたか、それに付いては、彼の供述は信ぜられないが、いつまで濠洲にいたかに付いては、彼の云う処は本当らしい。彼は例の手紙の主に相違ないのである。然るに、彼は勿論自白しない。そして、月曜日の朝までには、何か証拠を手に入れなければならないのである。

アロウ氏は日曜の全日、ロンドン中の停車場、ホテル、料理店、運送屋等、凡そ荷物の一時預りをしそうな所をことごとくあさって見た。例の男は濠洲からロンドンへ着いて、直に警察本部を訪ねたのだが、その時には何も持っていなかったから、荷物はきっと何処かに預けてあるに相違ないと思ったからである。日曜日の夜遅く、アロウ氏はようやくにして、荷物を発見した。それは中形の鞄だった。早速開けて見たが、馬鹿馬鹿しいことには、二、三枚の古着と手風琴一つしか出て来なかった。

がっかりして、アロウ氏は自分の家に帰った。細君がにこにこして疲れた夫を食卓に迎えた。

「ああ、いやだいやだ、一日ロンドン中を廻って、やっと発見《めっ》けた鞄は、古着と手風琴さ。どうもあの男に相違ないのだが、みすみす放してやらなきゃなるまい。」

「あなたは、その手風琴の中を御覧になって？」

細君に云われて、アロウ氏は吃驚した。負うた子に教えられて、浅瀬を渡ると云うのは、正にそれである。流石練達のアロウ氏もそこまでは気が附かなかったのである。翌早朝、アロウ氏は問題の鞄の保管所へ行って、手風琴を取り出して、それを開けて見た。中から出て来たのは、ネルソンの時計と印璽とであった。

動きのとれない証拠に依って、例の男は長い懲役にやられた。この捜査の成功は、アロウ氏の指紋の妙用とアロウ夫人の機智とに依るものである。

ネルソンの遺物の外のものはまだ出て来ない。

大きな巡査

誰でも、ロンドンに着いて、一番先に眼に附くのは、あの大きな巡査であろう。六尺豊かな大男が兜まがいの帽子を被って、つっ立っているところは、颯爽たる英姿とまでには行かないでも、とにかく、壮観であり、偉観である。大きな身体だから、動作は鈍い、少なくとも、鈍いように見える。そして、この巡査の使う言葉は鄭重だが、大抵はコクネーで、あまり上品ではない。大きな男がのそりのそりと歩いて、舌ったるい言葉を使うのだから、茶気もあり、雅気もある。鈍重だが、余裕はある。よく語り伝えることで、真偽の程は保証し兼ねるが、或る時、例の大きな巡査が遽に手を挙げて、通行を遮断した。幾十の車馬、幾百の行人がぴたりと一斉に止まったが、さて、この巡査が遽に交通を止めた理由がわからない。そこで、或る人がそれを訊ねたが、その巡査の答えが振るっている。今そこへ二十日鼠が一疋通ったからだと云う。車馬轂撃《こくげき》の都大路に立って、交通整理の劇務に服していながら、一疋の二十日鼠の安危を考える余裕を存すると云うことは、たしかに敬服に値する。この大男なかなか智恵がよく廻る。この二十日鼠の話は人口に膾炙しているけれども、或いは嘘かも知れない。この話は嘘かも知れないが、鈍重なロンドンの巡査は交通の整理が上手で、犯罪の捜査も巧妙である。英国の犯罪捜査の成績は極めて良好なようだが、これには種々の理由がある。しかし、大男の巡査の智恵が案外よく廻ることも、その有力な原因の一つである。

フランス人は英国人に比べると、遥かに小綺麗である。特にパリの巡査とロンドンの巡査とを較べると、パリの方がきびきびして、抜け目がなくって、機転が利いている。殊に、パリでは刑事巡査には大男を歓迎しない方針だそうで、その理由は、大男は眼に附き易いから、犯罪の捜査には工合が悪いと云うのだが、尤もなことである。しかし、大きなロンドンの刑事巡査が不首尾で、小さいパリの探偵が好成績かと云うと、必ずしも左様ではないようである。勿論、この方面における両国の優劣の問題の如きは、容易に論断すべきことではないが、とにかく、英国の犯罪捜査の実績が世界的に好評を博していることは事実である。

ロンドンの巡査には茶気があり、稚気がある。

現在のロンドンの巡査の元祖は昔のロンドン市御雇の邏卒で、赤チョッキを着ていたから、「赤胸の駒鳥《ロビン・レッドブレスト》」と云われた先生達である。この「駒鳥」仲間で第一番の人気者はタウンスエンドと云う男だった。尤も、この男は身体は小さかったそうだが、茶気の点においては、正に現在のロンドンの巡査の大先輩たる資格を十分に備えていたようである。

邏卒から帝王の近侍の護衛に立身して、ジョージ三世、ジョージ四世、ウィリヤム四世の三朝に歴任したが、石炭の荷揚人足から出世した男である。石炭の荷揚人足だった男が昇殿を許されたのだから、当時のお公卿様の思わくは宜しくない。世襲堂上の公卿達はタウンスエンドを軽蔑もすれば、嫉視もする。しかも、当時のロンドンの廷臣の皮肉は辛辣だった。伊勢の瓶子は素瓶かと云ったような悠長なことは言っていなかった。或る時一人の廷臣が他の廷臣にタウンスエンドを紹介する際に、「タウンスエンド、私は今このかたに君を紹介しようと思うのだが、それに付いて、事実は事実として確かめて置く必要はあるが、君は以前石炭の荷揚人足をしていたと云う噂だが、それは本当のことかね」と尋ねた。勿論、よく知っていながら、事新しく嫌味を云ったのである。しかし、タウンスエンドはそれに辟易するような男ではなかった。「左様でございます。それは全く本当のことでございます。しかし、一寸申上げて置きますが、もし、あなたが石炭の荷揚人足だったならば、一生やはり石炭の荷揚人足で終るに違いない、と、斯様に私は考えますので、はい、失礼ながら、念のために。」

滞英中、私は職掌柄しばしば法廷へ傍聴に行ったのであるが、或る時、判事が被告人に刑の言渡しをするに当って述べた一句に、甚だ興味を感じたことがある。元来英国の判事は刑の言渡しに際して、長い意見を堂々乎と述べることが、お得意であって、しかも、それは単に被告人に対して云うのではなく、傍聴人全員に、否、傍聴人全員を通じて、一般公衆に対して云うのであって、経世の大議論が迸発することも、尠《すくな》くはないのである。この時は、この事件の証人となって供述した警察官に関するものであったが、「かつては、警察官は被告人の敵だと信ぜられていた、又、実際において、左様なこともあった。被告人を陥害し、誹謗することを以て、警察官の任務なるが如く考えていた警察官もたしかにいたのである。然るに、今は警察官の気風は一変した。今日の警察官は是を是とし、非を非とし、たとい悪事を働いた被告人でも、その素行、環境ないし犯罪の動機等に付いて、同情すべき点や賞揚するに足る廉があるならば、卒直にそれを開陳するようになって来た。被告人の悪事を剔発するのみが警察官の本分ではない。勿論、警察官は被告人の悪事を究明しなければならないが、これと同時に、美点は美点として、これを明白にしなければならない。悪の曝露者であると共に、善の紹介者でなければならない、本件における証人××巡査の供述の如きは、この点に付いて、正に理想的の典型と云うべきものであって、××君は証人として、被告人が前科数犯の後、深く悔悟し、正業に就く決心をして、それがために随分苦労もし、勉強もしたが、結局就職難に困って、喰うに困って窃盗を働いた経過を、極めて坦懐に当法廷において陳述したのである。被告人はこの証言にはたしかに感激したようであるが、私もまたそれを満足に思うのであって、ここに××君に衷心の謝意を表し、且つ、警察官全般の名誉のために、特にこれを言明する次第である」と云うのが、その要領だった。私の翻訳――しかも、書いた物に依らず、耳で聴いたことを、お伝えするのだが――は拙いけれども、情理を尽したこの名演説には、満廷粛然として、斉しく頭を垂れたのであって、私もまた襟を正しくして、傾聴したのであった。

英国にポリス・コート（治安裁判所）と云うものがある。刑事事件では、比較的軽微なものの裁判、一般の予審、民事事件では、扶養や住居の問題を取扱っていて、ロンドンには十数箇所ある。ポリス・コートと云う名前から即断して、警察附属の法廷と考え、警察官が裁判するように思っている人もあるようだが、それは大変な誤解で、制度としても、建物としても、勿論警察署から分離した独立の法廷で、警察官に裁判権のないことは、云うまでもない。さて、このポリス・コートの刑事事件は大部分は現行犯で、従って、その証人の大多数は警察官である。この警察官が証人として陳述するのには、余程の訓練を必要とする。巧みに裁判官を誤魔化すための稽古では、勿論ない、真実を真実として陳述することの修養である。被告人の不利益のために、あること、ないこと、虚実こね合わせて、自分の検挙した事件をものにしようとする弊害、即ち、真実を述べるのは勿論宜い、真実の上に虚偽を附加することがいけないのである。しかし、職務に熱中するの余り、或いは又、自己の功績を挙げんと欲するの余り、感情的に、被告人の不利益に虚偽を附加する弊害を防止するための訓練である。このポリス・コートには大抵一人か二人かの上級警官が傍聴することになっていて、部下の警官の供述を注意する。そして、供述の正当な警官を栄進せしめ、然らざる者を戒飭《かいちょく》する仕組になっている。事件を逃がさないための監視ではない、真実を真実に供述せしめるがための監視である。このことは判事も左様に云っているし、弁護士もそれに裏書していた。ポリス・コートには陪審が附かないが、陪審員には、もし警官の証言の八十パーセントが真実であって、二十パーセントだけが虚偽だったような場合には、八十パーセントだけを信用すると云ったようなことはなく、百パーセントことごとく信憑しないと云う通弊がある。――これは、少なくとも、英国の刑政方面の実際家のほとんど一様に是認しているところである。されば、相当以上に被告人の不利益に供述することは、かえって有罪となるべき事案を無罪に導くゆえんであって、公安のためには、由々しき大事なのである。

警官は十分に人間味を持っていることを以て尚しとする。人間らしい人間、スポーツマンライク（スポーツマンシップを競技道とか運動精神とか翻訳するのは間違っている。勿論、スポート即ち競技と云う字から出て来た言葉であるが、現在英国における用例に依れば、堂々乎たる人間道と云う意味である。我国の武士道とほとんど同一意義である）でなければならないと云うことは、彼等の常に教えられているところである。従って、この理想に適った行動は、上下から賞揚せられ、欣慕せられる。

或る常習の泥棒（前科十数犯の老賊だが、丁度出獄していた）の身辺の内偵を命ぜられた若い警官が、その泥棒の家をそれとなく窺って見ると、何となく家の様子が打ち沈んで、女房の泣き声が洩れて来る。そこで、附近の者に就いて、様子を探ると、前晩例の老賊が病死したが、金がないので、葬式用の花束も買えない。それで、女房が泣いているのだと云うことが判明した。若い警官は早速花束屋へ行って、なけなしの財布の底をはたいて、黒リボン附きの花束を一つ奮発して、老賊の遺妻の許へ送らせた。

やはり常習の泥棒が逮捕せられた時に、その家には一銭の余財もなかったところへ、三つになる一人娘が重いインフルエンザに罹って、回春の望みはほとんど絶えていた。泥棒は二年余りの懲役を終えて出獄したが、どうせ家も人手に渡っているだろう、娘は死んだに相違ない、女房はどこかで乞食でもしているだろう、しかし、住み馴れた所だ、とにかく一度名残のために見て置こうと思って、元住んでいた家へ来て見ると、電灯が賑かに輝いている。女房は嬉しげに出迎える、奥の方からパパアと云って飛び出して来たのは、生き生きとした自分の娘で、小ざっぱりした着物を着ている。出獄囚は夢かとばかり驚いたが、女房の語るところに依ると、自分の入獄後、娘のために医師や看護婦を世話してくれ、女房のために内職の紹介までしてくれたのは、自分を逮捕した主任の警官だと云うことであった。親子三人は直にその警官の家へお礼に行った。私の悪事の原因と云うのは、皆、酒でございます、旦那の前で、誓って、私は酒をやめますと、嬉しまぎれに、常習泥棒はこの時禁酒を誓ったが、その後禁酒は励行せられて、今は立派な真人間になっている。

或る警官が嬰児を抱いて身投げをしようとする若い女を救った。女の素性を訊ねると、どこにでもあることだが、可哀相な物語である。或る田舎の相当な家庭の娘だったが、親の許さぬ男と駆落ちして、ロンドンへ来たが、男は薄情な者で、女を棄てて、逃げてしまった。女は実家と勘当にはなっているし、手に覚えた職もないので、直に糊口に窮した。幸か不幸か、女は若くて美しかった。貧しくって美しい女の落ち込む淵は、どこの国でも大抵同じところである。女はその日その日のパンのために、仇し男を取り替えている間に、誰の胤ともわからない子を持つことになった。途方に暮れて、死ぬより外に途はないと、覚悟を遂に定めたのであった。この女に同情の涙を濺いだのは、右の警官とその細君とであった。英国では、自殺は犯罪になっている。従って、自殺を企てて未遂に終った者は、法廷に立たなければならない。警官夫婦はこの女のために、百方奔走して、嬰児の世話人から、女の就職口まで世話をして、女はめでたく釈放処分を受けることになった。嬰児は今ロンドン近郊の或る裕福な老夫婦に引き取られているが、警官夫婦は日曜毎にそこへ訪れることを楽しみにしている。

こう云った実話は枚挙にいとまはないが、いずれも、警官の好箇の模範的行動として、官民の推賞する事例になっている。

ロンドンの中にイタリア町と呼ばれている裏町が沢山ある、文化の粋を鍾《あつ》めたと思われるリーゼント通りやオックスフォード通りから一、二丁距ったばかりの場所にすら、このいわゆるイタリア町がある。イタリア人やユダヤ人の重に住んでいる町で、総てが薄暗く穢く混雑している。巷を歩む行人にも、店に列べられた商品にも、ロンドンとは懸け離れた異国的の風趣があるから、私はしばしばそこへ杖を曳いたが、斯様な町には喧嘩が多い。男同士の喧嘩もあれば、女同士の喧嘩もあり、夫婦喧嘩も決して尠《すくな》くはない、路上でぽかんぽかんやっている。喧嘩が始まると、どこからともなく、巡査がぬうっと出て来る。前にも書いた通り、ロンドンの巡査は皆大男である。身体が大きいから、行動も一寸機敏には見えないが、それでも、喧嘩が始まると、瓢然として、出現する。そして、喧嘩を眺めている。制止もしなければ、叱責もしない。ぬうっと出て来て、ぬうっと立って、ぬうっと見ているだけである。喧嘩の場所が異動すれば、巡査もただそれに附随して行く。とにかく、大きな巡査が不得要領然として、無言の行の禅坊主のように立っているのだから、喧嘩をしている当人同士も薄気味が悪くなるものと見えて、いつのまにか、喧嘩を止めてしまう。或る日、私は例に依って、イタリア町を歩いていると、五十位の中年の男女がなぐり合いをしている。例の如く、巡査がぬうっと立っている。喧嘩の御当人はやがて喧嘩を止めて、同じ家へすごすごと入って行った。巡査は私の顔馴染みの巡査だった。

「旦那もよく喧嘩見物にいらっしゃいますね。今の夫婦はね、六年前にシチリアから来たうどん屋ですがね、よく喧嘩をするやつでね、今月になってから、これで九回目ですよ。」

この巡査は他人の夫婦喧嘩の回数まで勘定している、不得要領居士なかなか要領を得ている。それ以来私はこの巡査と懇意になった。私はこの巡査の世話になったことは尠《すくな》くない。私がロンドンを出発する時、わざわざ停車場へ見送りに来てくれた。丁度私の入った客車の車掌がこの巡査の懇意な男だった。「大切な旦那だ、ようっく世話して上げてくれ、頼んだよ、頼んだよ」と云って、大きな男が涙を流していた。

微笑夜叉の話

鳶が鷹を生んだと云うか、だらしのない極道者を親に持ちながら、ノラ・ケリーはいかにも可愛い利巧な娘だった。貧しい家に生まれたことは、もとより不仕合せだが、貧しい家に生まれた綺麗な女は、或る意味において、更に遥かに不仕合せである。しかも、親のケリーは、ひと廉のやくざ者なのだから、どうせこのノラの落ち着く先も、大抵きまっている——と同情して、その地方の裕福な未亡人、トパン夫人は、ノラを引き取った。

真実の親の許を離れて、ノラはトパン夫人の家に移った。まず、我国の養子に似たようなもので、名もこの時にジェーンと変え、姓は養い親の姓をそのままに、トパンと云った。

このジェーン・トパンが本篇の女主人公である。

ジェーン・トパンは可愛らしい娘だった。白人には珍しい黒い瞳がぱっちりとして、いつもにこにこと笑っていたが、その笑顔が又評判の種だった。可愛いジェーン、美しいジェーン、いつも笑っているジェーン、笑顔のジェーン……と云ったように、凡そうららかでほがらかないくつかの綽名を以て、彼女は人々に可愛がられ、重宝がられていた。

ジェーンの生まれたのは、一八六〇年代だが、その頃は、その地方――北米合衆国のロエル――も流石に大分せち辛くなっていて、娘を持つ親は、まず以て、娘の将来の方策を考えてやらなければならなかった。然るべき家の嫁にもらわれれば格別だが、さもない限りは、一人で自活の出来るように、女に相当な職業を、娘の頃に学ばせて置くのが、一般の風習だった。だから、小学校を卒業すると、大抵は程度の低い実業学校へ入れるのが、通例だった。

しかし、ジェーンに関する限りは、将来の心配はない。彼女は綺麗で、優しくって、いつもにこにこしている。晴れやかな美人である。お嫁の口は方々からかかって来るに相違ない。又、よしんば、良縁がないにしろ、養い親は裕福なのだから、彼女自身に彼女の生活の道を考えさせる必要はない。下らない実業学校へ入れるよりは、高尚な学校で、のんびりした教育を受けさせるに如くはない、と云うので、彼女はその土地の女子大学に通学させられた。

果して、縁談は多かった。若い快活な乙女が、浮世を離れた学窓で、屈託のない勉強をしている。その間にも、嫁にもらいたい、妻に欲しい、と云う話は、降って来るように、舞い込んで来る。あちらにしようか、こちらにしようか、微笑む彼女の美しい大きな瞳は、まっ直ぐに、洋々乎たる将来を見つめていた。

ジェーンが二十を越えて、まもない頃であった。ジェーンは遂に意中の人を得た。立派な青年で、この人ならば、とジェーンが深く思いつめたその男が、ジェーンに結婚を申込んで来た。かくして、相愛の男女は堅く行く末を誓って二人は楽しい約婚の仲となった。

然るに、移り易いのは、男の心である。男はジェーンを棄てて、外の女と結婚した。初恋に破れたジェーンは、この時を機会に、その心境ががらりと変った。昔ながらに、その頬は依然として微笑んではいたけれども、瞋恚の思いは心頭に燃えていた。美しいその顔に似もやらで、悪鬼の呪いがその胸に宿っていた。優しい乙女は一転して、近世犯罪史に特異の類型として、永く喧伝せらるべき女性となってしまったのである。

思った男に捨てられるや、ジェーンは自活の途を講ずると云って、看護婦を志願した。ジェーンの養い親が裕福なことは、前に書いた。勿論、人々は頻りにこれを止めたけれども、彼女は固く意を決して、或る大病院の看護婦となった。それは、ジェーンの二十五の時のことである。

看護婦の第一要件は、優しく快活なことである。クリミヤにおけるナイティンゲイルはこの意味において、看護婦の典型だったのである。ジェーンに至っては、今は、暗い荒んだ心を抱いてはいるが、その外貌はやはり優しくて快活なのである。しかも、彼女は熱心だったし、その技倆も卓越していた。まもなく、模範看護婦として、病院では、最も重要な一員に挙げられた。

しかし、後に書く不思議な犯罪の萌芽は、この頃、既に現れ初めた。

ジェーンが、入院中の或る青年の看護をしていた。眉目清秀の好男子だったが、全快間際になって、一向熱が下らない。しかも、時々、甚だしい高下があって、熱から判断すれば、症状は極めて面白くないのだが、医師が診察すると、病気は最早完全に治っている。そこで、医師が体温を測ると、平熱である。ここにおいてか、故意か、過失か、ジェーンの作った体温表がでたらめだと云うことがわかって、ジェーンを詰問すると、自分はひそかに、患者を恋い慕っていた、患者をいつまでも自分に牽き附けて置くために、即ち、患者を退院させないように、わざといい加減な体温表を拵えたのだ、と白状した。

勿論、ジェーンの行為は深く咎むべきであるが、かつては、思う男に棄てられて、心の寂しさに泣く女が、今の恋をしっかりとおのが胸に包んで、うち明けられぬ悶えに悩みながら、せめて、いつまでもこの人の傍近くいたいと云うその心根に、人々はむしろ同情した。そして、一切を不問に付して、ジェーンを解雇した。

ジェーンは更に他の大病院に勤務して、そこでも多大の信用を博したが、程なく、ハーヴァードの近くに、一戸を構えて、自分で看護婦の開業をした。

この頃、ジェーンは既に三十に近かった。しかし、いつも優しく美しく、にこやかに微笑んでいたから。快活な美人看護婦として、人々に重宝がられたが、失恋の深傷は遂に癒えず、怨恨はその心情を蝕んで、これから、いよいよその犯罪の怪奇劇が、次から次へと展開するのである。

ジェーンの家主は財産家だったが、その夫人が一八九五年の五月に、当主——ダンナムと云う——が一八九七年の九月に、いずれも急死した。尤も、夫人は腸の疾患、当主は心臓病に罹ってはいたのだけれども、死は突如として、襲って来たのである。二人とも、ジェーンの看護を受けていたが、実は、その看護婦のジェーンに殺されたのである。殺害の方法は、モルヒネの注射。動機は、ただ殺してみたかったと云うに過ぎない。ジェーン自身は、斯様な老人を生かせて置くのは、無駄だと思ったからだ、と説明している。

ジェーンはその後、或る神学校附属の病院の看護婦になったが、その病院の看護婦長のコンノア夫人が神経衰弱で、ジェーンの看護を受けているうちに、突然死んでしまった。やはり、ジェーンがモルヒネ注射で殺したのだが、動機がはっきりしない。看護婦長に自分がなりたかったからだとも思われるけれども、ジェーンがコンノア夫人の死亡と共に、果して看護婦長を命ぜられたが、まもなく、彼女は病院を辞し去った。元来、神学校附属の病院は勿論甚だ陰気なもので、ジェーンの気質には合わなかったのである。看護婦長の地位をさ程強く望んでいた訳ではないので、この殺人の動機も、常識では、一寸わからない。

それから、ジェーンは度繁く、同じ方法で、幾多の人を殺しているが、いずれも、その動機がはっきりしていない。尤も、一応の動機は認められるが、さて、それが果して、人を殺すまでの原因となったのだか、どうか、とにかく動機らしいものがあっても、彼女はその動機に決して執着していないのである。それが、いかにも不思議な点である。

神学校附属の病院の看護婦長を辞してから、ジェーンは久し振りで故郷に帰って、ブライガム夫妻の家にいた。ブライガム夫人はジェーンの養い親のトパン夫人の娘で、ジェーンがトパン夫人に引き取られた頃には、ブライガム夫人は既に結婚していたのだが、我国の流儀で云えば、ジェーンにとっては、ブライガム夫人は義理の姉に当る訳だけれども、トパン夫人の死後、ブライガム夫婦がジェーンの養い親と云うことになって、ジェーンは両人を「お父さん」「お母さん」と呼んでいた。さて、しばらく振りで、ジェーンはこの両人を訪ねたが、この「お父さん」に恋を感じて、この人の妻になりたいと考えた。ブライガムは既に七十を超えているが、ジェーンはまだ三十四、しかも、仮初にもしろ、親子と云うことになっている。その子が父と結婚したいと云うのだから、勿論、普通人には考えられないところである。しかし、ジェーンはそのために、「お母さん」のブライガム夫人を殺した。手段はやはり前と同様である。しかし、ブライガムはジェーンが自分と結婚したいと考えていると云うことは、少しも意識しなかった。夫人の死後、家政婦として、カーキンと云う女を迎えたが、ジェーンにとっては、このカーキンが自分の結婚の希望の障碍になる。そこで、このカーキンをも殺した。その後、ブライガムは自分の妹を家政婦代りに呼び寄せたが、これもジェーンの毒牙にかかった。この連続殺人は一八九九年から一九〇〇年へかけてのことであるが、かく三人の生命を犠牲として、貫徹しようとしていた結婚の希望も、ジェーンはまもなく、さらりと棄てて、やがて、「お父さん」の家を離し去った。

一九〇一年の七月と八月とには、ジェーンは更にひどいことをしている。皆、モルヒネ注射の殺人だが、犠牲の人々は次の通りである。

デヴィス夫人、これはジェーンの恩人で、同時に親友。ジェーンはこの婦人から相当巨額な金を借りていたが、決して催促は受けていなかった。

ゴルドン夫人、前記デヴィス夫人の娘。これもジェーンに金を貸していたが、かつて一度も催促はしていない。

デヴィス、前記デヴィス夫人の夫。ジェーンはこの人と結婚したかった。それが、デヴィス夫人を殺した一つの原因でもあるらしいが、結婚はしないで、殺してしまった。

ギブス夫人、デヴィス夫妻の娘で、ゴルドン夫人の妹、これがジェーンの最も親しい友人で、ジェーンはこの婦人から色々世話になっている。その親友且つ恩人を殺したのは、ギブス――夫人の夫――と結婚したかったためのようだが、ギブスの方では、左様なことを夢想もしていなかった。

ここで、ジェーンが捕えられたが、ジェーンの自白に依ると、ジェーンの殺したのは、驚くべし、三十一名。しかも、官憲の調査に依ると、被害者の実数は、更に驚くべし、五十余名。ジェーンは別に自白を差控えたのではなく、二十余名の分は、自分自身で忘れてしまったものと見える。

この殺人五十余件、それは、ジェーンが二十七、八から三十五までの間に行われたのだが、方法は例に依って、モルヒネ注射の一点張り。ジェーンの犯罪の特徴は左の通りである。

（イ）健康な人は殺さない、いつも自分が看護中の人を殺す。

（ロ）殺された者は、多くは、ジェーンの親友で、仮初ながら、親もあり、世話になった恩人も多い。

（ハ）動機は極めて薄弱で、結婚したいがための犯罪もあるが、次の瞬間には、その結婚をけろりと忘れている。

裁判所は知名の精神病学の大家三名をして、ジェーンの精神状態を鑑定せしめた。鑑定の結果、果して彼女は殺人狂である。何等の動機なく、何等の原因なく、ただふらふらと殺したいがために殺す、甚だ危険な人物だが、精神は全く喪失状態だ、と云うことであった。

そこで、責任能力なしと云う理由で、ジェーンは釈放せられたが、それと同時に、瘋癲院へ収容せられた。

瘋癲院において、ジェーンは驚くべき告白書を公表した。それに依ると、自分は決して、狂人ではない、自分は確乎たる意識の下に、明白なる目的を以て、それぞれの犯罪を断行したのである。しかし、狂人だと鑑定せられると、無罪になるのだから、無罪になるために、鑑定医の訊問に対して、ことさらに狂人らしい陳述をしたのである、自分は看護婦であって、医学にも心得がある、この問いに対して、かく答うれば、必ずや狂人と認められると云うこつを知っている、そのこつに依って、自分はうまうまと、佯狂術《ようきょう》に成功したのである、気の毒なことだが、自分は合衆国における三人の精神病学の最大の権威を、揶揄し、翻弄したのである、今や、自分に対する無罪の裁判が確定して、自分は自分の犯罪のために、再び追究せられることがなくなった、この機会において、自分は真相を天下に発表する——と云うのである。

この告白書は、随分長文のものだが、叙述が極めて流暢で、一篇の活小説である。人々はこの告白書を信じて、鑑定医の誤診、従って、裁判所の誤判に、著しい不満を感じた。

告白書真か、鑑定真か、これが非常な問題となった。しかし、鑑定医三名は冷然として、笑って云った。

「あの告白書そのものが、気違いの証拠だよ。」

果せるかな、まもなく、ジェーンの動作は、著しく常規に遠ざかって来た。顔は青ざめ、眼は血走って、絶えず、「ああ殺しに来る！　私を殺しに来る！　私を殺しに来る！　私は毒殺されるのだ！」と叫んで、彼女の眼には、あらゆる人が、否、鳥獣虫魚、凡そ目に触るるありとあらゆる物が、彼女を毒殺せんとして、彼女に襲い来るように見えた。五十余人を無雑作に毒殺した彼女は、「ああ、怖ろしい！　私は毒殺される！」と泣き叫びながら、狂い死に死んだ。

司法大臣を生んだ怪賊団の話

暴帝ネロの世に、鷲の目を忍ぶ小鳩の群のように、涙を呑み声を抑えて、聖ペテロ、聖パウロに篤い祈りを捧げたキリスト教徒の隠れ場所であったか、但しは又、ひと頃は賽者の繁き礼拝堂であったけれども、誰云うとなく、黄昏時に悪魔の通う影を見たと云ったような噂が伝わって、それ以来、霧の朝雨の夕に、被衣《かつぎ》眉深《まぶか》な若い面《おもて》を、聖母の像の御裾に伏せて、儚い恋を訴える女も来なくなったか、とにもかくにも、千年の昔は知らず、三百年五百年このかた、訪う人もなき廃寺である。昼も蝙蝠が飛ぶだろう、まして丑三つの刻限である、火を噴く山の怪しい風、潮鳴る海の暗い臭いが、音もなく静かに渡り来る、将門の怨みを包む相馬の古御所と云うよりも、この世を呪う一切の悪霊を宿すと思われる凄愴な場所の粛殺な時刻である。

荒れた堂の中に、白い長い衣裳をまとった者が七人、馬蹄形に立っている。白い覆面で顔は見えないが、二つの穴から睨んでいる二つの眼は、破れた窓からわずかに洩れる蒼い月の光を受けて、羅刹のように奇《くす》しく輝く。その七人に取囲まれて、一人の男が上半身赤裸のままで跪いている。半裸跪座のその男の左右に、並び立つ七人の異装の者と同様な覆面長衣の者が、一人ずつ三尺有余の白刃を揮っている。七人の異装の者は交互に鋭い声で半裸の男に問いを発する。もし一寸でも答えが渋ると、左右の刃は半裸の男の頸に閃裂するのである。幸いにして問答が済むと、その昔鞍馬の山で僧正坊から牛若丸がもらったような大きな巻物が、半裸の男に渡される。半裸の男は鏑矢のような鋼鉄のペンを、自分の二の腕にぐっと突き込んで、腥血を以て、巻物に署名する。署名が終るや否や、左右の二人は半裸の男の臂《ただむき》を摑んで、例の白刃で、その肱《かいな》に黥《いれずみ》をする。黥は悪魔か獅子か——妙な取合せではあるが、天使か、三つの内一つの形を刻み込むことになっている。黥が出来上がると、半裸の男は立って、叫ぶ。それは誓いの叫びである、呪いの叫びである。「一切の法律を蹂躙し、一切の秩序を破却し、眼に触るもの手に触るものを盗奪し、その十分の一を我等の本部に捧げまつる」と云うのである。これに対し、七人の問者、二人の剣客が一斉に、「汝我等の庇護の下に在り」と云う。宣誓の終る頃には、残月の利鎌《とがま》は次第に冴えた影を潜めて、東の空が微かに赤い色を帯びる。

これは、イタリアはナポリの郊外、怪賊団「黒手組」本部における入門式の光景である。

黒手組は一時アメリカに跳梁したK. K. K. と共に世界の脅威の双絶であった（K. K. K. に付いては拙著『不思議な犯罪の話』一〇一頁以下参照）。しかも黒手組はK. K. K. に比べて、その数においては劣っていたが、獰猛果断の点に至っては、遥かにその上に出《い》でいた。しかして、黒手組の団結力の強靭堅固な事においては、真に千古未聞、世界無比と云うべきである。

更に又、黒手組の特徴は、随処に根を張っている事である。黒手組全盛の頃には、イタリアのほとんど各監獄の看守長及び看守に、いずれも少なくとも一人ずつは黒手組の団員がいたと云われている。従って、黒手組の未決既決の囚人が同門の看守長及び看守の庇護の下に、監獄内で特別待遇を受けていた。

そもそも黒手組が跋扈するに至った原因は種々あるが、監獄の役人——即ち看守長又は看守にして同時に黒手組に属するもの——が与って大いに力あるものとなっている。それは斯様である。黒手組が未だ左程有力でなかった頃、即ち蘖《ひこばえ》にして断つならば、これを断つに適した時、イタリアの官憲が幸いにして百人ばかりの黒手組を逮捕した。これをことごとく処断してしまったならば、恐らくは黒手組もそれなりけりにけりが附いたのであったが、裁判所は有罪の判決を下すに至らなかった。一旦捕えた呑舟の魚を逃がしたのである。一度逃げた魚は最早柳の下にはうろついていない。しかも大きな魚である、敏捷な魚である。たちまちにして、瀬を下り、淵を超えて、大海に出た。そして、人を呑み船を覆す巨鮫となったのである。

弥平兵衛宗清じゃないが、雪の伏見でふん捕えた時に、細首をちょん切ってしまえば宜かったのだが、伊豆へ放してからは、最早手遅れである。後頭部に毛のない「機会」である。それを逸したのであるが、イタリアの裁判所は好んで弥平兵衛の故智を学んだ次第ではない。官憲が網羅した約百人の黒手組の連中の内で、四人は首魁、残余の九十幾人は陣笠、居候、手下、瘤、いわゆる附和雷同の雑兵であった。然るに、この時既に監獄の看守長は黒手組に属していた。そして、右の百人の内特に首魁の四名を脱獄せしめた。監獄に居残った雑兵に対する公判が開かれたが、陪審員は首魁がいないのに拘らず雑兵だけを罰するのは、公平でないと云い出して、有罪の答申をしなかった。雑兵だろうが、首魁だろうが、有罪の証拠がある以上、有罪と答申すべきであるから、勿論、この陪審員は大した心得違いをしていたのであるが、裁判所は被告人の連中を釈放するの外はなかった。（この陪審員中に黒手組に属するものがあったかどうか、それは私の探り得た範囲では不明である。）野に放たれた連中はほとんど間髪を容れずして、自分達を逮捕し監禁した警察及び監獄の役人を虐殺した。（勿論団員たる看守長や看守は除外して。）これが黒手組横行史の第一頁である。

監獄の看守、いやしくも一国の官吏が怪賊団黒手組に属していたと云う事は、吾人の想像に苦しむところであるが、黒手組出身の司法大臣があったのだから驚く。

黒手組の一員で有力な議員となった者がいた。恰も当時、国王及び輿論は黒手組に一大鉄槌を下そうとして、内閣の更迭を断行したが、新内閣の司法大臣は人もあろうに黒手組に属する議員であった。巧みに法網を潜っていたから、前科者でこそなけれ、又団員以外には団員たることが知られていないから、お役所の帳面上の注意人物でこそなけれ、怪賊化して大臣となったのである。しかも司法大臣となったのである。大昔ならいざ知らず、復古維新以後のイタリアにおける出来事だから、さても運命は奇怪な悪戯者である。

尤も、この司法大臣は既に黒手組に反抗して、黒手組剿滅に努力した。憤慨したのは黒手組の連中である。彼何者ぞや、我等旧友を沽《う》る不信の徒だ、獅子身中の虫だと、頻りに司法大臣を迫害した。

この司法大臣も黒手組退治には失敗したが、そのためでもあっただろう、当該内閣は脆くも顛覆した。

前司法大臣も今や黒手組の報復を虞れて、パリへ逃げ出した。然るにそこへも黒手組が肉薄した。ロンドンへ移り、ニューヨークへ渡ったが、いずこまでも黒手組が追跡した。そこで、ロシアへ落ち延びて、莫大な金品をその警視総監に贈って、特別の保護を受けることになった。かくして久し振りに安住の地を得て、涼しい顔をしていたが、一夜同地のイタリア大使館における舞踏会に列席した帰途、何者かに刺し殺された。それは虚無党員の兇行として一般に伝えられたが、実は黒手組の反逆者（？）に対する制裁だったのである。

『ファウスト』第一巻の書斎の場に、法律に関した面白い話が出て来る。メフィストがファウストに、悪魔は何処へ行っても、入った所から出なければならないことになっている、それが悪魔仲間の法律だと告げる。ファウストがなるほど地獄にでも法律があるのだなと感心する——と云うのである。

地獄の法律は知らないけれども、怪賊団の内には確乎不抜の鉄則があった。彼等は「一切の法律を蹂躙し、一切の秩序を破却」することを誓ったが、彼等仲間の法律は固守し尊重し励行した。その鉄則の一つは、「ひと度黒手組に入りたる者は終生これを脱することを許さず」と云うのである。この規定に背いた者は必ず極刑の制裁を受けた。前に書いた司法大臣がその一例である。

この制裁には消滅時効の特典は認められていない。何十年の後においても、発覚次第、惨虐の刑罰は立ち処に下された。

チャールス・リチャーズはニューヨーク屈指の宝石商であった。富豪で慈善家で、温順な夫人と花のような三人の子女とに囲繞せられて、多幸な長者として、隣佑羨望の中心になっていた。民主党員として多少の功労もあり、ウィルソンが始めて大統領に当選した時の如きは、自分も大分得意になっていたが、このリチャーズはイタリア生まれで、実はリカルドと云う黒手組の一員だったのである。尤も若気の過ちで、ついうかうかと黒手組に入ってしまったのであったが、渡米と共に、すっかり足を洗って、爾後数十年、堅実な日常を繰返していたのである。夫人は勿論改悛後に娶ったのであるが、リチャーズの誓いの黥《いれずみ》は幸いにも天使の形だったから、その前身は夫人にもわからなかった。然るに、或る日ニューヨーク在住の黒手組の連中にその素性を看破られて、それ以来、脅迫は受ける、恐喝の犠牲となる、巨万の財産全部を失った上に、屍骸はハドソンの川浪に漂った。殺したのは、云うまでもなく、黒手組の連中である。

世の中の規則は破壊するけれども、仲間の掟は尊重する。彼等もまた法律の奴隷である。黒手組の連中も徹頭徹尾兇悪姦佞と云うのではない。彼等も義理を解する、否、常人以上に彼等は義理を守ったのである。かつて聴く、北満の馬賊は殺人、強盗、放火、掠奪、あらゆる悪事を平然として敢えてするが、一面において、随分義理堅いものであって、その地方で宿屋の払いや料理屋の勘定を綺麗にするのは、馬賊だけだと云うことである。その真偽は知らないけれども、黒手組の義理を重んずることは、掩うべからざる事実のようである。その実例を一つ挙げる。

或る英国の有名な著述家がイタリアを遍歴した。ローマで一青年の小危難を救ってやった事があったが、もとより旅中の一瑣事で、救った当人は直に左様な事は忘れてしまった。その後右の英人がミラノに滞在していた時に、端なくも予測せざる災難に遭遇した。この英人が宝石屋に立寄って、色々物色したが、気に入った品がなくって、買わずに帰った。然るに、宝石屋の主人はこの英人が金剛石の指環を万引したと云い出した。勿論根もない事を云って、いくらかの金にしようと云う奸手段である。大抵の富裕な旅行者は馬鹿馬鹿しいけれども、山犬に噛まれたと諦めて、示談の名義で、若干の金をくれて事が済むのだけれども、この時の宝石屋の請求額は余りに過大だった。英人はこれに応じなかったから、事件は裁判沙汰になった。

法廷に出頭して英人は愕いた。十人以上の立派な服装をした証人が次から次へと顕れ来たって、件の英人が問題の指環を手にしたのを目撃したと供述した。勿論真っ赤な偽証である。問題の時には宝石屋の客はこの英人唯一人だったからである。しかし、斯様に自己に不利な証人が多数出て来ては、どうも致し方がない。異郷に薄倖を喞《かこ》って、英人は暗涙に咽んでいたが、ここに更に愕くべし、突如として法廷に英人のために弁護士が出頭して、英人に有利な証人十五名を同行したと告げた。十五人はいずれもその風栄、言語、態度、服装において第一流の紳士であった。彼等ことごとく粛然として、供述して曰く、なるほどその被告が指輪を手にしたのを目撃しましたけれども、被告は次の瞬間に指輪を立派に宝石屋の手に返却しました、それをたしかに実見しましたと。ここにおいてか、英人に無罪の即決言渡しが下された。

あっ気にとられたのはその英人である。無罪になったのは有難いが、弁護士も十五人の証人もまるで知らない人達である、白昼ミラノの法廷に狐が出るか、それとも夢かと打ち愕いたが、事実は斯様である。ローマでこの英人に救われた青年は黒手組の一人であった。恩誼に感ずるこの怪賊団の青年は新聞に依って恩人に対する裁判事件を知るや否や、ミラノに駆け附けて、恩人の危難を救ったのである。十五人の証人となった紳士は勿論黒手組の連中である。

これと同種の話は幾様にも語り伝えられる。黒手組に関係はないけれども、似通った事がコレリッジ卿の著書にも出ている（拙著『正義の殿堂より』三四五頁参照）。同じ話が数様に伝えられたのであるか、同種の事件が数件あったのか、そこまでは私には判明しない。

黒手組は今はその跡を絶ったと云う。されば、これも古くはないが、一片の昔話である。

この夏、縁あって私は諸所に旅をした。北は白川の関を越えて、阿武隈川の流れを見、引返して直に西に向い、丹後の宮津で松の続く一里の道に、万斛《ばんこく》の涼をも趁《お》った。郷里へ帰って、旧知旧友とも語り明かした。大廟の杉の木立の下に跪き、朝熊の岳から青螺点綴の蒼海をも俯観した。京都に宿って、洛外の清翠に千年の昔を偲びもした。八月の下旬帰京の砌《みぎり》、汽車の中で、隣席の人が忘れて行った地方新聞を、見るともなしに眺めると、活動写真の広告か、講談本の標題か、何かは知らず、「児雷也奇譚」の文字が眼に映じた。それから不図気がついて、書いて見たのが、この黒手組の事実談である。

恋を弄んだ貴婦人の話

イタリアのヴェニスの法廷――と云っても、人肉裁判の話ではない。一九〇〇年の裁判事件で、ロシアの伯爵カマロウスキーが同国人のナウモッフと云う青年にヴェニスで殺された。ナウモッフは主犯だが、実は道具に使われただけで、張本人はやはりロシア人で、タルノウスカ伯爵夫人とペリルコフと云う弁護士、この二人がナウモッフを教唆し、使嗾し、傀儡に供したと云う事案である。そして、タルノスウカ伯爵夫人は無類の美形で、社交界の大立者である。しかも、下手人のナウモッフとも関係があれば、教唆仲間のペリルコフとも同棲していたし、被害者のカマロウスキー伯とも夫婦約束をしていたと云うのだから、この事件はたしかに誂え向きの三面種である。

勿論、法廷は満員である。特別席にはロシアの貴族も来ていれば、フランスの女優の顔も見えた。中にもダヌンツィオは熱心な傍聴者の一人で、この多感の詩人はタルノウスカ伯爵夫人を評して、「悲劇の女主人公の絶好の典型」と云った。

その法廷で、鑑定人として医科大学教授モルセイリ博士は陳述した。

「被告人（タルノウスカ伯爵夫人）は劇薬麻痺患者です。近親に瘋癲院へ行った者もあるようですが、被告人の落着く先もやはりそこだと思います。私の診察したところに依ると、被告人には瘋癲狂の兆候が顕著で、ヒステリーと癲癇とが持病のようです。既往症としては、チフスに罹ったこともあり、子供の時に狂犬に咬まれたこともあります。現在では、モルヒネとコカインとの常用者で、要するに、精神状態は病的です。」

もし、この鑑定が信用すべきものだとすると、タルノウスカ伯爵夫人は気の毒な病人である。チフスの既往症や子供の時に咬まれた狂犬の毒が脳に如何なる影響を及ぼすか、それは私の知らないことだが、とにかく、念の入った患者である。

しかも又、当時の新聞紙は法廷における彼女の態度を評して、「貴族的の品位高く、柔らかき音調の裡に、理智の光閃けり」とか、「意志強く、利己的打算的にして傲慢放埒」とか、「徹頭徹尾狡智にして、娼婦の詭謀に満つ」とか書いている。

ダヌンツィオをして「悲劇の女主人公の絶好の典型」と叫ばしめ、専門医に「瘋癲狂の兆候が顕著」だと云われ、新聞記者に「理智」「詭謀」「打算的」の言葉を以て批評せられた彼女もまた一箇の不可思議な女性である。

タルノウスカ伯爵夫人はロシアの名門の出で、父は伯爵家の当主、母は公爵家の生まれである。

雪のロシアの若い娘には熱い血潮が漲っている――と云われている。寒い国でありながら、ロシアの女は早熟だと云われている。村娘野嬢は知らず、ロシアの貴族の家庭では、昔から人情沙汰にとかくの噂の種を蒔いたものも尠《すくな》くはなかった。倹素に身を持したピョートル大帝の創建した国ではあるが、欧洲の辺土に当って、中央の花の舞台から遠ざかっているがために、万事が土臭く、野暮で下品だとの評判を避ける必要からでもあろう、未開人扱いにせられては癪に障ると云う僻み根性からでもあろう、又、洗練せられた文化の裡に育まれている民族とは違って、遽に開明期に入った者は、何等の節制なく、一切を挙げて、競逐して、華美に趨るものであるが、過古三世紀におけるロシアの社交界は、真に紛々たる士女の歓楽に栄えたのであった。そして、この国の長い冬の夜は、軽暖な部屋の中で、旨い酒を飲み、甘い言葉を交わすのに適したのである。

タルノウスカ伯爵夫人もやはり早熟だった。既に十六歳にして、タルノウスキー伯と相許したが(両親の意志に反して)この相手は悪かった。タルノウスキー伯は評判の女蕩《たら》しだった。しかし、二人は駆落ちまでして、結婚した。

タルノウスカ伯爵夫人の結婚は決して幸福なものではなかった。何しろ、男は札附の漁色家である。鴛鴦の夢の覚め果てぬうちに、伯爵夫人は男の無情を喞《かこ》たねばならなかった。

しかしながら、タルノウスカ伯爵夫人は忍従の女性ではなかった。夫伯爵が心の猿に狂っている間に、伯爵夫人も道ならぬ道を歩み始めた。

タルノウスカ伯爵夫人の相手はそれからそれへと変って行った。私はその詳細を書くことを好まない。それが私のここに筆を執る目的ではなく、又、ここに誌すには余りに賤しい資料である。只々裁判に至るまでの簡単な経過は次の通りである。

タルノウスカ伯爵夫人の最初の道ならぬ相手は夫伯爵の実弟で、わずかに十六歳の青年、これは恋に悶えて自殺した。

次は、近衛の士官、この時は双方共かなり熱心だったらしい。本夫の伯爵が感附いて、夫人を裁判に依って離別し、姦夫の士官を射殺して、自首した。この士官殺害の被告事件で、どう云う訳だか、加害者の伯爵は無罪を宣告せられた。

第三番目は例の士官の最後の時に看病した外科医、これは間もなく伯爵夫人に棄てられて、自ら毒を仰いだ。

第四番目がペリルコフ、妻子のある有福な弁護士だが、伯爵夫人のために、妻子を忘れ、巨万の財産を蕩尽した。この男は伯爵夫人のために、最も多くの犠牲を払ったのではあるが、又最も執拗に伯爵夫人を逐い廻した。絶世の美貌を武器として、あらゆる男子を悩殺し、弄殺した伯爵夫人も、この男に対する擒縦《きんしょう》に付いては、少々勝手が違った。それがそもそも本篇の事件の真因である。

伯爵夫人がペリルコフから自分の贅沢の資金を捲き上げている間に、第五番目の相手が出来た。それがカマロウスキー伯で、これまでの男の中では、地位も一番上だし、財産も第一等である。伯爵夫人も余程気乗りがしたらしく、本当に夫婦約束をしてしまった。

そこで、躍起となったのはペリルコフである。自分は伯爵夫人のために、妻子を棄て、弁護士たる職業――それも随分盛大だった――を棄て、巨万の財産を棄ててしまった。その自分が伯爵夫人に棄てられてはたまらない。伯爵夫人に棄てられて自殺をした者はあるが、ペリルコフは自殺はしなかった。そして自殺よりも兇悪な方法を執った。それは伯爵夫人を脅迫したのである。カマロウスキー伯を殺せ、然らずんば、自分は伯爵夫人とカマロウスキー伯との結婚を妨碍するに、一切の手段を辞するものでない、と云って、脅迫した。

新愛人カマロウスキー伯を殺すべしと云う旧愛人ペリルコフの脅迫に、伯爵夫人は応諾してしまった。伯爵夫人はカマロウスキー伯を愛していたのである。そして夫婦になろうとまで思い込んでいたのである。しかし又、一方において、ペリルコフを憎んでいたのではない、やはりいくらか心の底にはペリルコフに対する以前の愛情を保留していたのである。二人の人間に同時に愛を捧げる、ここが不思議なところではあるが、伯爵夫人の特異の性格だったのである。後に、ヴェニスの法廷で、この点を裁判官も余程不思議に思ったと見えて、相当に鋭い審問の矢を放っている。

「お前が三人の男（カマロウスキー伯とペリルコフ、それに後に書くナウモッフ）を同時に愛したと云う心持、殊にその動機は自分達にはどうしても呑み込めないがね。」

伯爵夫人の答えは簡単なものであった。

「私は誰が本当に私を愛してくれるか、それを発見したかったのです。しかし、私の理想に合致する者は一人もありませぬでした。」

「しかし、お前は三人に対して、それぞれ夫婦約束をしたのは、どう云う訳だ。」

「ああそのことですか、それは本気じゃなかったのです。」

小説からオペラに作られて、世界的に有名になった「カルメン」の女主人公カルメンの性格に付いては、様々な議論がある。カルメンはスペインのジプシーの女だが、第一の愛人を棄てて、第二の愛人の許に趨った。そこで、第一の愛人が憤慨して、カルメンを殺すと云うのが、その荒筋である。これはフランス人が書いたのであるが、カルメンは物語の上では、スペインのジプシーの女と云うことになっているけれども、典型的のスペインの熱情の女は第二の愛人に趨る時にも決して第一の愛人を棄てるものではない。第二の愛人に新しい激しい愛を捧げつつ、尚且つ第一の古い愛を巧みに操り保って行く。だから、第一の愛人に殺されると云ったようなことはない。作者がフランス人だから、フランス人の観たジプシーの女をモデルにしたのであって、スペインの女の描写としては不相当だ、との批評もある。この批評の当否は知らないが、この批評に顕れたスペインの熱情の女の特徴は、正に本篇の伯爵夫人の性格に適合するものである。しかも、伯爵夫人は温い日光の下に育った女ではない、雪の中に生まれて、雪の中で大きくなったロシア婦人である。

とにもかくにも、ペリルコフと伯爵夫人とはカマロウスキー伯を殺すことを決意した。それも只殺しては馬鹿馬鹿しい。カマロウスキー伯に生命保険を附けて、誰かに殺させた上で、保険金を捲き上げようと画策した。保険の方は旨く運んで、カマロウスキー伯は保険金額二十万円で、伯爵夫人を受取人とする生命保険を締結した。

さて、その次は下手人を探すことである。気の毒な的に当ったのは、ナウモッフと云う青年である。ナウモッフは知事の令息で、二十歳を超えて間もない純真な若者で、伯爵夫人の籠絡に依って、瞬時にして、伯爵夫人の奴隷となってしまった。ナウモッフは身も心も一切を挙げて、伯爵夫人に恋したのである。伯爵夫人も——極めて不思議なことだが——又伯爵夫人の特徴を最も能く発揚したゆえんだが——この殺人の道具に選んだナウモッフ青年を相当に愛している。

かくして、伯爵夫人はナウモッフに云った。私はあなたと結婚したい、あなたこそ私の真の終世の伴侶である、あなたと離れては、私は一日も生きておられない、しかし、邪魔になるのはカマロウスキー伯である、この人は私と結婚しようとして私を威迫している、カマロウスキー伯が生きていては、私はどうしても幸福にはなり得ない、と涙ながらに巧みに持ち掛けた。

純真なナウモッフは昔の物語に出て来る若い騎士のような気持になって、愛人の危難（？）を救うべく、カマロウスキー伯を殺すことを決心した。所詮、恋は盲目である。

ナウモッフはカマロウスキー伯をヴェニスの別荘で射殺した。兇器はピストルだった。射殺したとは云うものの、手際は極めて拙劣だったので、カマロウスキー伯の受けた創傷は決して重大なものではなかった。すぐ手当をすれば、全治することは請合のものだったが、馬鹿馬鹿しいことで、死なねばならぬ破目に陥ったのであった。カマロウスキー伯の手当のために駆け付けた医師は、傷を見るや否や、気が違ってしまった。その後に呼ばれた数名の医師は皆この狂人の始末に没頭して、カマロウスキー伯のことは忘れてしまった。カマロウスキー伯の怪我に気の附いた時には、既に手遅れで、被害者は数日後に死んだ。

事件も複雑だが、伯爵夫人、ペリルコフ及びナウモッフに対する殺人被告事件の予審は大分長引いた。公判にも種々の曲折はあったが、陪審員は一時間半の合議の末、次のような答申をした。

「タルノウスカ伯爵夫人はナウモッフの本件犯行を幇助したるものなり。伯爵夫人が心神喪失の常況にあることはこれを認めざるも、心神耗弱者なりと考えらる。」

「ペリルコフもナウモッフを幇助したるものなり。同人の精神状態は通常。」

「ナウモッフの本件殺人の事実は肯定せらる。然れども、同人は心神耗弱の状態にありて、吾人は相当の減刑を可とするものなることを附言す。」

裁判長の言渡しは、伯爵夫人にして拘禁八年四箇月、ペリルコフに対し同じく十年、ナウモッフに対しては三年四箇月、ナウモッフの受けた刑は極度の減軽の結果である。

犯罪と人情との間を往来した美人の話

美人に悪人多きか、換言すれば、美人は特に犯罪性に富んでいるものであるか。尤も、美人と云ったところで、比較的の観念であり、相対的の事柄であって、明確を欠くようではあるが、とにもかくにも、美人と云う概念は意識し得られる。その美人が非美人に比して、特に犯罪性が強いものであるか、どうか、この問題は種々の専門的立場から、尚往々にして、論議せられる。

美人と云うことそれ自身が、既に甚だしく人の視聴を聳て、人の心情を牽き附けるものであるから、美人の特性の研究に付いては、誰でも熱心になるものと見えて、中古の欧洲の貴族仲間で、馬鹿馬鹿しい問題が、よく討論の題目となった。問題自身は或いは馬鹿馬鹿しいものではないかも知らないが、その問題の取扱方は、いかにも馬鹿馬鹿しいものであった。

中古――特に中古も末期に近づいた頃の欧洲の封侯は、贅沢な晩餐の後に、他愛もない無駄話をして、逸楽の夜を更かすのを常とした。友僚の貴族や重立った侍臣を集めて、甘い酒を酌み交わせて、軽い話を面白く語り合わしていた。いずれも、苦労を知らない男女である、屈託のない連中である、信念もなければ、思想もない、只々花やかに賑やかな人々である、左様な人々が、佳肴の後、美酒の間に、討論を行ったが、しばしば反覆した題目は「美人多く子を生むか否や」と云うのである。この討論には貴婦人も参加しているのであるから、沙汰の限りである。尤も、徹頭徹尾、不真面目なもので、積極消極の論者がそれぞれ賛否の意見を述べた後に、学者と幇間との合の子のような者が出て来て、積極論も結構、消極論にも根拠がある、即ち今晩の御議論はいずれもことごとく卓見名説、深遠プラトンに比すべく、精確アリストテレスの塁を摩し、ヘラクレイトスの思索を、キケロの筆法で説いたようなもので、敬々服々、驚々嘆々、なかなか以て迂拙輩の遠く及ぶところではござらぬ……と云ったような、卑劣なお茶を濁して、たんまりと御褒美をもらって行く、これが則ち当時の御用学者である。

中古の貴族の燕席において、繰返された「美人多産問題」は、畢竟するに、馬鹿馬鹿しいものであった、要するに、閑人の閑葛藤に過ぎなかった、暢気な連中の贅沢な時間潰しに外ならなかった。

今日でも、尚時々は議論せられる「美人犯罪論」も、実はそれと同様に、下らないものかも知れない。ロムブローゾの亜流にのみ許される題目かも知れない。とにかく、この問題に付いては、私は何等の智識を持っていない。

美人に特に犯罪性多きか否や、それは、私の知らないところであるが、美人は元来人に愛せられる。子供の時から、人に可愛がられるから、スポイルせられ易い。子供の時には、スポイルせられて、やや長じて、人の誘惑に陥る機会が多い。美人それ自身に悪い点はないが、その周囲に隠れる狼連中が容赦しないのである。しかも、美人にしてひと度堕落して、羞恥の心情を棄て、貞操の観念を忘れると、美貌をその武器として、あらゆる犯罪を極めて容易に敢行し得る。才人の才に溺れるが如く、美人はその美貌を利用し、悪用し、恋を弄び、男を弄んで、遂に自分自身も奈落の淵に沈んでしまう。かく観ずれば、これもまた一種の「美人薄命」である。美人自身に犯罪性はないけれども、誘惑が強いから、非美人よりは堕落の機会が多い――と云うことになる。

古来、伝説にしろ、物語にしろ、狂言綺語、稗史野乗《はいし》の類において、美人の大泥棒が得て活躍する。素晴らしい美人が山塞の棟梁になって、数多の手下を頤使する。勿論、興味中心の問題だから、美人であった方が面白い、凄い様な美人が、世を呪い、人を憎んで、この世を地獄に化し去らんとする、構想既に奇抜である。従って、この種類の話が、語り伝えられ、書き伝えられるのは、無理ならぬことであって、東西その揆を一にする。我国でも、玉藻の前や滝夜叉の伝説を始めとして、特に徳川末期においては、それが甚だ多数に上っている。

これ等のいわゆる「美人犯罪」の物語に必ずしも共通ではないが、特に多く次の様な事が顕れる。犯罪美人が、その美貌を武器として、恋を弄び、男を弄ぶが、彼等にも一種の熱烈な恋があり、痛切な貞操があって、恋を弄び、男を弄びつつ、しかも、彼等は一貫して、一人の男を心から愛して、それを大切に守っている。多数の恋の玩弄者は同時に一個の恋の盲信者である。しかして、真剣な真の相手は、世間的批判の下においては、決してその美人の匹儔たるに足りない劣等な階級に位している。「犯罪美人」は多くの立派な男を弄びながら、一人の下らない男に熱中する。然るに多くの男を弄ぶ美人に恋い慕われている果報者のその下らない男が、遂にその美人を棄てる、ここにおいてか悲劇は遽に頂点に達する——と云う不思議な現象が、これ等の物語に、よく顕れて来るのである。

人の興味を嗾り立てる眩惑本位で云うならば、右のような話も面白かろう。然るに、ここに、丁度その物語作者の註文通りの事実談がある。しかも、古い話ではなくって、大抵の人物はまだ生きている。最後に判決を下した裁判官は、既に判事の職から退いてはいるが、今尚現に生きているダーリング卿である。

主人公の通称は「シカゴのメイ」、本名を詳しく云えばメイ・ヴィヴィアンヌ・チャーチル、アイルランド生まれの美人である。

メイはアイルランドの農家に生まれた。天成の麗質は彼女を後年欧米十数国に害毒を流した恋の曲者にしてしまったが、彼女の両親は、衣食足って、晴耕雨読の隠やかな日常を送る真面目な小作人であった。美しい娘時代に、大地主で代々名主――とも云うべき地方の一種の官憲――を勤める家柄の独り息子に思われた。立派な有為の青年だったから、メイもその花嫁になっているならば、幸福な一生が送れただろうが、平静な愛の生活は彼女の望むところではなかった。彼女はその青年を棄てたのみでなく、その父の大地主を恐喝して、巨額の手切金を取ってしまった。

手切金をもらって、メイはアメリカに渡った。アイルランド貴族の遺児と云う触れ出しで、ホテルで豪奢な生活をしていたが、たとい目に附く装いをしないでも、若い男の看遁し得ざる美貌の持主である、それが飾り立てて、一流のホテルに陣取っているのだから、たちまちにして、洛陽の公子競ってその歓心を求めたことは云うまでもない。見事にこの中原の美しい牝鹿を射落した幸運児は、ニューヨーク第一の富豪の相続人だった。二人は私《ひそ》かに結婚したが、新郎の父が女の素性を知るに及んで、弁護士に頼んで、離婚の手続をしてしまった。メイが莫大な手切金にあり附いたのは勿論の事である。

それから以後のメイの生活は恋愛と恐喝との連鎖劇である。メイは日に夜に男を弄んだ。相手はいずれも地位のある人々である、金を持った人々である。メイは兜首ばかりを狙ったのである。それが手切金の目的であることは云うまでもない。

メイはニューヨークからシカゴに移った。シカゴへ行ったのは、警察に感附かれて来たからであるが、ニューヨークで相手になし得られる程の者は、大抵相手にしてしまったからだ――と記録に出ている。なるほど、話は大分大きい、しかもそれは事実である。

メイの恋愛兼恐喝業は益々繁昌した。金は殖えるばかりである。メイが容易に、換言すれば、その美貌を資本として、購い得た巨額の金は、ニューヨークやシカゴの犯罪団の巣窟で、湯水のように使っていた。金離れが宜いものだから、子分は日毎夜毎に植えて、メイは姐御になり済ました。山塞の棟梁ではないが、地下室の首領である。人里離れた深山の奥で、二人三人の旅人から、路用の財布を奪い取るのとは違って、車馬轂撃《こくげき》の都大路の土の下にいて、八百八町を荒し廻る連中に采配を振るうのである。この方が、山賊の女大将ほど詩的ではないとしても、余程たちが悪い。

金の威光と凄い腕とで、姐御姐御と崇められて、数多い子分を持っていたが、メイを取巻く連中の裡に、エディー・ゲーランと云うフランス生まれの男がいた。

ゲーランは大泥棒で、銀行の金庫破りがその専門であった。このゲーランこそ、メイが心をこめ心を尽して恋い慕う男である。メイは多くの男を弄んだ、それはメイの営業であった。メイに弄ばれた男の中には、顕官もあり、富豪もある、終生の苦楽を共にしようとする真剣な相手も多かったのであるが、それ等の男をことごとく袖にして、メイが衷心深く契ったのは、この銀行破りのゲーランであった。ゲーランに対しては、メイは貞節な家婦の如き貞節を捧げ、純真な処女のような純真を寄せたのであった。多くの立派な男を弄んで、一人の泥棒に恋したのであった。

その後、メイは、ゲーランと共に、欧洲へ来て、ロンドンに、ウィーンに、ベルリンに、パリに、野に咲く小さい花を逐う優しい蛺蝶《たてはちょう》のように、所定めず出没して、例の恋愛兼恐喝業を繰り返していた。パリにおいて、ゲーランは一世一代とも云うべき大事業に着手した。それは、パリにあるアメリカ運輸会社の大金庫を爆破して、金品一切を掠奪しようと云うのである。流石のゲーランもこの位大仕掛な仕事は始めてであった。しかも、それに成功した。この時、見張りの役目を勤めたはこのメイである。

破天荒の大事件、未曽有の大犯罪として、パリの警察は遽に活躍した。警察の総動員で、ゲーランも遂に逮捕せられた。

ゲーランは逮捕せられたが、メイだけは巧みに警官の網を遁れた。さても敏捷な魚である。綺麗な魚は何食わぬ顔をして、英仏海峡を渡った。英仏海峡を渡れば、最早仏国の官憲の手は届かない。パリ流行の衣裳を着飾ってひとしお美しくなったメイは、娉灯然として、ロンドンに顕れて来た。女優か、貴人の令室か、それとも女王かと思われたが、誰あって、メイを女賊の張本だと観る者はなかった。

ロンドンにいれば、安心だが、恋い憧れている男はパリの未決監に拘禁せられているのである。メイも自分自身の恋の前には、要するに、一個の優しい弱い女性であった。子の愛に惹かれる乳虎の何者にも恐れないように、彼女はあらゆる危険を冒して、パリに渡って、未決監に夫のゲーランを訪ねた。飛んで火に入ったのである。奸智に富んだメイも、恋のためには盲目となってしまったのである。夏の虫の憐れに儚い運命を、知らず知らずに辿ったのである。

パリの警官は自分自身で網に近附いて来た魚を、看遁さなかった。数多い差入物を持って未決監へ訪ねて来たメイは、直にそこで逮捕せられた。

パリの裁判所で、ゲーランは無期懲役、しかも太平洋の一隅のニューカレドニヤの「鬼が島」に送られ、メイは五年の懲役に処せられた。

「鬼が島」と云うのは、ニューカレドニヤの岸にある岩の小島で、フランスでは第二十世紀の初期までは、終身囚をそこへ送ることが多かった。ニューカレドニヤは濠洲の東、遠く大海の中に孤立する仏領植民地である。

メイは三年の苦役の後、釈放せられたが、恋しい男は「鬼が島」へ行った。所詮、再会の望みはない。

自暴自棄の凄い美人は、ロンドンで更に活躍した。商売は例の恋愛兼恐喝である。ロンドンの栄華の中心に巣を構えて、毒牙をいよいよ鋭くした。しかも、この時には阿片の吸煙を副業とした。

高位の人も、顕要の客も、斉しく毒婦の犠牲となった。自殺した者も数人ある。ピカデリーにあるメイの巣窟はかくして日増しに繁昌した。

然るに、最後の悲劇は遂に来た。

「鬼が島」からゲーランが脱獄して、ロンドンに来た。メイと一緒になったことは勿論である。

しかし、ゲーランも蛇の如く濃艶なメイの恋を持て余した。そして、外の女と契りを結んだ。

烈火の如く、メイは憤った。極端な恋愛は極端な憎悪に変った。仇し男ゲーランをこの世から葬り去らんとして、メイはゲーランの事を密告した。凡そ、悪人仲間において、最も罪悪視するのは仲間を沽《う》ることである。メイはこの悪人仲間の絶大の不文法を破って、官憲にゲーランを売ったのである。

然るに、ロンドンの法廷は、仏人たるゲーランが仏国で犯した罪に付いて、処罰権なしとの理由の下に、ゲーランを釈放した。

ここにおいてか、問題は一点に集注した。ゲーランがメイを殺すか、メイがゲーランを殺すか、どちらか、その一つである。メイは手下と共に、暮夜ロンドンの路上にゲーランを襲った。手下は拳銃を発射し、メイは匕首の白刃を閃かした。ゲーランは命だけは取り止めたが、重傷を帯びて、大道に悶絶した。

メイと手下とは捕われた。手下が主犯でメイは従犯だと観られた。手下は終身懲役の言渡しを受け、メイは十五年の懲役に処断せられた。

それが我等のメイに付いて聴く最後である。

探偵史最初の電報の話

電報が犯人逮捕のために役立ったのは、左程古いことではない。ここに書く物語は、英国において、電報が探偵の功を奏した最初の事件で、一八四五年、しかも正月元日のことである。ついでながら、無線電信が探偵史上の大立物になった第一の事件は、例のドクトル・クリッペンの逮捕で、それは、この物語の後、半世紀余のことである。

ロンドンのパディントンと云うと、ロンドンの華美の中心、ウエスト・エンドに近い一区画で、やや裏町の観はあるが、西部方面への汽車の出発点で、勿論、人の出入の多い場所である。この停車場へ、ここから約二十マイル西のスラウの停車場から、一八四五年正月元日の夜、一通の電報が着いた。その文面は次の通りである。

「そうと・ひるニオイテ殺人事件アリ、嫌疑者ハ午後七時四十二分すらう発ろんどんニ向イタリ、一等切符所持、くえーかー式服装、茶褐色ノ極メテ長キ外套、一等第二列車ノ最後ノ室ニアリ。」

これが、探偵史上に特筆せらるべき電報である。

電報は直に警察署へ送られた。

署長の指令に依って、気の利いた刑事が駅前の乗合馬車の車掌に早変りした。

クエーカー式服装と云うのは、クエーカー宗徒が当時着用していた特異な衣裳で、勿論ひと目でそれがわかる。殊に、汽車の室まで明白になっているのだから、間違いはない。

問題の男は果して、乗合馬車に乗った。車掌は変装の刑事である。

問題の男はジョン・トウエルと云う。中年を超えた頑丈な男である。トウエルは乗合馬車でバンクまでの切符を買った。バンクと云うのは、イングランド銀行の前で、パディントンの駅前から、三マイル半はしっかりある、市内の乗合馬車としては、長い道中である。この長い道中の間、変装刑事の車掌がトウエルの一挙一動を注視していたことは、勿論である。

トウエルの方では、まさか電報で、自分のロンドンへ来ることが、予告せられているとは思わない。まして、水も洩らさぬ細緻な計画の下に、網を張って、待っていることには、気の附くはずもない。しかも、自分の乗った乗合馬車の車掌が、自分を附け覘っている刑事巡査だと云うことに至っては、もとより想像も及ばなかったのであった。電信機関がパディントンからスラウまで設けられたのは、つい近頃のことである。その最近の施設が、犯人捜査にまで利用せられると云うことは、流石のトウエルも、思い浮ばなかったところである。

トウエルの寓居はロンドンの市内にあった。そこまで、刑事は尾行して来たので、トウエルの寓居は直に官憲に嗅ぎ附かれてしまったのである。しかし、尾行の刑事はトウエルの寓居を嗅ぎ附けただけで、そのまま本署へ帰った。

翌朝、刑事部長がトウエルを訪ねた。例の刑事も同行で、二人共、平服である。

「あなたはトウエルさんでしたかね。」
「はい」と何気なく、答えた。
「あなたは昨日スラウにいましたね？」
この質問で、トウエルは吃驚した。万事休すと思ったが、このトウエルはしたたか者である、後に書くが、素性の悪い男である。クエーカー宗徒らしく見せてはいるが、又、かつては、一時クエーカー宗に帰依していたこともあったが、この清厳な宗派の戒行を持続して行くような男ではない。今では、世間を欺く手段として、好んで、クエーカー式の服装を着用しているだけである。そこで、トウエルは勿論全部を否認した。自分は昨日は終日終夜、ロンドンにいた、と頑張った。

事件はこうである。

スラウのソート・ヒルに、ミセス・ハートと云う可愛らしい二十四、五の女が住んでいた。このミセス・ハートが正月元日の午後五時頃に、その住居のなかで、ひどく苦しんで、唸っていた。そこで、隣家の細君が様子を見に行くと、丁度、トウエルがミセス・ハートの家から出て来るところだった。隣家の妻君はトウエルの名前は知らないけれども、この男がよくミセス・ハートを訪ねて来ることは知っている。さて、隣家の細君がミセス・ハートの部屋へ入って見ると、ミセス・ハートは床の上に倒れて、大変に苦しんでいる。物を言うことすら出来ない状態だった。医師を迎えたが、まに合わないで、悶死した。

このミセス・ハートと云うのは、実は偽名で、セラー・ハドラーと云うのが、その本名である。かつて、トウエルが女中として使っていたのだが、丁度その頃、トウエルの妻が病気で、しかも間もなく死んでしまった。セラーは美しい女だった。この美しいセラーを、トウエルは自分の者にした。しかし、セラーを本妻にする気はなかった。セラーはおとなしい、何事も主人本位、主人に身命の一切を捧げて、それで満足していると云ったような女で、優しい、内気な性質だった。妾たることに甘んじて、トウエルを大切にしていた。

トウエルはセラーを妾として、ロンドンの市内に囲って置いたが、それでは人目に附くので、郊外のスラウに家を持たせて置いたのである。

セラーは子供を二人生んだ。勿論、トウエルの子である。

こんな可愛らしい優しいセラー、自分の妾たることに甘んじて、どこまでも自分を大切にしているセラー、しかも、自分の子を二人までも生んでいるのである。このセラーがトウエルにとって、少々うるさくなって来た。セラーの心は変らないけれども、トウエルがセラーを嫌い始めたのである。「目に附いた女近頃鼻に附き」と云った工合で、浮気は永くは続かないものである。これは、どこでも、同じことと見える。

何故にトウエルがセラーを嫌い始めたか。それは、単純に浮気が醒めたと云うだけではない。トウエルは近く後妻を持つことになっていた。しかし、それには、セラーは賛成しているのである、セラーは妾たることを以て満足している。若い綺麗な身空を、日蔭者として、中年を超えたトウエルに捧げてしまっているのであって、トウエルが後妻を迎えることには、毛頭も苦情はないのだが、セラーと云う妾のあることとは、後妻には秘密である。この事は、後妻にはどこまでも隠しおおせなければならない、これが一寸面倒なことである。そして又、セラーを妾として囲って置くには、その手当が必要である。セラーは慎ましい女で、その手当も極めて少額だったが、いくら少額でも、手当をくれてやることが、惜しくなって来たない男ではある。トウエルの兇行の主要な原因は、この手当の問題だったのである。

ここで、トウエルの素性を一瞥する。

トウエルは紙幣偽造の罪で、濠洲へ流刑に処せられていた男である。当時、紙幣を偽造して行使すれば、死刑になったが、偽造だけだと、罪一等を減ぜられた。トウエルは偽造もし、行使もしたのだが、偽造の点だけ起訴になって、従って、死刑は免れたのである。その頃は死刑に当る罪の数が多かった。そこで、多くの事件は、実際の罪よりも軽い罪として、起訴せられ、審判せられた。いわゆる英国式とでも云うのだろう。外の話だが、五シリング（二円五十銭）以上の物件の盗罪が死刑になった時代がある。かかる時代においては、被害物件が相当高価なものであっても、大抵は二円五十銭以下と判定して、犯人の首は締めなかった。トウエルの偽造に付いても、この筆法で、本来ならば、死刑になるところを、流刑の寛典に浴したのであった。

トウエルは財慾の強い男で、同時に、理財の道に長けていた。若い頃に、生薬屋に雇われていたので、薬剤の方面には多少の知識があった、それを、新開地の濠洲で巧みに利用した。新開地で最も必要なのは、又、最も困るのは、医療の施設である。トウエルの薬剤店はとんとん拍子に成功して、シドニー屈指の店になった。

トウエルは薬剤店で儲けたのみならず、儲けた金を地所に投資して、これが又大変に当った。それに又、トウエルは鯨骨で雑貨を作ることを発案した。安い鯨骨で、櫛や化粧箱を拵えるのである。これも大成功で、トウエルは容易に巨万の財産を作り上げた。薬剤店を売った時には、店と商品とで十四万円になったと云うことである。何のことはない、トウエルは濠洲へ金を儲けに行ったようなものである。猗頓《いとん》の富を蔵して、彼は刑期満つると共に、凱旋将軍の如く、ロンドンへ帰って来た。

ロンドンへ帰ってからも、トウエルは盛んに利殖の方面に手を出したが、さすがにロンドンは新開地の濠洲とは工合が違った。濠洲で成功したトウエルも、ロンドンでは失敗を重ねた。失敗するに連れて、彼はやたらに焦り出したが、焦れば焦るほど、損をするもので、慾心が人一倍強いだけに、その損失も大きかった。

この焦躁の間において、トウエルは妻を喪い、女中のセラーを妾にしたのである。セラーがトウエルに対して献身的であったことは、前に書いた。そのセラーにも厭きて来て、それに少額の手当をくれてやるのが、惜しくなったので、犯罪の萌芽が再びトウエルの血管に湧いて来たのである。

トウエルは可憐なセラーを殺すことを決意した。手段はお手の物の毒薬、彼の選んだのは、青酸であった。

正月の元日に、訪ねて行って、二人で一緒に黒麦酒を飲んだ。その時、巧みにセラーの杯に、青酸を投じたのである。

さすがに、薬剤店で儲けた男だけあって、薬の分量に間違いはなかった。青酸に依る毒殺は、直に功を奏して、セラーは苦悶し始めた。

薬はよく利いたのであった、否、むしろ、利き過ぎたのであった。余りに早く利いたものだから、トウエルは逃げる機会を失った、即ち、トウエルのまだいる間に、セラーが苦悶しはじめた。何しろ、客ったれた阿爺《あや》の囲っている妾の家である、小さくって、隣が近い。隣家の人達に気附かれては大変だと思って、早速飛び出して来たのだが、時既に遅く、隣家の細君に自分の姿を見られたのであった。

しかし、とにかく、スラウからパディントンへ、パディントンから自分の寓居へ、うまく逃げおおせたと思っていた。近頃出来た電信機械が自分をふん縛る役目になったことには、勿論、思いも及ばなかったのである。

法廷で、彼の陳述するところは、自分がかつてセラーを女中に使ったことはある、セラーは女中としては、正直でもあり、勤勉でもあった、然るに、スラウに移ってから、自分に度々金の無心を云って来る、まるで性根が変ったようだった、問題の日に自分は訪ねて行ったが、死にたい死にたいと云っていた、それは彼女の近頃の口癖で、自分は冗談としか思っていなかった、その日も死にたい死にたいと云って、何か粉薬のようなものを、黒麦酒のなかに入れて飲んでいた、勿論それは狂言だと、自分は思っていた、砂糖か塩かと、自分は思っていたのである、そこで、そんなことには気に留めないで、自分はそこを辞し去った、と云うのであった。

白々しい弁解で、真っ赤な偽りだが、死人に口なし、犯行はトウエルとセラーとたった二人いる所で起ったので、トウエルに対する断罪の直接の証拠は乏しかった。トウエルとしては、この弁解が有力だと信じていたらしいが、如何にせん、情況証拠は甚だしくトウエルに不利だった。セラーの過去は、調べれば調べるほど、可憐で、可哀想である。人々のセラーに対する同情が、加われば加わるほど、トウエルに対する憎悪が、募って行くのであった。

のみならず、去年の九月に、一度、トウエルがセラーを毒殺しようとして、未遂に終ったことも、明白になった。

セラーが殺された翌日、三人の医師が屍体検査に当ったのだが、青酸が死因たることに、三人の意見が一致した。尤も、これには、実は非常な苦心があったのだが、それはここには省略する。

セラー死亡の当時、その部屋のなかに、林檎が二十余り転っていた。青酸はクリスマスにもらったか、買ったか、とにかく、その残りだったが、この林檎が法廷を一寸賑わせた。青酸は未熟な果物やその種子のなかに存在することがある。そこで、弁護人のケリーは、セラーが林檎を食って、その種子を誤って飲み込んだ、林檎の種子は往々にして相当分量の青酸を含んでいるから、それで、セラーが死んだのだと力説した。このケリーは当時既に高名な法曹で、後に要職に就き、男爵に叙せられたが、気の毒なことには、この弁護以来、当分の間は、「林檎の種子《アップル・ピップ》のケリー」と云う綽名を頂戴した。トウエルは有罪と判定せられ、その年の三月十四日に死刑になったが、死刑になる少し前に、全部を白状して、懺悔した。

その頃は、英国の電信装置も旧式なもので、高い柱から柱へ、針金がぶら下っていた。見物人はその針金を指して、「あれでトウエルが首を締められたのだ」と云った。

或る風流男の話

中世紀の末から近世にかけて、フランスの貴族の一部では、男女の関係を余りに軽く取扱っていた。蛺蝶《たてはちょう》が花から花へ飛び渡るように、男が女から女へ、女が男から男へ、心を移して行くのは、むしろ彼等の尋常茶飯事であった。勿論悪々《にがにが》しい事ではあるが、要するに、時代の罪、周囲の罪で、その当人のみを責めるのは、気の毒である。この物語の主人公ド・ラ・フォンテーンもやはりその一人で、一生を通じて多くの婦人と問題の種を作ったが、彼を以て一箇の色魔と評し去るのは、むしろ酷である。しかも、彼はその艶禍に付いて、或る程度の犠牲は払っている。幾度か法廷に立って、幾分ずつは罪責を背負っているのである。

この物語の当時、即ち第十八世紀の頃は、フランスの貴族は大抵その子弟を軍人に仕上げた。ド・ラ・フォンテーンも軍籍に身を置いて、大尉に昇進した。

ド・ラ・フォンテーンは若い有為な将校として、バーウィック公の麾下で活躍していた。バーウィック公は英国の亡命君主ジェームス二世の庶子で、父王の退位以来、フランスに住んでいたが、将帥として傑出した材幹を持っていて、フランスの陸軍総司令官となり、スペインの太公にもなったが、一七三四年にフィリップスブルクで戦死した。フォンテーンはそのバーウィック公の下で働いていたが、或る時、休養を許されて、パリへ帰って来た。

ド・ラ・フォンテーンはパリへ帰って間もなく、或る紳商に招かれたが、その令嬢はひと目見たばかりで、フォンテーンを終生の伴侶と定めてしまった。しかし、その父は二人の結婚に反対したから、令嬢は暮夜私《ひそ》かにフォンテーンの許に走って、二人はルアンの片田舎に駆落ちした。令嬢の父は激怒して、フォンテーンを誘拐犯として告発した。当時この種の罪は死刑に値したのであるが、或る日フォンテーンがぶらりとパリへ出て来て、そこで、早速警官に逮捕せられてしまった。

ド・ラ・フォンテーンは直に未決監に投ぜられたが、流石は風流男である、典獄の令嬢がフォンテーンに思いを寄せたので、この典獄令嬢の取計らいで、時々監獄を抜け出して、例の紳商の令嬢の許に通っていた。英国でジョン・ホワードが監獄の改善のために奮起したのは、第十八世紀の後半のことである。それまでは、各国の監獄は囚人を奴隷の如く畜生の如く扱っていた。しかし、苛酷な処遇の裏には、又馬鹿馬鹿しい手抜かりもあったので、このフォンテーンの如きは、監獄の内外において、同時に一人ずつの情人を持っていたのである。

公判の当日、紳商の令嬢は、自分はフォンテーンの妻たることを欲している。フォンテーンは自分を誘拐したのではない、自分の方から進んで一身をフォンテーンに捧げたのだと、証言したから、フォンテーンは無罪の宣告を取け（ママ）たが、可哀そうなことには、例の令嬢――と云っても、既に内縁の妻となっていたのだが――は、産褥熱で死んでしまった。

ド・ラ・フォンテーンとその最初の夫人——内縁だが——とは、要するに果敢ない契りだった。最愛の妻に死別して、フォンテーンは再び軍隊に帰って、やはりバーウィック公の下で、諸所に転戦していた。

或る日、妙齢の美人がバーウィック公の陣営を訪ねて、フォンテーンに逢わせてもらいたいと嘆願した。バーウィック公は陣営には珍しい美人の訪問に愕いたが、美人の訪問の目的を観破して、笑ってその希望を聴許した。果して、この美人は、フォンテーンのパリ滞留中に、互いに相許した情人だったのである。

それからが大変である。美人は一兵卒となって、兵卒の軍装をまとって、教練にも出れば、斥候歩哨の役にも立った。可愛らしい兵隊さんは機敏に忠実に働いたが、夜はフォンテーンのテントで泊ることを許された。昼は将校と兵卒、夜は夫婦である。

思う男のためには、兵卒となって、軍規の命ずるがままに、活躍した。丈なす金髪は軍帽の中に丸めて、柳腰に長剣を横たえたのである。美人の軍装と云えば、まず木蘭詩を思い出す。尤も、木蘭の壮図は憂国の至情に出《い》でたものであり、これは、単に男女相思の情の激したものであって、その目的に径庭はあるが、これもまた一篇の詩たり得ることを失わない。

その年の冬は寒さが殊に酷しかった。木蘭は朔北の冱寒《ごかん》にも堪え得たが、この美人は可哀そうに、陣営の寒さに弱り込んだところへ、天然痘に罹って、死んでしまった。

丁度この頃バーウィック公が戦死したので、二度も愛人に死別して、大分閉口していたフォンテーンは、心気一転のためだろう、軍籍を辞して、船に乗込んで、高級船員にしてもらった。

ところが、海の上も彼には決して無事な場所ではなかった。トルコ人の捕虜になって、コンスタンティノープルの獄屋に幽閉せられたが、後に許されて、オランダへ渡った。

アムステルダムで人妻と道ならぬ関係を結んで、ここにも落着くことが出来なくなって、遠く蘭領クラカオ島に走った。クラカオは西インド諸島の西南端に当り、南米ヴェネズエラに近い離島である。そこから又、スリナムに渡って、ここでは五年の星霜を送ったのであった。

スリナムは南米大陸における蘭領の一つで、ブラジルとヴェネズエラとの間のギアナが、英仏蘭の三国の領土に分れているが、真中が蘭領で、スリナムがそれである。

スリナムの社交界で、花形になっている未亡人があった。財産もあれば、容色も勝れていた。どこの植民地でも同じことだが、そこへ渡って行く男は、概ね血気盛りの壮年である。海外で身を立てようとしている位だから、元気も盛んだし、体力も強い。しかも、男が多くて、女が少ないのである。一人の女に多くの男が注目するのは、当然の成行である。まして、それが美しい金持の女であった時には、必然的に男の間に激烈な競争が始まるのである。

フォンテーンはこの競争に勝った。恋の勝利者フォンテーンはこの富裕で艶麗な未亡人と結婚して、四人の子供まで儲けたが、失望した連中の羨望の的となり怨嗟の府となったのは、けだしやむを得ないところである。なかんずく甚だしく焼餅を焼いたのは、総督府の士官達である。そのために、フォンテーンは決闘もすれば、危く毒殺せられるような破目にも陥った。決闘の時には、フォンテーンの行動は立派な騎士的態度であったと云うことで、軍法会議に起訴せられたけれども、無罪の言渡しを受けて、男を上げたが、毒殺の陰謀には、流石に防禦の途もなく、生命は取り止めたけれども、それがために、長い間病床の人となった。しかのみならず、フォンテーンの妻がそれを心配して、憂鬱病に罹り、肺結核を併発して、死んでしまった。四人の子供のうち、三人はやはり相ついで、スリナムの土となったので、フォンテーンは又もやヨーロッパに流れて来た。

第一回の妻は駆落ちまでして一緒になった仲だったが、産褥熱で死んだ。第二回の妻はフォンテーンと同棲するためには、一兵卒となって、激務に服したが、遂に塞下の土となった。第三回の妻とも異郷で死別しなければならなかった。一人生き残った子を知人に預けて、フォンテーンは悄然として、ヨーロッパに帰って来たが、妻の遺産が大分あったから、贅沢な日常を繰返すことが出来たので、間もなく彼はロンドンに落着いて、社交界に泳ぎ出した。

彼は幾度か恋に成功し、しかも、幾度か薄運の恋に泣いたのであった。しかし、持って生れた病は癒えないものと見えて、ロンドンでもしばしば浮名の主になった。浮いた噂の種を蒔いている間に、亡妻の遺産も使い果したので、財産家の後家と結婚したが、これは愛情に基く結婚ではなかった。夫婦の間柄はむしろ寂しい冷やかなものであった。家庭で慰められない心の悶えを、彼は家庭の外で忘れることに焦った。

ロンドンで親しくなったザニールと云う男が、機会ある毎に、フォンテーンを利用し悪用した。このザニールと云う男はイタリアのヴェニス生まれの高等無頼漢で、社交界を游泳して、誘惑恐喝を常習とする悪漢だった。蛇のように狡智で、狼のように残忍で、丁度『オセロ』に出て来るイヤゴーのような男であった。

このザニールがしばしばフォンテーンから金を絞り取ったが、フォンテーンは風流男で、恋の道には達人だが、お人善しで、暢気で、楽天家で、世渡りがいかにも下手である。いつもザニールに欺されては、金を取られていたが、ザニールの奸策に気が附くと、勿論癪に障れば、腹も立つ。或る日、ザニールに対して、愚痴まじりで苦情を述べたが、ザニールはひたすら謝罪して、仲直りに一杯やろうと云い出した。

相手が殊勝らしくお詫びをしているのだから、フォンテーンの方では、最早すっかり機嫌が直って、ザニールと手を携えて、或る料理屋へ行くと、そこには、ザニールの指金で、若い女と坊さんとが来ている。宴会の席に坊さんも変だが、若い女はフォンテーンと知り合いの仲である。女をひと目見てフォンテーンは大喜びで、頻りに杯を重ねた。酔っぱらってしまった頃、何か大きな紙へ署名しろとザニールが云う。フォンテーンの方では有頂天になっているのだから、気は大きい、よろしい、何でも書いてやると云って、酔筆を揮って署名したのが、この女と結婚すると云う婚姻証書だったのである。旬日の間に、フォンテーンは重婚罪の名目で捕縛せられた。

フォンテーンはザニールの術中に陥ったのである。ザニールは卑怯な悪漢である、陋劣な犯罪常習者である。フォンテーンは被害者だから、時々愚痴も云えば、苦情も云う。愚痴や苦情を、云わないようにするがために、ザニールがフォンテーンを訪問した。何のため、しかし、不思議なことには、フォンテーンが未決監にいる時に、監獄に打ち込もうとしたのである。しかし、不思議なことには、フォンテーンが未決監にいる時に、ザニールがフォンテーンを訪問した。何のための訪問であるか、それはわからないが、とにかく、ザニールはフォンテーンを獄中に訪ねたが、フォンテーンは激怒して、ザニールをひどく殴打した。フォンテーンは力は強い、金と力はなかりけりと云うことはあるが、フォンテーンは往年バーウィック公麾下の勇士である。それが怨み重なるザニールに対して、渾身の力をこめて、拳を見舞ったのだから、ザニールは半死半生の姿で、監獄を飛び出した。

悪漢は卑怯であり、且つ執念深いものである。ザニールはフォンテーンに証書偽造の事実ありとして誣告した。これは、ザニールが予めパリーと云う男の名義の証書を自分で偽造して置いて、それをフォンテーンの仕業だと云って告発したのである。真犯人はザニールだが、その真犯人が告発人になったのである。オールド・ベーレイのロンドン中央刑事裁判所はこの時は明らかに誤判をした。可哀想に、フォンテーンは有罪の判決を受けた。当時偽造の罪は死刑に該当したから、フォンテーンは死刑の言渡しを受けたのであった。

しかし、後に減刑せられて、フォンテーンは流刑に処せられ、一七五二年の九月に、流刑囚の収容所たるアメリカのヴァージニヤに送られた。

その後のフォンテーンの消息はわからない。

一代の風流漢ド・ラ・フォンテーンは艶福禍に数奇な生涯を送ったが、その末路は悲惨なものであった。

怪談坊主殺し

坊主殺しは大抵祟る――芝居や昔話では、そう云うことになっている。しかし、これは祟ったような、祟らなかったような、一向だらしのない坊主殺しである。尤も、英国にあった実話で、第十九世紀の初期から中葉に亘った、少々不気味な物語である。

英国ウォースターの近くに、オディングレイと云う村がある。この村の教会の牧師は、パーカーと云う中年の人だが、このパーカーの評判は極めて悪い。評判と云うものは、あてにはならないけれども、パーカーは癇癪持ちで怒りっぽいところへ、吝嗇で人附合いが悪い、殊に傲慢で、百姓を犬畜生のように心得ていたから、なるほど、評判の悪いのも無理はない。

その頃はナポレオンの全盛時代で、英国の国民は、この対岸の怪傑を、悪魔のように嫌って、ナポレオンの名のボナパルトを、鴟梟《しきょう》豺狼と同意義の普通名詞に使っていた。そこで、オディングレイの連中は、牧師のパーカーを「オディングレイのボナパルト」と名附けて、村の集会、冠婚の祝いは勿論、野良から帰りがけに、一寸居酒屋で一杯やる時ですら、二人寄れば、きっと、「オディングレイのボナパルトのくたばるように」と呪咀の乾杯をするのであった。

オディングレイの村民は誰一人例外なく、パーカー牧師を嫌っていたのだが、その村民の中でも、重立った人々、地位も財産も村で第一流のイヴァンス、テーラー、バンクス、ジョン・バーネット、ウィリヤム・バーネットと云った連中が、パーカー牧師排斥の旗頭だった。

或る日、この連中が集って、癪に障るパーカーの奴を小っぴどくやっつけてやろうと相談したが、さて、自分達は相当の名望を荷っている、自分達で牧師をなぐり付けると云うことは、流石に出来兼ねる、これは、誰かを雇って、その手を借りるに如くはない、つまり、金で暴行をやらせるに限る、と云うことに評議が決定した。

そこで、白羽の箭《や》が立ったのは、隣村のヘミングと云う男、力が強くて、元気で、剛情者で、貧乏で、しかも目下甚だしく窮乏に陥っている、これこそ屈竟の適任者だと云うので、早速口を掛けたが、人をぶんなぐって金がもらえる、これ位有難いことは、一寸ない、斯様な御用ならば、毎日でも結構、委細承知仕る、と云う返事である。

ヘミングに対する報酬、即ち暴行料五百円、当時としては、大金である。しかし、委任の内容、即ち暴行だが、殴打か、傷害か、それとも殺害か、どの程度まで委託せられたか、それは判明しないのだが、とにかく報酬は相当大金だったのである。

このヘミングは車大工で、家族は女房だけ、赤貧なことは前記の通りである。女房は委任の件には、関係がない。

一八〇六年の六月十四日の朝、ヘミングはイヴァンスの家へ仕事に行くと云って、出掛けた。

出掛けるに際して、女房との問答は次の通りだった。

「やあ遅くなった、今日はオディングレイのイヴァンスさん（イヴァンスは退役将校で、キャプテン・イヴァンスと呼ばれていた。この時もヘミングはキャプテン・イヴァンスと云っている）の家で、厄介な仕事があるのでね、急いで行くのさ。」

「厄介な仕事ってどんな事なの。」

「池から丸木を取出すのさ。」

斯様な仕事は、ヘミングは時々外からも頼まれていたから、女房は別に不思議に思わなかった。

この日のヘミングの服装は青色の上着に畝織の半ズボン、穿きならした靴は妙な恰好に踵が歪んでいる――これはヘミングの足癖で――それから、ポケットには大工用の差金、流石に本職だけあって、これだけは忘れない。


ヘミングのこの朝の様子には、別に変ったところもなかったが、近頃の全体の様子にも、一向変ったところはなかった。強いて一つ変ったことを求めると、このふた月み月の間、オディングレイの水呑百姓のクリュウズと云う男が、しばしば訪ねて来たことである。クリュウズはこれまでヘミングと親しくはしていなかったのだが、何の用だか、時々来ては、ヘミングと小声で頻りに話し合っていた。

ヘミングがオディングレイへ行く途中で、水呑百姓のクリュウズと出会って、居酒屋で一杯飲んでいた。それは実見者がある。この時の勘定はクリュウズが払った。二人は杯を挙げて、「オディングレイのボナパルト、くたばれ」とやっていたが、これは前に書いたように、オディングレイの連中の慣行的儀礼（?）

で、誰も不思議に思わないことである。

この日の正午過ぎに、ヘミングが鉄砲を担いでいるのを見た者がある。この鉄砲は誰の所有品だかわからないが、一時とにかくイヴァンスの家にあった物に相違ない――と云うのが、その実見者の談である。


この日午後四時過ぎに、突如として一発の銃声が、村の閑寂を閃裂した。やがて、或る庭の垣根から、「人殺し」と叫んで、オディングレイのボナパルト、即ち村一番の嫌われ者、牧師のパーカーが飛び出した。その瞬間、同じ垣根から、青い上着に畝織の半ズボンの男が飛び出したが、これは直にどこかへ消えてしまった。

パーカーは垣根から飛び出すと同時に、地上に倒れた。倒れた時には、死んでいた。胃部を貫く銃傷が致命的だったが、頭部に殴打傷がある。銃身で打ったものらしいが、余程激しく打ったものと見えて、銃身は真二つに折れたまま、垣根の中に棄ててあった。


パーカーを殺した犯人がヘミングであること、それは疑問の余地はないが、兇行の現場から、ヘミングは失踪してしまった。いくら被害者が村民に嫌われていても、殺人犯を黙許することは出来ない。警察官憲は遠近に亘って捜索の手を尽したが、さて、雲へ隠れたか、霧に紛れ込んだか、ヘミングの行衛は全くわからない。

ヘミングの女房もあてのない亭主を待っていたが、勿論帰って来ない。数年後に、他の男と再婚した。

パーカーを嫌っていた連中、特にその旗頭の村の名望家の人々も、或いは死に、或いは老い込んだ。対岸のナポレオンも死んでしまった。一世の怪傑も死んでしまえば、まるで颱風の通過したようなもので、吹き荒した跡の惨害は大きかったが、風の正体は所詮一場の悪夢に過ぎない。オディングレイのボナパルトも殺されてしまえば、それだけの事で、殺した者も、殺された者も、次第次第に、人々の念頭から消えて行った。

かくして、春風秋雨、幾年又幾年を閲し去ったが、鬼行の後二十四年、一八三〇年に至って、突如として、問題は再燃した。

一八三〇年に、かつてオディングレイの水呑百姓のクリュウズが住んでいた家を買取った者があった。この家には、二十四年前にパーカーが殺された頃まで、クリュウズが住んでいたのだが、クリュウズが他に移転して以来、永らく廃屋になっていたのである。

何しろ二十余年も廃屋になっていたのだから、新しい持主は、掃除もすれば、手入もする。そこで、母家に接続した納屋も修繕したが、納屋の床下を掘って見た時に、骸骨が出て来たので、吃驚した。骸骨の近くから、大工用の差金が出て来た、朽ち残った靴の踵も発見せられた。

そこで、先ず思い出したのは、失踪したヘミングである。これはきっとヘミングの骸骨に相違なかろうと云うので、今は他家へ再婚しているヘミングの元の女房に見せたが、差金にも、靴の踵にも、覚えがある、殊に、髑髏にくっ附いている歯の特徴から推して、それはヘミングに相違ないと確言した。

そこで、早速クリュウズが逮捕せられた。

クリュウズの陳述に依れば、パーカー殺しの首謀者は村のお歴々、イヴァンス、テーラー、バンクス、ジョン・バーネット、ウィリヤム・バーネットの四人で、ヘミングに五百円やって、パーカーを殺させることにしたのだが、自分はその交渉の使いに立っただけである、ヘミングがパーカーを殺してから、その深夜、自分の納屋で、右の四人がヘミングに殺人料の五百円を渡すことになっていたのだが、五百円を渡さないで、四人で、ヘミングを打殺した、五百円が惜しいからではない、犯行が洩れるのを虞れたからである、この時の発頭人はイヴァンスで、自分は納屋を貸しただけで、自分は口止料なり、使い賃として、イヴァンスから、二百七十円と、二百二十円余の馬一頭とをもらった、これがざっと五百円で、つまりヘミングにくれてやるべき報酬が、自分に振向けられたのだ、と云うのである。

パーカー殺しの首謀者の中で、テーラーとウィリヤム・バーネットとだけが生きていた。この二人は家も益々栄え、名望も更に高くなっている。首謀者だか、幇助犯人だか、とにかく自分自身は幇助したに過ぎないと云っているクリュウズは、もともと水呑百姓で、今は年は取っているけれども、依然として、貧乏である。

どう云う訳だか、地位のあるテーラーとバーネットとはパーカー殺しの幇助犯として、貧乏人のクリュウズはヘミング殺しの主犯及びパーカー殺しの幇助犯として、法廷へ送られた。詳細に云えば、三人全部に対して、ヘミング殺しの主犯及びパーカー殺しの幇助犯として起訴陪審に付せられたのだが、テーラーとバーネットとに対するヘミング殺し主犯被告事件の起訴は、起訴陪審員に否定せられたのであった。これが少なくとも一部の人々の反感を招いたようである。

甚だ不条理なことだが、当時英国においては、主犯が有罪にならない限りは、幇助犯人は罰せられないことになっていた。そこで、パーカーを殺した当人ヘミングは死んでいるのだから、パーカー殺しの幇助被告のテーラーとバーネットとは無罪になった。

残ったのは、クリュウズだけである。尤も、クリュウズに対しても、パーカー殺しの幇助事件は無罪で、ヘミング殺しの主犯事件だけに付いて、審理が進行した。しかし、陪審員はヘミング殺しに付いても、幇助犯として有罪、即ち主犯には非ず、と云う答申をしたので、係判事は、然らば、むしろ当然に無罪と評決すべきものだと教えた。陪審員は即座に評議して、無罪と答申した。

それで一切が解決したが、当時の法規の欠陥のためとは云いながら、馬鹿馬鹿しい結末である。

＊

英国において、主犯の罰せられない限りは幇助犯を罰することが出来ないと云う制限を撤廃して、主犯と幇助犯とはおのおの独立して、別々に処罰し得ることを法律で定めたのは、この事件の後数年のことである。

怪談親殺し

これは怪談である、因果物語である。少し尾鰭を附けると、丁度梅雨時である、じめじめと鬱陶しい、薄暗く物凄い南北張の種本になるかも知れないが、例によって、事実のままを、卒直に書く。尤も、大分古い話で、一六八七年の出来事である。

スコットランドの南部にアミスフィールドと云う小邑がある、そこに代々の名望家でサー・ジェームス・スタンスフィールドと云う老人がいた。律気な紳士で、財産も多く、人に敬われ人に羨まれる身分だったが、何の因果か、長男のフィリップは、なまけ者で、放蕩で、子供の時分から、随分念の入った乱暴者だった。

子供の時分からの癖がだんだん悪くなって、二十を越した頃には、ひと廉の厄介者になってしまったから、父のサー・ジェームスも愛憎《ママ》を尽かして、相続権の剥奪――日本流に云えば廃嫡――の手続を執った。そこで、厄介者のフィリップは憤慨して、その乱暴は益々募る。廃嫡にはなったけれども、フィリップは時々父の家へ帰って来て、事毎に当り散らす。サー・ジェームスの家は宏壮なものだったが、いくら立派な住居でも、フィリップの帰っている間は、朝から晩まで、いやな思いをさせられるのだから、サー・ジェームスにとっては、荊棘の床だった。可哀想に、サー・ジェームスは、この頃は毎日毎日泣いて暮らす外はなかったのである。

一六八七年の十一月二十一日の晩、スコットランドの冬はひとしお寂しい。凩《こがらし》の吹き荒ぶ夜、サー・ジェームスと牧師のベルとは、同じ村のマーと云う者の家で話し込んでいた。サー・ジェームスは近頃フィリップの乱暴がひどいので、自分一人でいては心細い――次男のジョンはまだ子供だし、召使いは数人いるけれども、これ等はとてもフィリップには歯が立たない――誰か然るべき人に泊ってもらおうと思って、頼みに出たのだが、丁度マーの家で、ベル牧師と出逢ったのであった。老人と牧師とは話がよく合う。まあ牧師さん、聴いて下さい、何の因果か、お恥ずかしくって、お話にもならぬような始末で、と云ったような工合で、サー・ジェームスが愚痴をこぼす。それを、ベルが持前の牧師口調で慰めている。そこへ、郷士のスパーウエーが来会わせたが、サー・ジェームスはこのスパーウエーに泊りに来てもらいたかったのである。しかし、スパーウエーにはやむを得ない用事があったので、ベル牧師がその代りに泊ることにして、サー・ジェームスはベル牧師と自分の家に帰った。スパーウエーは途中まで見送ったが、凩《こがらし》の夜道を行き悩むサー・ジェームスの後ろ姿を見て、同情の涙に咽んだのであった。

サー・ジェームスはベル牧師と一緒に自宅へ帰って来て、夜食を共にした。そして、ベル牧師を寝室へ案内して、自分はふた間み間離れた自分の寝室へ行ったが、それは夜の十時頃だった。

ベル牧師は深夜夢幻の間に、妙な唸り声を聞いた。陰気に沈んだ物凄い唸り声が、時々高くなったり、低くなったりする。一人か二人か、入り乱れたような足音もするが、唸り声ですっかり怖じ気が附いてしまって、ベル牧師には、何が何だかさっぱりわからなかった。しかし、ベル牧師はそれを悪魔だと思った。きっと、この家には悪魔が魅《つ》いているのだと考えて、ベル牧師は一心不乱に祈禱をした。唸り声が聞こえ出してから、半時間たったか、それとも一時間位の後か、遽にけたたましい響きがして、何か大きな物が、どさりと地面へ落ちたようだった。愕いて、ベル牧師は窓を開けようとしたが、手が震えているので、窓はどうしても開けられなかった。それから夜の明けるまで、ベル牧師はベッドにかじり附いて、縮み上がっていた。

翌朝、例の長男のフィリップが、慌ただしくベル牧師の寝室へ飛び込んで来た。

「おやじを見ませんでしたかね？」

「いいえ、お父様が何とかなさいましたか？」

「うむ、それじゃ、あの池だ。」

「なに、池ですって、池がどうしたのです？」

フィリップの妙な言葉に、ベル牧師は吃驚したが、フィリップはベル牧師の問いには答えないで、そのまま外へ走って行った。

その朝、附近の池から、サー・ジェームスの屍体が担ぎ出された。

フィリップは、父は自殺したのである、自殺の意志を以て、池に飛び込んだのである、自殺者を出したことは家門の恥辱だから――キリスト教が自殺を罪悪としていることは、云うまでもない、しかも、英国では、自殺は法律上の犯罪になっている――早速埋葬してしまわなければならない、と主張して、その日の内に、葬式を済ませてしまった。

村の人々はことごとくサー・ジェームスに同情していた。サー・ジェームスに対する同情は則ちフィリップに対する反感で、フィリップが父の葬式を、犬や猫の屍体を埋めるように、簡単に手っ取り早く済ませたことには、誰しも不快の感を抱かずにはいられなかった。しかもフィリップに嫌疑を懸けた者もあったので、その筋から、屍体の発掘及び解剖の命令が下された。

解剖の結果、サー・ジェームスの死因は絞殺だと云うことになった。即ち、水死したのではない、誰かが、首を絞めて、殺して、屍体を水に投じた、と云うことになった。

解剖が終って、正式に埋葬することになった。

屍体の納棺は近親の役目である。いくら不孝者でも、フィリップは長男である。他の親戚の人々と共に、納棺の式に列ったが、不思議や、フィリップがサー・ジェームスの屍体に手を触れるや否や、フィリップの手を触れた部分は、解剖の時の疵口ではなかったのに、フィリップの手が触れた部分の、すべすべとした屍体の皮膚が、遽に口を開けて、紅の血潮がだらだらと流れ出した。流石のフィリップも真っ青になって、「助けてくれ」と叫んだ。

屍体からかく遽かに血の出たと云うことは、一寸信ぜられないが、それを現に目撃したと云う証人が数名、後に法廷において、その旨を供述している。

当時の迷信に依れば、殺人犯人が自分の殺した屍体に手を触れると、そこから、遽に血が吹き出すと云うのである。その迷信——当時は勿論迷信だとは考えないで、事物当然の法則の然らしむるところだと信ぜられていた——は起訴の当局を動かした。

直にフィリップは親殺しの罪名の下に起訴せられたが、起訴状には右の出血の点を詳細に記載して、

「コレマコトニ下手人ヲ告ゲ給ウ天意ナリト知ルベシ」とあった。

フィリップに対する起訴の事実は三つあった。

第一は不敬罪、これはこの話には関係がないから、省略する。

第二は父のサー・ジェームスを早く死ねと呪い且つ同人を殴打したこと、両親の双方又は一方に対する呪咀又は殴打は、当時は、死刑に値したのである。

第三はこの話の父親殺し。

父親殺しに付いての証拠は次の通りであった。

一、前に書いた出血の不思議を目撃した証人数名の供述。

二、エディンバラの大学の医師の鑑定。

三、ベル牧師の供述。(これは僧官の故を以て、証人訊問の形式に依らないで、陳述書を提出せしめた。それには、当夜の唸り声の一件を詳しく書いてあった。)

四、フィリップの不行跡、特に父に対する暴戻の日常を知っている証人数名の供述。

五、十三歳の男子及び十歳の女子の供述。この少年少女はサー・ジェームスの下男トムスンの子供だが、当夜自分達の枕許で、フィリップとその情婦、それからトムスン夫婦の四人が、サー・ジェームスを殺す計画(これは夕刻)、それに次いで、殺してしまった経過(これは深更)、屍体を池に沈めた顚末(これは翌昧爽)を語り合っていた。この人達は自分等が眠っていると思って、相当大きな声で話していたのだが、自分等は怖ろしくて、少しも眠られず、逐一聴いてしまった、と云うことを、卒直に供述した。

右の少年少女の陳述が、フィリップの断罪の有力な証拠となったことは、云うまでもない。大罪の経過は、無心の児童の口から、明白になったのである。

陪審員は即座に有罪と答申した。

フィリップは前記三箇の起訴事実に付いて、いずれも有罪となった。刑罰は勿論死刑だが、これが又尋常一様の死刑ではない。

先ず犯人を絞殺した。

次に、犯人——実は犯人の屍体——の舌を抜き取った。その舌が父を呪ったからである。

次に、右の手を切り取った。その手が親を殺したからである。

更にその次に、首を獄門に懸けた。これは不敬罪に対する刑罰である。

最後に、フィリップ自身の固有財産の全部は没収せられた。

天罰はそれだけでは済まなかった。

死刑の執行は高い台へ首を懸けて、自然に絞める仕掛けであるが、どうしたはずみか、高い台へ懸けた太い綱がぷっつりと切れて、半死の状態のフィリップが、地上にどさりと落ちた。正式にやれば、再度フィリップを高い台に吊すはずなのだが、故意か、偶然か、死刑の執行者はそのまま地上で、両手で、フィリップの首を絞めた。機械の作用でなく、人の力で、首を絞められたので、フィリップはもがいて、見苦しい最後を遂げた。丁度自分が父親を殺したような工合に、期せずして、自分も同様な方法で、殺されたのである。

因縁はまだ続いた。舌を抜き、右手を断ち、首を切ったその残りの屍体が、しばらく刑場に曝してあったが、誰かがそれを深夜に持ち出して、附近の泥溝へ投げ込んだ。翌朝、その醜い屍体が、汚い水に浮いていた。人々はサー・ジェームスの屍体が池の中から出て来たことを思い出して、慄然とした。

首締め名人物語

死刑のいろいろ

死刑の手段には種々あって、現在文明諸国に行われているものでも、絞殺、斬殺、銃殺、ガス装置、電気仕掛と色々になっているが、大多数は絞殺で、日本も英国もこの点では、同じことである。しかし、非常に違っているのは、絞殺者即ち死刑執行者の制度である。

珍商売「首締め業」

英国の死刑執行者は純然たる官吏ではない。元来、英国の制度には、古風な、間の抜けた、しかし面白いものが尠《すくな》くないが、死刑執行の如きもその著しい一例で、私人の請負仕事になっている。勿論、死刑執行は公務である。公務だが、これは私人が請負っているのである。即ち死刑執行業――首締め業と云う特殊の請負仕事が、英国にはあるので、尤もこれは専業ではない。副業で、内職になっているのである。そこが又、いかにも面白い。私の滞英中の数年間は、エリスと云う散髪屋の老主人が死刑執行業をやっていた。このエリス老人のことは、私はかつて書いたことがあるから、ここには反覆しないが（拙著『正義の殿堂より』五六五頁参照）、今は別の人が代っている。

ひと締め一百〇五円也

英国では、監獄の事務は内務省の管轄だから、死刑執行人は内務省の御雇いだが、報酬は請負式で、一件五ギニー（五十二円五十銭）、別に善行賞と云う名義で、五ギニーの手当が出るから、合計十ギニー（百五円）、監獄までの旅費は、三等の汽車賃を支給せられる。死刑執行は午前中だから、前晩から行って、準備をする。この時は夕飯の御馳走になる。即ち、弁当向こう持ちの請負仕事である。

請負仕事で、しかも専業ではない。エリス老人は散髪屋で、平常は客の頭髪を刈っているが、死刑執行の際には、内務省からの通知に依って、監獄へ行って、囚人の首を締めるのである。

請負仕事だが、請負人は一人ときまっていて、その外に副手、つまり候補者が一人か二人出来ている。本請負人が差支えの場合には、この候補者が出かけて行くのである。

死刑執行は公務だから、本来は私人だが死刑執行と云う公務を執行する資格において、この請負人も請負仕事の範囲内においては、「御役人」であり、「御用」である。

私人でしかも公務を担当すると云うのは、厳格な法律論をすれば、現在の我国の制度上でも、あることはあるが、死刑執行が私人の請負仕事だと云うに至っては、いかにも突飛である。しかし、英国では、古い昔から、そうきまっている。しかも、死刑執行と云うと、辛い勤めのようだが、英国人一般の観念としては、むしろそれを敬愛しているのであって、その意味において、死刑執行人の本職（死刑執行の方が内職であることは、前に書いた）はなかなか流行する。エリス老人は散髪屋だったが、お客が死刑執行の話を聴くために、散髪に行く。「大将、昨日又一つ首を締めたそうだが、旨く行ったかね」と云ったようなお客が、沢山来たそうである。

首を締めて四十五年

さて、第十八世紀から第十九世紀に亘って、英国で、有名な二人の死刑執行者がいた。首を締めた期間が長くて有名なのが、カークラフトと云う男で、勤続四十五年、約半世紀に亘っている。評判が好くて有名なのが、マーウッドと云う男で、在職九年間、「紳士的首締人《ゼントルマン・ハングマン》」と云われていた。

カークラフトは二十九歳の時に、数名の候補者のうちから抜擢せられて、死刑執行の請負人になったのだが、その当時は、靴職で、後には専ら兎と鳩との養殖業をやっていた。即ち、家畜を殖やすことが本業で、悪人の種を絶つことが、内職だったのである。

カークラフトは四十五年の長きに亘って、首締め業に従事していたのだが、彼の首締めの技術は、決して上乗の方ではなく、囚人が死ぬるまでに、七分以上もかかって、首締め台で、大変苦しんだと云ったようなことも、一、二度はあったようである。彼自身も、首締め業には、左程の興味を持っていなかったらしく、いつ誰の首を締めたと云うことは、よく記憶していなかったそうである。死刑執行の際に、やむを得ない差支えが起ると、副手が代って、それを担当するのだが、もしそれが有名な犯人に対する死刑だった場合には、執行の機を逸した執行人は、自分自身の手に掛けなかったことを口惜しがるものだと云うことだが、カークラフトは、左様なことには、いつも平気だった。家庭における彼は、模範的の好人物で、細君との仲も良く、子供を非常に可愛がっていた。

一八四八年の四月二十日に、ブリストルで、十七になる少女の首を締めた時には、流石にカークラフトもひどく同情して、「私もこの位、気の毒に思ったことはありませんでしたよ。何しろ、あの女位、綺麗で利巧な女は、どこへ行ったって、ありやしませんからね」と頻りにこぼしていた。この少女はセラー・ハリエット・トーマスと云って、生れながらにして、不幸な女だった。家が貧しくて、幼い時から、下女奉公にやられた。勤め先の女主人が評判の因業者で、セラーを打つ、殴る、甚だしきに致っては、食事も与えないと云ったような始末で、或る夜、セラーは憤慨の極、眠っている女主人の頭を石で打った。殺す積りだったかどうかはわからないが、法廷では、殺人罪と宣告せられた。英国では、殺人罪の法定刑は死刑だから、当然死刑の言渡しにはなるが、判事又は陪審員の推申《レコメンデーション》に因って、減刑になることもある。尤も、殺人罪でなく、傷害致死罪と判定せられると、軽くなるのだが、セラーは殺人罪と認められて、しかも、何等の推申がなかったのである。死刑の時には、「私は死にたくない、内へ帰して下さい、帰して下さい」と泣き狂っていたが、牧師の説教を聴いて、泣き止んだ。しかし、死刑執行台を見ると、又泣き出したので、カークラフトも涙を誘われたのであったが、死刑執行は、ともかくも支障なく済んだのであった。

カークラフトの愛妻は同棲四十五年にして、先ずこの世を去った。残されたカークラフトはひどく悄気《しょげ》て、滅多に外へも出ないようになったが、それでも、死刑執行の役目だけは勤めていた。しかし、カークラフト自身も七十に余る高齢だし、腕も大分鈍って来たので、前例のない多分な恩給を与えて、引退させることにしたが、それには、カークラフトは非常に不平だった。自分はまだ腕に自信があると頑張ったが、彼の願いは採用にはならなかった。

カークラフトは引退の後五年、八十歳で天寿を終えた。

死刑ファン

カークラフトの次の死刑執行人はマーウッドである。カークラフトはその穏和な人柄から、人に嫌われたことはないが、その技術は優秀の方ではなく、殊に晩年は、少なくともその役目に付いては、人に厭がられていた。これに反して、マーウッドはその在職九年間の前後を通じて、人柄に付いても、はた又、技術に付いても、人に可愛がられもしたし、褒められもした。彼は上品な愛嬌者で、しかも、死刑執行は彼の大いに得意とするところで、好きこそ物の上手なりけれの諺通りに、彼の技術は全く前古に空しとまで、賞揚せられた。

マーウッドの本職は靴職で、若い時から、死刑執行に興味を持ち、当時死刑執行は公開だったから、大抵の現場は見て廻った。即ち死刑ファンである。死刑執行を見て廻っているうちに、彼は最善の首締め方法と云うものを発案した。それは囚人の体重に按配して、紐の長さを測定し、身体が下がると共に、的確に首が強く締められる、即ち、犯人が苦しまずして、即死すると云う考案で、体重測定を第一義とする英国現在の死刑執行方法の原案である。彼はしばしば自己の考案に付いて当局に上申し、在来の――ともすれば囚人が首を締められてから長く苦しむ――方法の改善を促し、かたがた自薦運動にも供していたが、遂に一八七一年、彼が五十一歳の時に、或る地方の死刑執行を委ねられ、越えて一八七四年から、本職の死刑執行人に指名せられるに至ったのである。

多年の望みが叶って、マーウッドは死刑執行人となったが、靴職の本業は勿論棄てない。得意になって、彼は靴直しの看板に、「御用」と書き込み、自分の名前に「死刑執行人」と云う職名を附けた印判を拵えて、手紙にでも、注文書にでも、それをぺたぺたと押し付けた。カークラフトの無口だったのに反して、彼はおしゃべりだった。(尤も、話の旨い男ではなかったけれども。) カークラフトと自分とを較べて、「あいつは首を締めたのですが、あっしのは死刑執行なので……」と云っていた。

得意なだけに、彼は上手だった。自慢はするが、根が好人物で、田舎風は抜けないけれども、身だしなみは相当にする。それが則ち「紳士的首締め人《ゼントルマン・ハングマン》」の綽名の存するゆえんで、上下の評判が誠に宜かった。

一八七九年の二月二十五日に、第十九世紀における英国随一の怪盗、ピースの首を締めたのは、マーウッドの得意中の得意の大事件である。ピースは音楽が上手で、発明家が隠居しているのだと云う仮面に隠れて、法網を免れていたが、或る日汽車のなかで、偶然マーウッドと逢った。ピースは冗談好きな男で、「僕をやる時にはね、油をうんと奮発して、紐の滑りをよくしてくれ給えよ」と云った。マーウッドは、この紳士が大泥棒だとは気が附かない。奇抜な冗談に対して、苦笑を以て答えるの外はなかったが（右はピースが自ら隣人に語ったところだが、この話自身も冗談かも知れない）、ピースに対する死刑執行の時には、マーウッドがそれを担当したのであった。勿論、死刑は旨く執行せられた。

一八八三年はマーウッドの忙しい年で、即ち、得意な歳だった。アイルランドの私党事件で、死刑の数が多かったからである。しかし、この年の秋に、風邪がもとで、肺炎になって、六十三歳にして、彼は死んだ。

英国近世の死刑史に付いて、その在職四十五年の長きに亘ったことにおいて、カークラフトは特筆せらるべく、執行方法を改善し且つ死刑執行人が一般人に愛好せらる端を啓き、従って、事実上、死刑執行人の社会上の地位を高めたことにおいて、マーウッドの功績は閑却すべからざるところのものである。

死刑の歴史

死刑制度の存廃に付いては、大いに議論があるけれども、その問題には触れないで、夏の夜の語り草として、ここには、その沿革と種類とに付いて書く。

今日の文明国における死刑の方法は、絞首、斬首、銃殺、電気装置、ガス応用の数種類に限定せられているけれども、昔はその手段が多様だった。そして、今に比べて、その方法は、多く残忍を極め、凄惨の限りを尽していた。西洋人は、これ等の苛酷な刑罰は大抵東洋から伝来したのだと云っているが、或いは左様かも知れない。しかし、それを以て、東洋人が西洋人よりも惨虐だと云う証拠とすることは出来ない。東洋の方が西洋よりも早く開けたのだから、大抵の制度は、東洋から西洋へ流れて行ったのであって、死刑の方法も、やはりその一つだったのである。暴戻なことを責めるのは宜いが、少なくとも、模倣者には、発明者を攻撃する権利がない。

上代における死刑の方法には、書くだに忌まわしき残忍なものが多い。生きながら皮を剥いで、烈日に曝したり、鳥の啄むに任せたりしたが如きは、ここに詳しく書く勇気がない。

毒蛇の窟に投じたことは、東西の史乗に、その証跡が尠《すくな》くない。七九四年に、英国ノーザムブリヤの王がデーン人の酋長を、蝮の洞穴に投げ込んだと云う伝説は、当時の英国にこの種の死刑の行われていたことを示すものである。獅子に食わせる方法は、ローマに行われていた。象に踏み殺させる死刑もあったのである。

高い所から下の岩角に投げ付けて殺すことも、行われていた。第十一世紀の初めに、ノルマンディーのロバートがルアンの長老コナンを塔の上から下へ叩き付けたのが、その一例であって、エディンバラの巌上の城は、この方法には、屈竟の場所だったことは、文献に明白である。

石を投げ付けて殺したこともあった。殉教者スティーヴンの悲惨な物語はここに説くまでもない。この方法は第十世紀の頃までは、ほとんど欧洲全土に亘って、採用せられていたのである。

磔刑も世界的だった。これには二種あって、ただ十字架に釘付けにして、苦しむだけ苦しませて、自然に死ぬるまで、そのままにして置いたのもあれば、槍や刀で刺し殺したのもあった。キリストの例は前者であり、徳川時代の江戸の仕置は後者である。

毒を飲ませることもあった。ソクラテスに対する死刑が、それだった。

中世紀も残忍なことにおいては、決して上代に譲らなかった。

上代から中世に亘って、ほとんど世界的に行われた死刑の方法に、火刑がある。欧洲では異端罪や魔法使いに、この刑罰が課せられた。これ等の囚人の屍体は宗教上の理由で、埋葬を許されなかったし、殊に魔法使いに付いては、もしそれを埋葬すると、墓場で、外の屍体を誘惑すると云う迷信が行われていたがために、生きながら焼かれたのである。それから、姦通罪に対して、火刑を以て臨んだことは、諸国に普遍的な現象だったが、英国では、夫を殺した妻を特に火刑にした。その規定が一八二八年まで続いていたのだから、驚かされる。尤も、流石は英国人で、近世においては、実際に火を附ける前に、首を絞めたので、火刑と云うよりも、絞殺と火葬とを一緒にやったようなものだった。国に依っては、ひと思いに焼いてしまわずに、一寸焼いては中止し、一寸焼いては中止して、永く苦しませた所もあった。

火刑と対立するものは、釜茹の刑である。支那には「湯鑊甘如飴」と云う文句がある位だから、随分行われたものであろう。我国では、石川五右衛門の話は眉唾物としても、戦国時代に行われていた形跡がある。フランスでは革命の前まで存しており、英国ではヘンリー八世の朝、一五三〇年に毒殺罪に対する刑罰を火刑と定めたが、その法律は十六年間実施せられただけである。このヘンリー八世は種々の意味において有名な国王であって、その治世は一五〇九年から一五四七年に亘っているが、この三十六年間に、絞殺ではあるが、とにかく死刑台で首を絞められた者の数が、無慮七万に上ったと云う。盛んなことである。

鋸引きと云えば、我国でも、武家の世には行われていたようであるが、フランスは近世において、その植民地ニューオルレアンで、実施していた。直接に鋸で引くのと、函に入れて函ぐるみ二つに引くのと、二種の方法が諸国にあったのである。

中古の死刑で残忍を極めたのは、四肢を絶つ方法だが、それが又いかにもひどい手段で、囚人を大の字形に仰臥せしめて、身体は勿論地面へしっかりと縛り付けて置く。そして、四頭の馬に、四肢をそれぞれ一つずつ引っ張らせて、馬に鞭を当てて疾駆せしめる。右手を引っ張った馬が、右へ走り、左手を引っ張った馬が、左へ駆ける、そこで右手が右の方へ、左手が左の方へ、抜けて行くのである。一七五七年にダミアンと云う大馬鹿者が、フランスのルイ十五世に危害を加えた廉に依って、この刑罰に処せられたが、馬が一時間以上も引っ張っていたが、手足が余程頑丈だったと見えて、なかなか抜けない、ダミアンは泣き狂っている、馬も大汗になっている、当時の死刑は勿論公開だが、見物人は泣き狂うダミアンよりも、大汗になって努力している馬に、同情したとのことである。どうしても埒が明かないので、議会附属の医師の進言に基いて、肩と腰との筋肉を少しずつ切って、それから又馬に引っ張らせて、ようやくにして、目的を遂げた。

次に風変りなのは、圧殺の死刑である。それは囚人を仰臥せしめて、鉄の分銅を腹の上へ載せる。そして漸次その分量を増して、徐々に死に至らしめるのであるが、英国往時の圧殺死刑の言渡しのお定まりの文句は左の通りである。

「お前は今朝お前が来た牢獄へ帰される。その牢獄の日の光の来ない真暗な穴倉の板敷に、お前を仰臥せしめる。腰にだけは許すが、その余の全部の衣類を剥いで、真裸でお前を寝かせて、腹の上にお前の耐え得るだけの分量の鉄の分銅を載せる。それから次第にその分量を殖やす。尤も、初日には、この世における最劣等のパンを三片与える。二日目には、パンの外に、牢獄に最も近い井戸の水を三杯与える。このパンと水との支給は、お前の死ぬるまで続ける。」

この外に、窒息殺の死刑もあった。軽い灰の中に顔をつっ込ませたり、硫黄の煙を嗅がせたりした。

絞首は今でもやっているが、中世では、絞首台を用いないで、死刑執行者が二人、左右からじかに、囚人の首を絞める方法も採っていた。スコットランドでは比較的多く、この手段が行われていたようである。

絞首後、永く屍体をそのままにして、衆人の前に曝すことは、見せしめのために、諸国に行われていたことで、英国では、制度上、この見せしめが一八三四年まで続いていたのである。スペインでは、ガーロットと云う絞首具が近年まで用いられていたが、これも原始的な、絞首方法の一つに属する。

その外に、水に投ずるのもあり、ギロティンで切るのもあり、アメリカにおける黒人に対する私刑の方法に至っては、凄惨口にするを忍びないものもあるようである。

銃殺も今行われているが、第十九世紀の中葉に、英国の官憲がインドの叛徒を処罰した時には、囚人の口へ鉄砲をつっ込んで発射したと云うことである。なるほど、それならば外れっこはない。

書けば際限もないが、斯様なことを書いていると、夏の土用の中でも、涼しいどころか、寒くなる。史策の筆をここに擱いて、現代に付いて書いてみる。

現時の文明諸国では、死刑を存置するものと撤廃したものとに岐れているが、存置国でも、その方法は前にも書いたように、絞首、斬首、銃殺、電気装置、ガス応用の数種類に限られている。

北米合衆国は州に依って法規を異にしているから、一様ではないが、全体的に云って、右に掲げた数種の方法をことごとく採用しているのは、北米合衆国だけである。同国中、死刑を存置する州は四十（撤廃州は八）、その四十のうちで、絞首刑の州が二十三、電気刑が十五、ユタ一州は囚人の選択に依って絞首又は銃殺のいずれかに定める。ネヴァダ州はガス刑である。一九二五年の統計に依れば、合衆国全体で、死刑になった者が、百二十三人、その中で、八十人が電気刑、四十一人が絞首刑、二人が銃殺刑になっている。

電気刑を最初に採用したのは、ニューヨーク州で、一八九一年のことだが、滑稽なことには、これは或る電気会社の商略上の宣伝の結果だと云うことが、事実だそうである。

電気刑は苦痛を伴わないと云われているが、フランスのロタ教授が、一九二八年の一月十四日に、英紙デーリーメイルに発表したところに依ると、それは決して望ましい方法ではないようであって、多くの学者は、むしろガス刑がこの点においては適当だと云っている。

泥棒の歴史を一変した男の話

南禅寺の楼門から、桜咲く都大路を眼下に見て、絶景かな絶景かなと嘯《うそぶ》きつつ、南蛮鉄の懐鉄砲のような煙管をぽんと叩くと、煙草の煙は東山の霞を紫に染めて、百日鬘の頭の上に、春は酣である。舞台も大きいが、主人公の泥棒も大きい。衒気もあるが、稚気もあり、茶気もあって、輪廓が太い。然るに世話物になると、泥棒も大分工合が違う。鼠小僧にしても、鬼薊の清吉にしても、小利巧で、機転が利いて、いきな男に出来上っている。勿論芝居と実際とは違う。いくら大昔だって、石川五右衛門のような泥棒ばかりでもあるまいが、物語の上においては、泥棒はたしかに一変した。大まかなのが、小意気になって、鈍重粗笨なのが、軽俊に事務的になった。少なくとも芸術味を失った。それは、敢えて日本ばかりではない。英国においても、中世の物語に出て来る泥棒は皆五右衛門式である。その方面の稗史《はいし》の大物ロビン・フッドに至っては、大まか派の総司令官で、児来也のようでもあり、天竺徳兵衛のようでもあり、花和尚魯智深のようなところもあれば、打虎《だこ》将軍武松《ぶしょう》のようなところもある。それが近代になると、甚だしく趣を異にして、仕事は大きくても、手口は小さくなって、泥棒の歴史は韻文から散文に堕落した。ヴィクトリヤ朝時代の大泥棒チャールス・ピースはこの事務的大泥棒の開山で、泥棒の物語を無味乾燥のものにして終った第一世である。

ディスレリはヴィクトリヤ朝の大政治家である。その人格に付いて、その品位において、とかくの論議の余地はあるとしても、自由党の統帥グラットストーンと共に、保守党の首領ディスレリはたしかにヴィクトリヤ朝の政界を飾った二大偉人の一人であることは、云うまでもない。このディスレリがサリスベリー卿と共にベルリンへ出掛け、英国に有利な協約を締結して、帰って来た時に、この外交上の大成功に対して、英国の全土を挙げて、朝野ことごとく歓呼して、これを迎えたのであったが、その歓迎の席上に、「ピース・ウィズ・オノァー」(「光栄を伴う平和」)と云う大旆《はた》が掲げられた。勿論、ディスレリのこの成功を謳歌したものであって、この大旆の下に、ディスレリとサリスベリ卿とが並んで立った刹那に、満場の大衆は期せずして、雷霆の如き喝采を送ったのであった。然るに、この喝采の真っ只中に、不思議な質問をした婦人がいた。「あの男がピースですかねえ。そうすると、オノァーと云うのは、どの男ですか。」気の毒千万にも、大政治家のディスレリは大泥棒のピースと間違えられたのである。尤もその頃各新聞はピースに関する記事を満載して、ピースは全国の話題の中心となっていたから、この婦人が大旆の文字を誤解したのは、無理もないことであって、ディスレリはユダヤ系で、人相も余り上等の方ではないから、ピースと間違えられたのも、致し方のないことであった。とにかく、ピースは有名な男である。

ピースは一八三二年に生まれた。貧乏な靴屋の枠で、醜い小作りな男だった。窃盗——屋内盗——の前科が二、三犯あったが、一八七六年に、マンチェスターで、コックと云う巡査が射殺された。或る一部では、ピースの仕業だろうと取沙汰せられたが、ヘブロンと云う男が逮捕せられて、審理の末、有罪と定まった。ヘブロンとコックとが平生極めて仲の悪かったこと、ヘブロンがコックを殺してやると公言していたこと、兇行の少しく前にヘブロンが拳銃を買ったこと等が、ヘブロンのためには、不利な証拠となったのである。しかし、疑わしい廉もあったと見えて、お定まりの死刑（英国では、殺人既遂の法定刑は死刑だけである）を減軽せられて、懲役刑に変えられた。

コック殺害事件がともかくも一段落を附けた頃に、ピースはダイスンと云う男を射殺した。ダイスンの女房とピースとが少々怪しいと云う評判だったが、左様なことが原因で、ピースとダイスンとが喧嘩をして、ピースがダイスンを殺したのであるが、この時には、現場に居合せた者もあって、犯人は明らかに、ピースだと云うことは判明していたが、その当の本人は逃亡してしまった。

ピースは醜い男で、身長わずかに五尺二寸五分、英国人としては、極めて小さい方である。斯様に特徴が著しいのだから、捕縛せられなければならないはずだが、警察本部が百方苦心の甲斐もなく、ピースの所在は依然として、不明だった。多分大陸か南米へでも渡ったのだろうと云うことで、官憲も遂に捜査を断念した。

ロンドンの南郊のペッカームは、やや遠く都塵を離れて、低い丘陵の起伏する住宅向の郊外である。そのペッカームにトムプスンと云う老紳士が住んでいた。音楽に趣味があって、ヴァイオリンは好く弾いた。余程裕福と見えて、珍しい所持品も多かったが、親切で、同情に富んでいて、居酒屋でウイスキーや麦酒を振舞いながら、面白い話をして聴かせた。何でも、植民地で儲けて来た楽隠居だろうと云う評判だったが、近所の者は旦那旦那と云って、大切にしていた。

トムプスン老は時々奇妙な冗談を云う。或る夜も例の通り、居酒屋に来て、一同に万遍なく振舞いながら、「私は先日汽車の中でね、死刑執行人のマーウッドに出会ったがね、私をやっつける時には、機械に油をうんとくれて、縄の辷りをよくしてくれと云ってやったら、奴さんも笑っていたよ」と云った。例の調子の冗談だから、皆がどっと笑って、更に杯を重ねたのであった。英国では死刑の執行が請負になっていて、私の滞英当時はエリスと云う散髪屋が一手に引受けていた。この話の頃には、マーウッドと云う者がその請負人だったと見える。死刑執行の方法はその頃も今も首を締めるのである。或る時又トムプスン老は立派な葉巻を口にして、ぶらりと近所の薬屋へ入って来た。高価な芳香に先ず以て魂消《たまげ》たのはその店の番頭である。「旦那、途方もない素敵な葉巻ですね。何処でお求めになりましたかね。」「盗んで来たのさ。」「へへへへ、御冗談を、しかし、斯様な素敵な葉巻なら、私にも盗んで来てもらいたいものですね。」このおかしな問答の数日の後に、トムプスン老は見事な葉巻を一箱持って来て、薬屋の番頭にくれた。「そうら、盗んで来てやったよ。」

一八七八年の十二月末日の深夜、ロンドン市内で、或る小男が家宅侵入の現場において、密偵中の警官に逮捕せられた。窃盗用の道具は勿論、拳銃までも持っていたから、盗奪の目的だったことは云うまでもないが、犯人はどうしても本名を明かさない。しかし、私《ひそ》かにその自宅へ送ろうとした手紙が手掛りになって、この小男がペッカームの老紳士トムプスンであり、老紳士トムプスンこそ永らくお尋ね者のピースだと云うことが判明するに至った。

ピースはダイスンを殺して以来、ペッカームにトムプスンと偽名して、贅沢な生活をして、音楽を愛し、発明に志して、特許を得たものすらあるが、本職の泥棒を止めたのではない。ほとんど毎夜の如く、しかも、敢えてロンドンだけではなく、英国全土に亘って、泥棒を続けていたのだが、細心で事務的だったから、巧みに馬脚を露さなかったのである。

ピースはロンドンの中央刑事裁判所で無期懲役に処せられた。ダイスン殺害の事案はリーズで審判せられることになっていたから、ピースはロンドンからリーズに送られた。その途中、汽車の窓から、ピースは飛び降りた。逃げる考えではない、自殺する積りだったのである。そのポケットには、「ここに葬られたし、さようなら、チャル・ピース」と書いた紙片が入れてあった。しかし、ピースは怪我をしただけで、生命に別条はなかった。リーズでダイスン殺害被告事件に付いて、死刑の言渡しを受けた。

死刑の言渡しを受けた後、ピースは前述のコック巡査を殺したことを自白した。ピースが窃盗の現場を発覚せられて、即座にその巡査を射殺したのであって、コック殺害事件に付いてヘブロンが死刑の言渡しを受けた時に、ピースはそれを傍聴していたのだそうである。この自白は徹頭徹尾真実だと認定せられた。前にも書いた通り、ヘブロンは幸いにも懲役刑に減軽せられていたから、直に釈放せられて、賠償金を下付せられた。

ピースはその冗談が讖《しん》をなして、マーウッドに首を締められた。マーウッドは汽車の中での依頼を忘れてしまっていたに相違ないが、死刑の執行は円滑に運ばれた。

これがヴィクトリヤ朝における大泥棒、事務的犯罪の第一人者、換言すれば、詩的泥棒物語の破壊者、怪奇な伝説的泥棒から、巧緻な現代的泥棒への革命家、チャールス・ピースの話である。

老賊述懐

ロンドンにも泥棒が少なくなりましたよ、いいえ、悪人は殖えるばかりですがねえ、本当の泥棒らしい泥棒と云えば、変なことを自慢にするようですが、まず近年じゃテッド・ワッツと私位のものでしょうね。テッドの野郎はいい腕前でしたよ、それに、人間が出来ていました。私と同様荒仕事専門でしたがね、荒仕事と云ったって、あなた、打ったり殺したりするのは、ありゃ素人の腑抜野郎のすることですよ。テッドにしろ、私にしろ、仲間の内に卑怯な奴でもあれば、打ちもすれば、殺したこともありますがね、それは、狡猾な奴の懲らしめにやることで、私達の仲間じゃ、正しいことになっているのです。仲間以外の者は決して手に掛けませぬ、殊に婦人に対しては、指一本だって触りませんやね。そこが私達の自慢です。荒仕事と云うのは、つまり、掏摸や万引や掻っ払いに対して、夜分屋内へ忍び込んで盗んで来ることを云うのです。テッドと私とはね、この方じゃ、憚りながらひと廉の親分になりもし、又、奉られてもいたものですよ。

テッドですか、五年前に死にました。七度目か八度目のお勤めを済まして、出て来ました時は、流石に大分弱っていましたよ、何しろ、六十七か八でしたからね、もう荒仕事は出来ませんよ。議会の行幸日に掏摸をやろうと思って、出掛けたのです。テッドも若い時にはこの方の名人でしてね、荒仕事の方は四十を超えてからやったものです。こりゃどうしても度胸がいりますからねえ、青二才じゃとても勤まらないのです。それはとにかくとして、この日はテッドは掏摸に出掛けたのです。込み合った中に紛れ込んでいると、目の前に大金持らしい米国人が宝石のごちゃごちゃ入った時計を、だらしなくぶら下げているのです。こんな仕事は朝飯前です。瞬く間に掏り取ったのです。丁度その刹那に、鹵簿《ろぼ》が粛々と前を通ったので、思わず知らず、テッドは大声を挙げて、「陛下万歳」と唱えたものです。万歳！と叫ぶと同時に、テッドは前にのめって、地上に倒れてしまいました。つまり、卒中ですね、電撃性脳溢血とか云うのだそうでして、そのまま息を引き取ったのです。立派な死にようじゃありませんか、しかも、例の時計を手に持ったままでね。テッドはどこまでも泥棒運の好い男でしたよ、ははは。泥棒こそすれ、人間が立派に出来ていましたからね、お役人衆にも可愛がられましたよ。何しろ、葬式にヤード（ロンドン警視庁）の部長さんがお見えになりましたからねえ。

テッドがねえ、「陛下万歳」と云って死んだところが、嬉しいじゃありませんか。泥棒をしても、英国人はやはり英国人ですね。

私ですか、勿論、生っ粋の英国人、はばかりながら場違いではございませぬ。世界戦争の時でしたよ、ドイツの探偵のマックスと云う奴、学問もある、腕もある、しっつこくて、ねばりがあって、そりゃ念の入った悪党でしたがね、手蔓を手頼って、私に逢いに来ましてね、現金一万円ぽんと出して、何々省へ忍び込んで重要書類を盗んでもらいたい、これはほんの当座のお礼、云わば名刺代りで、お骨折賃はたんまりと後で出すと云うのです。私ゃあぐっと癪に障りましたね、「馬鹿野郎、こん畜生、犬の生まれ変りのドイツ人め、俺を見違えやあがったか、獄卒め、泥棒こそすれ、おりゃあ立派な英国人だ、たとい、とち億万両積んで来たって、お国のためにならねえことはするのじゃねえ、さあ、さっさと帰りやあがれ、二度と再び敷居を跨いだら、叩っ殺してやるから、そう思え」と、いきなり怒鳴ってやったのです。流石のマックスもぐうっと参って、泡喰って帰りましたよ。それから、二、三日たつて、マックスが捕まりましてね、軍機に関すとか云うので、銃殺の刑を受けましたよ。尤もこの捕縛には私は関係がありませんでしたけれどもね。

私も今でこそ改心して、細いが気楽な煙を立ててはいますが、前にも申した通り、荒仕事の方じゃ頭株で、宝石が専門でした。取ろうと思って、取れなかったことはないのです。いえ、たった一度ありました。その失敗談でも致しましょう。思い出すと、おかしいやら、気の毒やら、馬鹿馬鹿しいやら、はははは、手柄話とは違って、縮尻話は罪のないものです。

メーフェーヤ（ロンドンの貴紳富豪の住宅地の一廓）の或る立派な家に、素晴らしい真珠の頸飾りのあることを、睨んで置いたのです。今夜仕事をしようと云うその晩は、わざっと、燕尾服を着て、りゅうとした身なりになって、第一流の料理店で晩餐を済ますのです。それから芝居へ行きます。特等席に品好く納り返っているのですから、誰だって、荒仕事の隊長とは気が附きませんやね。又私を知っているテクさん（刑事探偵）にしたって、野郎今日は大変な景気だなと思うでしょうが、まさか燕尾服で荒仕事をするとは考えませんや。そこで、尾行もしませぬ。芝居がはねると、気の利いたサパー・レストラント（芝居帰りのお客目当ての贅沢な小料理屋）で一杯やります。それからが本職なのです、自動車の中で仕事着に着替えるのです。子分が運転手になっているのだから、細工はりゅうりゅうでさあね。

忍び込む方法は抜きにしましょう、誰かの参考になってはいけませんからね。とにかく無事に探し当てました。御承知の通りに貴族の屋敷は召使いが沢山いますけれども、大抵台所の近くのひと間かふた間に固まって寝ているもので、奥向の方は寂しい位のものです。七つも八つも人っ気のない部屋を探して廻りましたが、色々贅沢な品物はありますけれども、肝心の頸飾りがありませぬ。最後に大きな室に入りますと、部屋の真ん中の机の上に、ありましたよ、その頸飾りが。懐中ラムプの光に、凄いように輝いて見えました。硝子函に入れてあったのです。早速失敬して、ポッケットに入れたその時にですね、これからが大変です。

ぱっと電灯が附いたので、驚いて、室を見廻しますと、部屋の隅に綺麗な寝台があって、若い婦人が半身を起して、私の方を見つめているのです。流石の私もひやりとしました。その婦人は二十一か二か、せいぜい三でしょう。私は一生涯を通じてあんな綺麗な婦人を見たことがありませぬ。美しくて、気高くて、真っ白な寝衣の上に、すっくりと、寝衣よりもまだ白い顔が浮いていました。私も英国人です、婦人に対して失礼なことがあってはいけませぬ、思わず知らず、最敬礼をしたものです。

「お前さんはその頸飾りを取りましたね。それはどうしても、上げられませぬ。折角泥棒」——と云って、絵にある天使のようなその婦人は少しく口籠もられました。「折角仕事に来たのだから、何を取って行っても、それは構いませんが、その頸飾りだけは、どうしても、上げられない事情があるのです」とその婦人は、もの静かなしかしはっきりした口調でおっしゃるのです。

しかし、泥棒にも泥棒の理屈があります、さあ返せ、それじゃ返しましょうでは、泥棒冥利に尽きる訳です。私は丁寧な言葉で、その事情を聴かせて下さいと申しました。

婦人は卒直に話して下さいました。その婦人は近々のうちに某貴族と結婚せられることになっているのです。ところが、その以前に或る男と一寸した交際をして、——これは後で明白になりましたが、全然関係はなかったのです、或る色魔に欺されかかったのです。その色魔に四、五通手紙を送ったことがあるのです。その手紙を種にして、色魔が例の頸飾りをくれと恐喝しているのです。色魔の方では、恋の成就しなかった癇癪玉も手伝って、大分猛烈に請求しているらしいのです。結局明日その手紙と頸飾りとを交換すると云う約束が出来たその晩に、私が泥棒に入った次第です。

事情を聴いて、私は綺麗に頸飾りを返しました。

長い泥棒生活の間に、取り損ったのは、これが最初で最後でしたよ。

何ですって！　その頭飾に未練がないかと、お尋ねになるのですか。はははは、流石に旦那も素人ですね。その翌日子分を使って例の色魔の素性を探索しましたが、そ奴は実に怪しからぬ男で、お嬢様がその毒牙にかからなかったのは、全く仕合わせだったのです。そのような卑しい奴に、あの頸飾りは勿体ないと思いましたからね、翌々晩私は色魔の家へ忍び込んで、首尾よく取って来ましたよ。

頸飾りは郵便でお嬢様のお宅へ送りました。

お嬢様はめでたく御結婚になって、今は××伯爵夫人と云って、模範的の奥様でいらっしゃいます。

私が泥棒商売を止めましたのは、お嬢様とそのお連合いの伯爵様のお蔭です。昨年までお庭番をしていました。私の眼の黒いうちは一人だって泥棒をあのお屋敷に入れは致しませぬ。

風変りな拷問の話

今は昔の物語であるが、拷問の制度はかつてはどこの国でも、一般に是認せられていたものらしい。即ち、この恐ろしい忌まわしい制度は各国の刑政史に共通な過去の事実である。尤も、その方法には差異がある。今も諸国の博物館に残る拷問の道具を見ると、その惨虐に愕くと共に、その種類の多いのに吃驚する。

拷問の方法に差異はあるが、その目的は大抵同様である。被告人や証人に真実を供述せしめるためか、又は真実の如何に拘らず、被告人に自白せしめるためか、要するに、断罪の資料を得るためにこの拷問を行ったと云うことは、東西古今を通じて、その揆を一にするところである。

然るに、ここに一つ風変りな拷問があった。それは、英国において、被告人に対して、プリー（Plea）を促すために行われた拷問である。英国の刑事訴訟手続は我国の刑事訴訟よりもむしろ民事訴訟の手続に似ているが、我国の民事訴訟においては、口頭弁論の劈頭に、原告が請求の趣旨即ち一定の申立てを述べる。これに対して、被告が申立てをする（真正の意義における申立てではないが）。「原告ノ請求ヲ棄却ス」とか、「原告申立テ通リノ判決ヲ求ム」とか云うのが、それである。これが弁論の序幕であるが、英国の刑事訴訟においては、これと同様で、書記が被告人にプリーを促す。プリーは起訴に対する被告の申立てである。被告自ら「有罪」又は「無罪」と云う。このプリーが済んで、いよいよ事件の審理判断に入るのであって、プリーは手続の前提である。そのプリーを被告が拒んだ場合に、プリーを促すために拷問が行われたのである。従って、この拷問は断罪の資料を得るための拷問ではない、審理開始のための拷問である。手続促進のための拷問である。普通の拷問ならば、拷問に降参すれば、有罪になるが、この拷問では、拷問に閉口しても、必ず有罪になるとは限らない。審理が開始せられる要件を充実するだけのことだから、審理の上で、無罪になるかも知れないのである。我国の旧幕時代の拷問に付いて、一種の弁護を試みる人がある。その説に依れば、旧幕時代の拷問は決して、拷問に依って断罪の資料を作ったものではない、断罪の資料は正当な証拠調べに依って十分であっても、被告人が自白しないと、刑に処することが出来ないと云う精神だったから、そこで、拷問に依って、自白せしめた。拷問は勿論悪い、しかし拷問に依って、無罪たるべき者が有罪となったのではなく、当然有罪たるべき者を処罰する形式上の要件を充実するために、重言すれば、自白しない限りは、処罰が出来ないのだから、その自白を促すために拷問したのであって、有罪か無罪か未だ判定しない者を拷問したのではないと、云うのである。私はその真偽を知らないが、もし果して左様だとすると、我国旧幕時代の拷問は刑事訴訟手続の最後の段階であるが、ここに書く英国のプリーを促すための拷問は、公判手続の最初の行為である。順序において、彼我正反のものである。

大分古い話ではあるが、一三四七年のことである。セシリー・リッジウェーと云う女が夫殺しの廉で、起訴せられた。然るに、この女はプリーを拒んだ。「有罪」とも「無罪」とも何とも云わなかった。前に書いた通り、被告人がプリーを申立てないのだから、当時の慣例においては、審理が出来ない。そこで、判事が被告人にプリーを促す手段として、プリーを申立てるまでは、四十日間絶対に飲食を禁じて、幽閉することを厳命した。兵糧責めの持久策を執ったのである。背に腹は代えられないから、大抵の者ならば、二日目か三日目にはプリーの申立てをするのだろうが、この女はどこまでも頑強だった。女も頑強だが、官憲の方も執念深く、餓死するか、プリーを申立てるか、中途で免除は絶対にしないと決心した。かくして、双方睨み合いの裡に、四十日は経過してしまった。いくら頑強でも、四十日の間食わず飲まずの幽閉だから、被告人もくたばってしまったのだろうと思って、四十一日目に獄舎の戸を開けて見ると、驚いたことには、被告人はまだ生きていた。そこで、官憲の方が降参して、被告人をそのまま釈放した。昔のことだから、この断食監禁がどの程度に励行せられたか、それは判明しないが、記録には「天変不可思議ノ事ト謂ウベシ」とある。

プリーを促すための拷問には、右に書いたように、断食監禁の方法もあったが、それは比較的古い時代に稀に行われたことで、一般にはプレッシングの方法を執っていたようである。

プレッシングと云うのは、被告人を半裸のままで、床の上に仰臥せしめ、手足は四方に拡げて、動けないように、それぞれ紐で四隅の釘に縛り付ける。そして、胸と腹との上に、重い鉛の分銅を載せるのである。これは大抵暗い部屋の中で行ったものらしい。その間は勿論食料は給与しない。だんだんへって来る腹の上に、鉛の重味が加わって、流石の被告人も申立てることになる。これがこの拷問の普通の方法だったのである。

プレッシングの実例一、二を次に掲げる。

一七二一年にトーマス・スピゴットと云う追剥ぎがプリーを拒絶した。そこで、例のプレッシングの憂き目を見た。最初半時間ばかり合計三百五十ポンドの分銅を載せられたが、スピゴットは平気だったから、五十ポンドの分銅を加えたので、スピゴットも閉口して、プリーを申立てた。即ち四百ポンドの分銅に降参したのである。四百ポンドは約四十貫だから、なるほど重かったに相違ない。

一五五六年にはスタートン卿が前にその家令だったハートギル及びその従者を殺した。スタートン卿及びその先代が外国に出征中、荘園の管理をしていたハートギルに不正の行為があったと云うので、スタートン卿とハートギルとの間に確執が生じて、互いに相譲らず、私闘年余に亘ったが、スタートン卿は和睦に名を藉りて、ハートギルを招き、突如として殺してしまったのである。

そこで、スタートン卿は殺人事件で起訴せられたが、ウェストミンスターの法廷でプリーを拒絶した。当時恰もメーリー女王の時代で、メーリー女王は旧教信者だったから、同じく旧教徒だったスタートン卿を特別に庇護した形跡があり、スタートン卿も自己の声望に自負して、不遜な態度に出でたのであったが、法廷は厳然として、もしプリーを拒絶するならば、プレッシングを行うと言明したから、スタートン卿は直に「有罪」のプリーを申立て、死刑の言渡しを受けた。

一七七二年に、プリーを拒絶した者は「有罪」のプリーを申立てたものと看做す旨の法律が出来て、爾後プレッシングの拷問は当然に消滅した。

大森洪太（おおもり・こうた／1887-1946）
1912年東京帝国大学法科大学卒。東京地方裁判所判事、東京地方裁判所検事、東京控訴院判事、東京控訴院検事、大審院判事、司法省民事局長、名古屋控訴院長、大審院部長、司法次官等を歴任。1922年から1926年にかけて英国滞在。

異譚綺聞 **犯罪夜話** 裁判夜話／裁判異譚／裁判綺聞　抄（２）犯罪篇

刊　行　2024年9月
著　者　大森 洪太
刊行者　清 藤　洋
刊行所　書肆心水

東京都渋谷区道玄坂 1-10-8-2F-C
https://shoshi-shinsui.com

ISBN978-4-910213-54-5 C0032

—既刊書—

近代日本判例批評集

新編　判例百話／有閑法学／続有閑法学

穂積重遠［著］

人の争い、法の白黒。各話読み切りの裁判エッセー集。「日本家族法の父」の平易な名著三冊を再編。法学の素養なしに読める語り口の、庶民向け実践的法学入門。争われている「それ」は誰のもの／権利／罪なのか。人情と法の正義と慣習と、各々の論理、そしてその動揺。人生の重大事について事実と法律が矛盾してはいけないという根本問題を踏まえて論じられる法規と判例。本体6900円＋税

末弘厳太郎評論新集

資本主義・法治・人情・デモクラシー

末弘厳太郎［著］

「嘘の効用」の末弘厳太郎、『法窓閑話』『法窓雑話』『法窓漫筆』『法窓雑記』からの新集。資本主義化、法治近代化の来し方であり、あるいは今なお行く末の課題でもあり、また深く張られた禍根でもある世の諸事情。時代が変わっても変わらない、法治現代化のための考え方を、法社会学の先駆者末弘厳太郎が末弘一流の視点で語る。

本体5900円＋税

刑罰・法学・歴史性

瀧川幸辰［著］

刑法の歴史性を具体的な人物と事情から明らかにする、歴史的視点による教養の刑法入門。死刑廃止と犯罪抑止の法学的歴史。哲学思想と批判精神が法学と法治の進化を駆動してきた歴史の実例。日本の刑法学の基礎を築いた瀧川幸辰の刑法の歴史面に関する論考集。

本体6300円＋税

カール・シュミット入門

思想・状況・人物像

ラインハルト・メーリング［著］藤崎剛人［訳］

生けるシュミット、思想と人物、その脱神話化へ。進化を続けるシュミット研究の最先端を行く総合的概説書。積年の研究成果からシュミットの理論の発展を一つの時系列として説明、その本質と人物像に迫り、流行言説への安易な援用に再考を促す。自由主義法治国家の解体を分析したシュミットから今日の問いへ。

本体1800円＋税